BAEDEKER
SMART

W0179933

SANKT
PETERSBURG

**Perfekte Tage
mit dem Zauber
Weißer Nächte**

Verlag Karl Baedeker – www.baedeker.com

Inhalt

Kapiteleinteilung: siehe vordere Umschlaginnenseite

Was muss ich gesehen haben? Unsere TOP 10 helfen Ihnen, von der absoluten Nummer eins bis zur Nummer zehn, die wichtigsten Sehenswürdigkeiten einzuplanen.

1 EREMITAGE ► 54
Die Eremitage, eines der bedeutendsten Kunstmuseen der Welt, residiert im prächtigen Winterpalast an der Newa.

2 PETERHOF ► 156
»Russlands Versailles« ist ein Gesamtkunstwerk: ein prächtiger Barockpalast und ein Schlosspark direkt am Meer, voller Fontänen und Kaskaden(► Abb. links).

3 NEWSKIJ PROSPEKT ► 130
Den schnurgeraden Prachtboulevard mit reichlich Kultur, Kommerz und Kirchen flankieren durchweg historische Fassaden. Dies ist die immer belebte Schlagader des Stadtzentrums.

4 STRELKA ► 80
Hier trifft edelste Architektur auf die Wassermassen der Newa – und teilt sie: Auf der Spitze der Wassili-Insel präsentiert sich das alte St. Petersburg in Parade-Uniform.

5 KATHARINENPALAST ► 162
Der bildschöne Katharinenpalast in Zarskoje Selo bietet mehr als nur das berühmte Bernsteinzimmer.

6 EHERNER REITER ► 104
Dynamisches Denkmal für Russlands Modernisierer – und das Wahrzeichen von St. Petersburg: Als Eherner Reiter galoppiert Stadtgründer Peter der Große der Zukunft entgegen.

7 ISAAK-KATHEDRALE ► 106
Von der Kuppel-Kolonnade der prachtvollen Kirche hat man den besten Rundblick über die Stadt.

8 MARIINSKIJ-THEATER ► 111
Der Olymp der Oper – und des klassischen Balletts: Das berühmte Mariinskij-Theater unter Maestro Waleri Gergijew bespielt mittlerweile am Theaterplatz gleich drei Bühnenhäuser.

9 PETER-PAUL-FESTUNG ► 82
Die 1703 begründete Peter-Paul-Festung ist »Peters Burg«. Als harter Kern der Stadt birgt sie die Zarengräber, den höchsten Kirchturm – und lockt mit einem schönen Sandstrand!

10 AUFERSTEHUNGSKIRCHE ► 61
Grellbunte Turmzwiebeln und eine Wunderwelt aus 7000 m² Mosaiken: Die Auferstehungskirche ist exzentrisch – und zugleich das Mahnmal für einen brutalen Zarenmord.

DAS
ST. PETERSBURG

Erleben, was die Stadt ausmacht und ihr einzigartiges Flair spüren. So wie die Petersburger selbst.

PARTYSTIMMUNG IN WEISSEN NÄCHTEN

Wenn der Himmel sich nachts nicht mehr richtig verdunkelt, wird es magisch an der Newa: Die Brücken heben sich, im pastelligen Zwielicht schieben sich Frachtschiffe vor die historischen Fassaden. Wenn schon die Natur die Nacht zum Tage macht, tun es ihr die Einheimischen gerne gleich – vor allem an der Schlossbrücke herrscht Partystimmung!

SZENETREFFS

Den Abend zusammen mit Freunden bei einem Cappuccino, Craft Beer oder Cocktail verbringen? Vor wenigen Jahren wusste man dann noch nicht, wohin man gehen sollte. Doch nun hat »Piters« jungdynamische Café-, Club- und Kneipenszene ihre Hotspots an der **Uliza Rubinschtejna** (► 150), dem **Kleinen Gostinyj Dwor** (► 150) und am **Stallplatz** (► 74) gebildet.

Schwer im Kommen ist das Kreativ-Zentrum **Golizyn Loft** (► 32).

DIE OPER – KEIN PHANTOM

Nicht umsonst nennt sich St. Petersburg Russlands Kulturhauptstadt. Ein wesentlicher Aspekt davon ist die Oper und das klassische

Nächtliches Spektakel: die Öffnung der Newa-Brücken

GEFÜHL

Ballett – gepflegt vor allem vom **Mariinskij-Theater** (▶ 111) mit gleich drei Bühnen, einem Symphonie-Orchester und einem Ensemble von Weltruf. Und sein Publikum ist nicht elitär, sondern einfach nur kultiviert.

WASSERMASSEN IM ZENTRUM

Petersburgs Stadtmitte ist eine weite Wasserfläche: Die Newa bildet eine Frischluft-Oase und Freiluftbühne mit eleganten Brücken, Gebäude-Ensembles und Palästen als Kulisse – von den Petersburgern *das Aquatorium* genannt. Lassen Sie den Blick schweifen über diese russische Weite mitten in einer europäischen Großstadt – von der **Strelka** (▶ 80), dem Strand vor der **Peter-Paul-Festung** (▶ 82) oder der **Troizkij-Brücke**.

Das St. Petersburg Gefühl

REIF FÜR DIE INSEL?

Wenn ja, hat man als Petersburger gleich zwei zur Auswahl. Die **Jela-gin-Insel** (► 187) als eleganter Park, Rollerskating-Ring oder Ruderboot-Refugium – oder neben-an die **Kreuzinsel** mit ihrem Vergnü-gungspark **Diwo ostrow** (► 187), nagelneuen Sportarenen (darunter das futuristische Krestowskij-Fuß-ballstadion für 68 000 Zuschauer mit Schiebedach, einer der Spielorte der WM 2018) und viel Platz zum Radfahren im Grünen. Und danach gibt's eine Radlermaß im Biergarten von **Karl und Friedrich** (► 98).

SOWJET-TRÖDEL & BOURGEOISE-RELIKTE

Wo haben die Petersburger Gastro-nomie-Designer nur den ganzen al-ten Krimskrams her? Die Antwort findet sich unweit der Metrostation

Udelnaja: In der Stadt gibt es nur einen **Flohmarkt**, der ist dafür riesig und eine Pilgerstätte aller Retro-Fans (rechts vom Bhf. über den Bahnübergang, dann rechts halten, Sa/So ca. 9–15 Uhr).

NÖRDLICHE RIVIERA

St. Petersburg liegt an der Ostsee – aber man sieht und riecht das Meer nicht. Hat jedoch Sommerhitze die Stadt mal richtig im Griff, erinnern sich die Petersburger daran – und stürmen die Sandstrände und Beach-Bars auf 15 km Länge von **Solnetschnoje** bis **Selenogorsk** (40 bis 55 Min. Fahrt per Elektritschka ab Finnländischem Bhf. oder Bus 211 ab Metrostation Tschjornaja Retschka). Übrigens: Werktags ist es hier selbst im Hochsommer nie voll. Und als Kulturprogramm kann man *Penaty*, die originelle Villa des Malers Ilja Repin (1844–1930) be-sichtigen (Repino, Primorskoje Schosse 411, Mi–So 10.30–18 Uhr, Eintritt: 300 R.).

DIE NEWSKIJ-PERSPEKTIVE

In der City hat man immer den Durchblick – und nie Langeweile: Drei Kilometer lang geht es auf dem breiten Newskij Prospekt (► 130) schnurgeradeaus. Hinter repräsen-tativen Fassaden locken Shopping- und Ausgehvergnügen en masse. Petersburger lieben die Sogwirkung des Newskijs – und lassen sich ein-fach treiben!

Programm für schöne Tage – ein Ausflug an die Nördliche Riviera

Das Magazin

EIN MANN, EINE IDEE, EINE STADT

Auch wenn St. Petersburg nicht nach ihm benannt ist, sondern nach seinem Namenspatron, dem heiligen Petrus: Ihre Existenz verdankt diese Stadt dem dynamischsten Herrscher, den Russland je gehabt hat. Doch Peter der Große schuf sein »Paradies« an einem dafür denkbar ungünstigen Ort.

Man schreibt das Jahr 1703. Russland und Schweden liegen, wie schon so oft zuvor, miteinander im Krieg. Schweden, die Großmacht im Ostseeraum, beherrscht seit einem Jahrhundert die Küsten am Finnischen Meerbusen – und damit auch die Newa-Mündung.

Deren flaches, sumpfiges Delta ist das Tor zu Russlands weit verzweigten Binnenwasserwegen, durch das von alters her ein Handelsweg in den Orient führte. Russlands junger Zar, der wissbegierige und weltoffene Peter I., hatte sich ein ehrgeiziges Ziel gesetzt: Er will für sein rückständiges Binnenreich hier einen Ostseehafen, ein (wie Nationaldichter Puschkin es später formulierte) »Fenster nach Europa« errichten. Und dieser Hafen soll Basis einer Flotte und Russland eine Seemacht werden.

Russlands Öffnung

Mit dem maritimen Virus hatte sich der junge Zar in der Ausländer-Vorstadt Moskaus infiziert: Auf einem aufgestöberten Segelboot hatte er sich selbst das Segeln beigebracht. 1697 war erstmals eine russische Delegation, die »Große Gesandtschaft« nach Europa aufgebrochen – auch um Fachkräfte anzuwerben und technisches Know-how zu gewinnen: Als Kanonier Pjotr Michailow war der Zar inkognito mitgereist – und absolvierte ein Schiffbau-Praktikum auf einer holländischen Werft.

Der Stadtgründer und seine Stadt im Jahr 1728

Pracht an der Newa: der Winterpalast

Nachdem die Russen im Vorjahr schon erfolgreich die Schweden aus der Festung Schlüsselburg (▶181) am Abfluss der Newa aus dem Ladogasee vertrieben hatten, kapitulierte am 1. Mai 1703 auch die schwedische Festung Nyenschanz. Sie lag an der Mündung des Flüsschens Ochta in die Newa.

Drei Tage feierten die Russen ihren Sieg, dann fuhren zwei schwedische Segler mit 18 Kanonen in den Strom ein. Doch den Russen, die nur Ruderboote hatten, gelang es mit Finten und Tricks, sie zu entern.

Stadtgründung

Auch wenn Peter so seine erste Seeschlacht gewonnen hatte, er verstand, dass die Newa-Mündung geschützt werden musste: Man beschloss, auf der kleinen Haseninsel am Hauptfahrwasser eilig eine Festung (▶82) zu bauen. Am 27. Mai 1703 wurde damit begonnen. Am 29. Juni 1703 weihte man innerhalb der Festungswälle ein kleines Peter-und-Paul-Kirchlein: Bei dieser Gelegenheit wurde das Bollwerk urkundlich erstmals als »Sankt-Peterburg« bezeichnet.

Der Name der Kirche ging mit der Zeit auf die Festung über, und diese gab wiederum ihren Namen an die vor ihren Mauern heranwachsende Siedlung ab. Zum Städtebau war der Standort aber denkbar ungeeignet: Das Newa-Delta bestand aus 100 mückenverseuchten Inseln, die bei star-

DREIMAL UMBENANNT

1914, nach Ausbruch des Ersten Weltkriegs, befand man, Sankt-Peterburg klänge zu deutsch – und taufte die Stadt in Petrograd um. 1924 folgte bereits die nächste Umbenennung: Nach dem Tod des Revolutionsführers Lenin wurde Petrograd zu Leningrad. 1991 votierten bei einem Referendum 55 Prozent der Bürger für die Rückkehr zum ursprünglichen Namen.

kem Westwind gleich unter Wasser standen. Der Boden war sumpfig, das Klima feucht und kalt. Steine musste man von weither heranbringen, ebenso die Arbeiter, denn bis dato gab es hier nur ein paar Fischerdörfer. Im Überfluss vorhanden waren nur Wasser, Wind und Platz.

Brutale Modernisierung

Peter nutzte seine diktatorische Machtfülle, um sein Projekt gegen alle Widerstände voranzutreiben: Leibeigene wurden für Fronarbeit herangezogen – und krepierten zu Tausenden in primitiven Erdhöhlen und Strohhütten. Der Adel wurde gezwungen, sich in dieser abgelegenen Einöde Häuser zu bauen. Eine riesige Werft, die Admiralität (▶ 118), wurde aus dem Boden gestampft. Und statt Straßen ließ der Zar Kanäle ausheben – die Russen sollten schließlich seetüchtig werden.

Das bodenständige Volk empfand all dies als Teufelswerk. Petersburg sei auf Knochen errichtet, sagte man. Für Peter war es jedoch das »Paradies« – ließen sich hier doch alle seine Vorstellungen von einem effektiv geführten, technisch und kulturell entwickelten Staat ohne das Standesdünkel der Moskauer Bojarengeschlechter verwirklichen. Kritiker und Bremser bekamen allerdings den ganzen Zorn des tyrannischen Reformers zu spüren. 1712, als St. Petersburg erst über eine Handvoll Steinhäuser verfügte, erhob Peter die Großbaustelle bereits zur Hauptstadt, für die 1715 sein Hausarchitekt Domenico Trezzini bereits einen Generalplan ausarbeitete.

Der 1725 verstorbene Visionär auf dem Thron sollte Recht behalten: Knapp 100 Jahre später hatte seine Traumstadt bereits mehr Einwohner als Moskau – und zwei Jahrhunderte lang kristalisierte hier Russlands Reichtum zu Prunkbauten und Kunstschätzen. Auch wenn St. Petersburg seit 1918 nicht mehr Hauptstadt ist – der Wahnsinns-Idee des Zaren verdankt es seine Existenz und Attraktivität. Die Unesco hat nicht umsonst die ganze historische Innenstadt zum Weltkulturerbe erhoben.

Who's who der Zaren

Man begegnet ihnen – respektive ihren Namen und den Zeugnissen ihrer Herrschaft – in St. Petersburg auf Schritt und Tritt. Zur historischen Orientierung ist es gut, wenn man die Zaren richtig einordnen kann.

Apropos: Die Bezeichnung Zar ist für Russlands Herrscher in der Petersburger Epoche nur in der Umgangssprache üblich. Denn 1721 erhob Peter der Große sich und alle seine Nachfolger zum Kaiser (russ.: *Imperator*).

Name, Geburtsjahr	regierte von–bis	Bauwerke (Denkmäler) mit persönlichem Bezug	Bemerkungen
Peter I., der Große (geb. 1672)	1682–1725	• Peter-Paul-Festung • Häuschen Peters I. • Sommergarten • Kunstkammer • Alexander-Newskij-Kloster • Peterhof • Eherner Reiter	Gründete 1703 St. Petersburg und erhob es 1712 zur Hauptstadt. Begeisterter Kanonier, Handwerker und Schiffbauer. Öffnete Russland nach Europa und reformierte den Staat grundlegend.
Katharina I. (geb. 1684)	1725–1727	• Katharinenpalast • Menschikow-Palast	Geboren als Martha Skawronska. Die livländische Magd wurde die Geliebte von Peter I. und 1712 seine Ehefrau. Nach Peters Tod herrschte jedoch faktisch Fürst Menschikow.
Peter II. (geb. 1715)	1727–1730		Enkel Peters I. Verlegte die Hauptstadt 1728 zurück nach Moskau, starb dort im Alter von 14 Jahren an den Pocken.
Anna (geb. 1693)	1730–1740	• Turmspitzen der Peter-Paul-Kathedrale und der Admiralität • Samson-Fontäne in Peterhof	Nichte von Peter I. Überließ die Regierungsgeschäfte diversen Beratern und verlegte den Hof 1732 wieder nach St. Petersburg.
Iwan VI. (geb. 1740)	1740–1741	• Festung Schlüsselburg	Noch als Säugling vom Thron gestürzt. Lebte bis zu seiner Ermordung 1764 in Gefangenschaft.

Name, Geburtsjahr	regierte von – bis	Bauwerke (Denkmäler) mit persönlichem Bezug	Bemerkungen
Elisabeth (geb. 1709)	1741– 1762	• Winterpalast • Großer Palast in Peterhof • Katharinenpalast • Smolnyj-Kloster • Akademie der Künste	Tochter Peters I. und Katharinas I. Letzte der ursprünglichen Romanow-Dynastie auf dem Thron. Initiatorin vieler Prunkbauten.
Peter III. (geb. 1728)	1762	• Großer Menschikow-Palast und Festung Peterstadt in Oranienbaum	Geboren als Karl Peter Ulrich von Schleswig-Holstein-Gottorf, Enkel Peters I. und Katharinas I. Wurde nach einem halben Jahr auf dem Thron gestürzt und ermordet.
Katharina II., die Große (geb. 1729)	1762– 1796	• Chinesischer Palast • Achatzimmer und Cameron-Galerie • Kleine und Alte Eremitage • Marmorpalast • Denkmal am Newskij Pr.	Geboren als Sophie Auguste Friederike von Anhalt-Zerbst, Ehefrau von Peter III. Begründerin der Eremitage. Die intellektuelle Reformerin herrschte im Geist des aufgeklärten Absolutismus.
Paul I. (geb. 1754)	1796– 1801	• Palast in Pawlowsk • Michaels-Schloss	Sohn Peters III. und Katharinas II. Von Verschwörern ermordet.
Alexander I. (geb. 1777)	1801– 1825	• Kasaner Kathedrale • Isaak-Kathedrale • Börse auf der Strelka • Alexandersäule	Sohn Pauls I. Maßgeblich beteiligt am Sieg über Napoleon 1814.
Nikolaus I. (geb. 1796)	1825– 1855	• Neue Eremitage • Winterpalast (innen) • Cottage • Reiterdenkmal auf dem Isaak-Platz	Sohn Pauls I. Niederschlagung des Dekabristen-Aufstands nach der Thronbesteigung. Bau der ersten Bahnlinien Russlands.
Alexander II. (geb. 1818)	1855– 1881	• Mariinskij-Theater • Farmer-Palast • Auferstehungskirche	Sohn Nikolaus' I. Hob die Leibeigenschaft in Russland auf. Umgekommen bei einem Bombenattentat.
Alexander III. (geb. 1845)	1881– 1894	• Reiterdenkmal vor dem Marmorpalast	Sohn Alexanders II. Russland führte unter ihm keine Kriege.
Nikolaus II. (geb. 1868)	1894– 1917	• Russisches Museum • Alexanderpalast • Fjodor-Kirche • Villa Kschessinskaja • Witebsker Bahnhof	Sohn Alexanders III. Abdankung als letzter russischer Monarch im Februar 1917. Von den Bolschewiken 1918 mit seiner Familie ermordet.

DIE ★ BLOCKADE VON LENINGRAD

Anderthalb Jahre war die Stadt im Zweiten Weltkrieg von der Wehrmacht eingekesselt. Hitler wollte die Stadt nicht erobern, sondern aushungern – eine Million Menschen starben. Dieses Trauma ist im russischen Bewusstsein für ewig mit dem Namen Leningrad verbunden.

Das Museumsexponat ist so schlicht wie anrührend: ein dünnes, abgeschabtes Vesperbrettchen. Darin hat jemand eine Inschrift eingebrannt: »Winter 1941. Hunger. Auf diesem Brett schnitten wir das Brot.« Brot war während der Blockade Leningrads wertvoller als Gold – auch wenn es zur Hälfte aus Beimischungen wie Sägemehl und Zellulose bestand. Zu Beginn des Hungerwinters 1941/42 wurde die Tagesration fünf Wochen lang auf nur 250 g für Arbeiter und 125 g

Lkw auf der »Straße des Lebens«

für Kinder und alle anderen herabgesetzt. Damit kann ein Mensch nicht überleben, doch es gab kaum andere Lebensmittel: Die Versorgungswege waren abgeschnitten, große Vorräte bei einem deutschen Luftangriff gleich in den ersten Blockadetagen im September 1941 verbrannt.

Das Brettchen befindet sich in der beklemmenden Ausstellung im unterirdischen Gedenksaal des vor 40 Jahren am südlichen Stadtrand errichteten »Denkmals für die heldenhaften Verteidiger Leningrads«. Die Belagerer waren so nahe an die damals drei Millionen Einwohner zählende

Blockade-Durchbruch am Lagodasee

Kriegszerstörter Newskij Prospekt

Wasser gab's nur aus dem Straßengully

27. Jan. 1944: Leningrad ist befreit

Stadt herangerückt, dass die Rotarmisten mit der Straßenbahn zur Front fahren konnten. Sie verlief in etwa dort, wo sich heute der Flughafen Pulkowo befindet.

Hungerwinter

Der erste Blockadewinter war auch für russische Verhältnisse extrem kalt – und es gab keinen Strom, keine Kohle und kaum Leitungswasser. Die Behörden kümmerten sich um die Verteilung der spärlichen Lebensmittelrationen und die Aufrechterhaltung der Disziplin, aber auch um die Organisation von Freiwilligentrupps, die Verschüttete bargen, Brände löschten oder Kranke in Hospitäler brachten. Der Ausbruch von Seuchen konnte so weitgehend verhindert werden. Doch tagtäglich starben Tausende Menschen den Hungertod – im Bett, beim Wasserholen oder auf dem Fußmarsch zur Arbeit: »Die Menschen sind vom Hunger so geschwächt, dass sie dem Tod keinen Widerstand leisten, sie sterben, wie als würden sie einschlafen. Und die sie umgebenden halblebendigen Menschen beachten sie dabei nicht im Geringsten«, schrieb die Literaturwissenschaftlerin Jelena Skrjabina in ihren Memoiren.

Im Laufe des Frühjahrs 1942 verbesserte sich die Lage langsam: Über die permanent beschossene »Straße des Lebens« kam immer mehr Nachschub per Lkw – und nach und nach wurden 1,3 Millionen Bewohner, darunter die meisten Kinder, evakuiert. Diese Versorgungslinie führte 40 Kilometer nach Osten aus der Stadt und dann über das Eis des Ladogasees. Im Sommer kamen Schiffe zum Einsatz. Später gelang es sogar, eine Benzinpipeline und eine Stromleitung

Das Magazin

durch den See zu verlegen. Elf Monate nach Beginn der Blockade wurde in der Philharmonie die »Leningrader Symphonie« von Dmitri Schostakowitsch aufgeführt.

Durchbruch und Befreiung

Die eigentliche Blockade dauerte 17 Monate, dann konnten die sowjetischen Truppen bei Schlüsselburg einen Landstreifen am Ladoga-Ufer zurückerobern: Eine provisorische Bahnlinie konnte in die Stadt gelegt werden. Bis sich die letzten deutschen Truppen samt ihrer Geschütze von der Stadtgrenze zurückzogen, verging aber nochmals fast ein Jahr. Erst am 27. Januar 1944 markierte ein Feuerwerk über der Newa das Ende der Belagerung.

Im Zentrum von St. Petersburg erinnert fast nichts mehr an diese Schreckenszeit: Am Newskij Prospekt 14 hat man eine Warninschrift konserviert: »Bürger, bei Artilleriebeschuss ist diese Straßenseite die gefährlichere.« An der Isaak-Kathedrale und der Anitschkow-Brücke wurden Schrammen, die Granatsplitter in den Granit rissen, bewusst belassen. Das bedrückendste Mahnmal für diesen an einer Millionenstadt begangenen Genozid ist jedoch der Piskarjowskoje-Friedhof. Dort wurden während der Blockadejahre 70 000 Soldaten und 420 000 Zivilisten in Massengräbern beerdigt.

Die Belagerung von Leningrad (Gemälde von J. A. Korneew, 1951)

MUSEEN UND GEDENKSTÄTTEN ZUR BLOCKADE

Piskarjowskoje-Gedenkfriedhof: Pr. Nepokorjonnych 72, Tel. 812 297 57 16, www.pmemorial.ru, tägl. 9–18, im Sommer bis 21 Uhr, Metro: Pl. Muschestwa, weiter mit Bus 80,123, 138, Eintritt frei

Denkmal der heldenhaften Verteidiger Leningrads (Gedenksaal): Pl. Pobedy, Tel. 812 371 29 51, www.spbmuseum.ru, Do–Mo 10–18, Di 10–17 Uhr, Metro: Moskowskaja, Eintritt: 150 R.

Museum der Verteidigung und Blockade Leningrads: Soljanoj per. 9, Tel. 812 275 75 47, www.blokadamus.ru, Do–Mo 10–18, Mi 12.30–20.30 Uhr (außer letzter Do im Monat), Bus 46, 49 (Letnij sad), Eintritt: 250 R.

Blockade-Ausstellung in der Rumjanzew-Villa: Anglijskaja Nab. 44, Tel. 812 571 75 44, www.spbmuseum.ru, Do–Di. 11–18 Uhr, Bus 3, 22, 27; Trolley 5, 22 (Pl. Truda), Eintritt: 200 R.

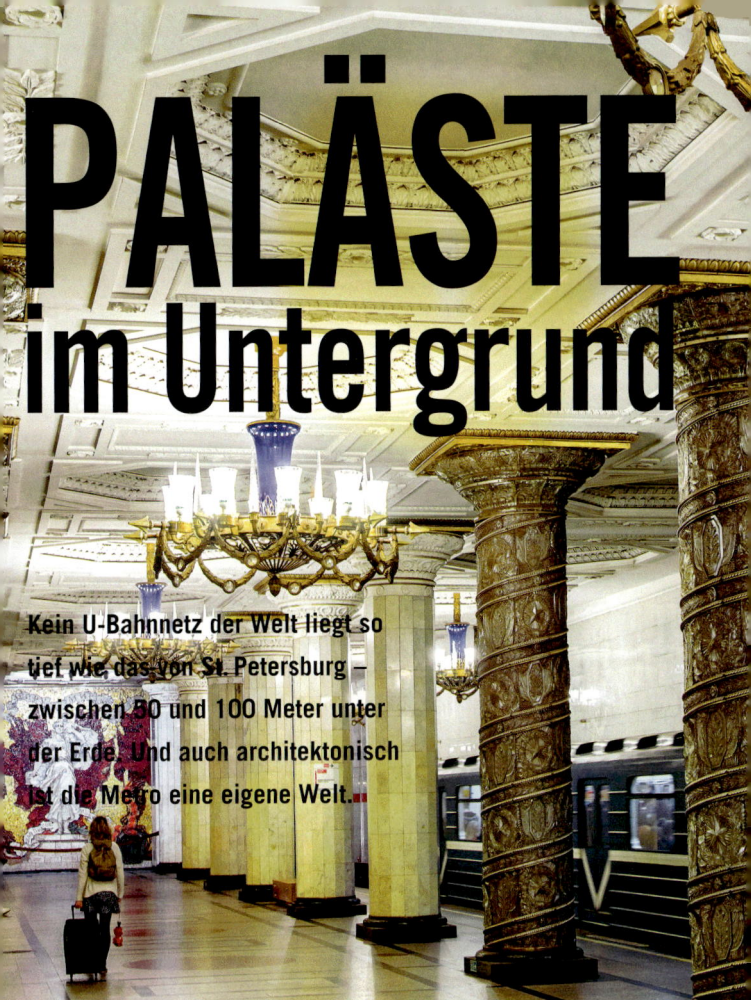

PALÄSTE
im Untergrund

Kein U-Bahnnetz der Welt liegt so tief wie das von St. Petersburg – zwischen 50 und 100 Meter unter der Erde. Und auch architektonisch ist die Metro eine eigene Welt.

DIE SCHÖNSTEN METROSTATIONEN DER LINIE 1

Ploschtschad Wosstanija: Die »ideologischste« Station: Die Wände schmücken Motive der Oktoberrevolution; dazu reichlich Hammer, Sichel, rote Sterne und Eichenlaub.

Puschkinskaja: Elegant wie ein Hotelfoyer: Stehlampen beleuchten den Deckenstuck und die Granitornamente im Boden. Und Puschkin sinniert vor einem gemalten Park.

Baltijskaja: Viel grauer Marmor, aber ein farbenfrohes Mosaik am Hallenende feiert das Jahr 1917: Matrosen, Soldaten und Arbeiter vor dem Sturm auf den Winterpalast.

Narwskaja: Reliefs huldigen den Werktätigen von zwölf verschiedenen Berufsgruppen, u. a. Textilarbeitern, Künstlern, Pferdezüchtern und natürlich Metrobauern.

Awtowo: Die Metrozüge rollen unter Kronleuchtern durch die einstige Endstation. Aufwendiger als gedacht war die Verkleidung der Säulen mit zu Spiegeln geschliffenen Relief-Glaskacheln: Man schaffte es nur an 16 der 46 Säulen.

Übrigens: Das Fotografieren in der Metro ist erlaubt – aber nur ohne Blitz und Stativ!

Eingangs-»Triumpfbogen« und ...

Eine Metro-Fahrt in St. Petersburg beginnt in der Regel mit einer zwei bis drei Minuten dauernden Fahrt über die endlos lang scheinenden Rolltreppen. Nur sieben der 67 Stationen in der Stadt sind oberirdisch oder liegen nur knapp unter der Erde. Denn um im weichen Schwemmboden des Newa-Deltas überhaupt eine Untergrundbahn verlegen zu können, mussten die sowjetischen Metrobauer sehr, sehr weit hinunter.

Über die 1935 eröffnete Moskauer Metro schrieb der Philosoph Boris Groys, sie sei eine »an einem U-Topos verwirklichte U-Topie«. Auf Stalins Geheiß wurde das neue Massenverkehrsmittel in einer Pracht ausstaffiert, wie es sie zuvor

... Wandrelief der Station Narwskaja

UNGEWÖHNLICHE STATIONEN

Technologitscheskij Institut 1 und 2 (1955/1961): An dieser Station liegen sich die stadteinwärts und die stadtauswärts führenden Linien jeweils an einem Bahnsteig gegenüber. Das beschleunigt für die meisten Passagiere das Umsteigen.

Sportiwnaja (1997): Die Station ist doppelstöckig, da sie als Umsteigestation zu einer seit 60 Jahren nur auf dem Papier bestehenden Ringlinie gebaut wurde. Ein 300 m langer Fußgängertunnel mit Fahrsteigen führt seit 2015 zu einem zweiten Ausgang auf der Wassili-Insel.

Admiraltejskaja (2011): Die tiefste Station der Petersburger Metro liegt 86 Meter unter der Erde. Die Hauptrolltreppe führt 69 m in die Tiefe und ist 125 m lang – Weltrekord!

nur in Adelspalästen und Kirchen gegeben hatte: Wie Kathedralen für das werktätige Volk sollten die Stationen sein – und die tägliche Fahrt zur Arbeit bereits ein Hochamt auf die goldene Zukunft des Kommunismus.

Stalin-Prunk auf Linie 1

In dieses Bild passt, dass die innerstädtische Endstation der ersten Leningrader Linie einen Eingangspavillon in Form eines klassizistischen Rundtempels bekam, wofür man eine Kirche am gleichen Ort abgerissen hatte. Baubeginn war Anfang 1941, doch während des Krieges ruhte das Großprojekt. Die erste Linie führte vom Moskauer Bahnhof mit acht präch-

tig ausgestatteten Stationen zehn Kilometer in südwestlicher Richtung bis Awtowo; heute ist die rote Linie 1 dreimal so lang. Anderthalb Jahre nach Stalins Tod wurde sie im November 1955 eröffnet – zeitgleich mit dem Erlass des Zentralkomitees der KPdSU »Über den Verzicht auf Unnötigkeiten bei Planung und Bau«. Dieses Dokument verbot die in der Stalin-Zeit über wie unter Tage übliche bombastische Architektur und verordnete fürderhin sozialistische Schlichtheit. Der älteste Teil der Leningrader Metro als letztes Monument des Stalinistischen Klassizismus (vulgo: Zuckerbäckerstil) blieb jedoch wie er war. Bis heute ist er eine architektonische Sehenswürdigkeit – und ideal als Schlechtwetterprogramm!

Puschkinskaja (o.) und Admiraltejskaja (u.)   **Pompös: Station Awtowo**

In der Nikolaus-Marine-Kathedrale fanden auch in der Sowjetzeit Gottesdienste statt

AUFERSTEHUNG DER KIRCHE

Die russisch-orthodoxe Kirche hat in der nachsowjetischen Zeit wieder enorm an Gewicht gewonnen. Nun fordert sie vom Staat auch einige der museal genutzten Petersburger Kathedralen zurück.

In einer russisch-orthodoxen Kirche herrscht den ganzen Tag über ein reges Kommen und Gehen. Die einen Kirchgänger entzünden nur schnell eine Kerze vor einer Ikone, küssen diese und sprechen ein kurzes Gebet, andere Gläubige folgen versunken und sich immer wieder bekreuzigend dem Sprechgesang der Priester beim Gottesdienst – grundsätzlich im Stehen, Sitzbänke gibt es nicht: Religiöser Alltag in einem Land, das zu Sowjetzeiten offiziell ein atheistischer Staat war. Gemäß Marx' These, Religion sei das »Opium des Volks«, war der Bevölkerung alsbald nach der Revolution Entzug verordnet worden – in den 1930er-Jahren mit aller stalinistischer Brutalität: Die meisten Geistlichen kamen in Straflager oder wurden gleich exekutiert.

Ein mit Mosaiken geschmücktes Museum: die Auferstehungskirche

Fast alle Gotteshäuser, egal welcher Religion, wurden geschlossen. Viele wurden zerstört, andere als Lagerhäuser, Sporthallen oder Kulturhäuser zweckentfremdet. Noch das beste Schicksal einer entweihten Kirche war, als Museum fortzubestehen, so beispielsweise die Kasaner Kathedrale (►131), in der ein »Museum für Religionsgeschichte und Atheismus« eröffnete. Erst während des Zweiten Weltkriegs durfte sich die Kirche dann wieder zaghaft organisieren – als Mittel zur »moralisch-patriotischen Festigung des Volkes«. Bei diesem Mauerblümchen-Dasein blieb es bis zum Ende der Sowjetunion.

Kirche und Kreml

Seither hat die Religion, vorneweg die russisch-orthodoxe Kirche als angestammte Konfession der Russen, eine erstaunliche Renaissance erlebt. Laut Verfassung ist die Russische Föderation ein multireligiöser Staat mit strikter Trennung von Kirche und Staat. Die Kirche muss sich deshalb selbst aus Spenden und eigener Wirtschaftstätigkeit finanzieren. Aber spätestens seit dem Beginn der Ära Putin beschwören der Kreml und das Patriarchat in trauter Eintracht analoge Werte, Ansichten und Traditionen. Zu Weihnachten und Ostern zeigen sich Präsident und Ministerpräsident

---

DIE STIMMUNGSVOLLSTEN KIRCHEN IM STADTZENTRUM

Kasaner Kathedrale (►131)
Wladimir-Kathedrale (►142)
Dreifaltigkeitskathedrale im Alexander-Newskij-Kloster (►144)
Nikolaus-Marine-Kathedrale (►114)

Das Magazin

in den im Fernsehen live übertragenen Gottesdiensten. Faktisch hat die Orthodoxie wieder wie zur Zarenzeit die Rolle einer Staatskirche inne.

In St. Petersburg gibt es heute etwa 200 orthodoxe Kirchengemeinden. Manche von ihnen haben alte Kirchen zurückbekommen und von Grund auf renoviert, beispielsweise die Fjodor-Kathedrale (►143), die jahrzehntelang als Molkerei genutzt worden war. Auch in den Neubaugebieten, wo

vier Fünftel der Stadtbevölkerung leben, sind viele Kirchen gebaut worden. Doch wie gläubig die Russen heute sind, ist schwer zu sagen: Niemand muss sich als Kirchenmitglied registrieren. Selbst Meinungsforscher tun sich mit dieser Frage schwer – zwischen 40 und 75 Prozent der Bevölkerung sollen russisch-orthodox sein. Die Zahl der regelmäßigen Kirchgänger (bzw. Besucher von Gotteshäusern anderer Religionen) liegt aber eher bei ca. 10 Prozent. Als Atheisten betrachten sich, je nach Umfrage, 5 bis 25 Prozent.

Restitution

Festliche Stimmung beim Gottesdienst

Die Kirche ist sich ihres gewachsenen Gewichts in der Gesellschaft bewusst und fordert inzwischen auch prominente Kultbauten zurück – ein Gesetz von 2010 erlaubt es. So ging 2015 die bis dato als Konzertsaal genutzte Smolnyj-Kathedrale (►144) an die Kirche über. 2017 versprach die Stadtregierung dem Kirchenoberhaupt Patriarch Kyrill auch die Übergabe der Isaak-Kathedrale (►106) – was sie zwei Jahre zuvor noch glatt abgelehnt hatte. Dagegen protestierten aber nicht nur die Museumsverwaltung, die über Jahrzehnte die Restauration und den Unterhalt dieser Touristenmagnete bestritten hatte, sondern auch viele Bürger: Es gab Demonstrationen und Unterschriftensammlungen. Auch die museal genutzte Peter-Paul-Kathedrale (►83) mit den Zarengräbern dürfte noch zum Zankapfel werden. Hier liegen Russlands weltliche Monarchen begraben – wobei der von den Bolschewiken mit seiner Familie ermordete letzte Kaiser Nikolaus II. inzwischen als Märtyrer heiliggesprochen wurde. Seine Gebeine sind jetzt also gleichzeitig Reliquie und Exponat.

Für die Mitglieder der russisch-orthodoxen Kirche ist der Kirchenraum Abbild und Vorgeschmack auf das Paradies (hier die Kasaner Kathedrale)

WODKA + KAVIAR

Zwei Lebensmittel assoziiert man sofort mit Russland – ein volkstümliches und ein hoch elitäres: Dabei vertragen sich die Genuss-Klassiker Wodka und Kaviar bestens zusammen!

Ob es nun die Polen oder die Russen waren, die das »Wässerchen« (was *wodka* in beiden Sprachen bedeutet) erfunden haben, darüber streiten sich die beiden Nationen noch heute. Erstmals urkundlich erwähnt wurde dieses Getränk anno 1431 in Russland – und sein Genuss verbreitete sich schnell. Denn schon in der Mitte des 15. Jhs. wurde die Herstellung des Getreidebranntweins in Russland unter ein staatliches Monopol gestellt. Für Jahrhunderte sorgte das Nationalgetränk nicht nur bei den Volksmassen für wohlige Wärme im Bauch und Entspannung im Kopf, sondern auch für gut gefüllte Staatskassen. Daran hat sich bis heute nichts geändert: Der gesetzlich vorgeschriebene Mindestpreis für eine Halbliter-Flasche liegt derzeit bei 190 Rubel, davon sind 118 Rubel Steuern und Abgaben. Echter russischer Wodka enthält also bis zu 62 Prozent Steuern, aber immer genau 40 Volumenprozent Alkohol.

Der Mendelejew-Mythos

Dieser Stärkegrad wurde bereits 1866 festgesetzt – und für die Russen zu einem mystisch verklärten Analog des deutschen Reinheitsgebots: Angeblich soll der berühmte Chemiker Dmitri Mendelejew herausgefunden haben, dass Alkohol in exakt diesem Verdünnungsgrad für den menschlichen Organismus am besten verträglich sei, erzählt jeder russische Wodkafreund. Doch das ist eine Legende! Mendelejew schrieb zwar 1864 seine Dissertation »Über die Verbindung von Sprit und Wasser« – blieb dabei aber bei chemischen und technischen Fragestellungen. Die 40-Prozent-

BAEDEKER TIPP

■ Historische Einblicke und auf Wunsch auch eine kleine Degustation gibt es im **Wodkamuseum** (Konnogwardejskij Bulwar 4, Tel. 812 943 14 31, www.vodkamuseum.su, tägl. 12–19 Uhr, Bus: Trolley 5, 22 bis Potschtamtskij Per., Metro: Admiraltejskaja, Eintritt: 170 R.).

■ Aus Gründen des Artenschutzes – aber auch, um nicht mit Ware zweifelhafter Herkunft und Qualität betrogen zu werden oder die Fisch-Mafia zu unterstützen: Kaufen Sie schwarzen Kaviar nur in wirklich soliden Geschäften und Restaurants, am besten bei **Caviar**, der Kaviar-Boutique im **Gostinyj Dwor** (► 148) oder im Feinkostladen **Jelissejew** (► 148).

■ Formvollendet serviert wird Kaviar in der **Caviar Bar** des **Grand Hotel Europe** (► 42) oder im Restaurant **Zar** (Sadowaja ul. 12, Tel. 812 640 16 16, www.ginza.ru, tägl. 12–24 Uhr, Metro: Gostinyj Dwor).

Regel ließen sich zeitgleich Beamte einfallen, weil so die Abrechnung der Akzise einfacher war. Denn der zuvor populäre *polugar* hatte »krumme« 38,5 Prozent.

In Russland wird Wodka grundsätzlich aus Wasser und Roggen-Destillat hergestellt. Zwei bis drei Prozent andere Getreidesorten wie Gerste, Hafer oder Buchweizen sind in der Maische zulässig (aber keineswegs, wie oft behauptet, Kartoffeln). Außerdem dürfen die Hersteller mit aromatischen Zutaten wie Kräutern, Honig oder Birkenrindensaft ihrem Produkt individuelle Geschmacksnoten verleihen.

Trinkregeln

Und wie trinkt man das »Wässerchen« nun richtig *po-russkij*? Die wichtigste Regel: Wodka genießt man nie allein, sondern immer in Gesellschaft – und immer nur nach einem *tost* auf irgendwen oder irgendwas. Und bitte nicht die Gläser an die Wand werfen! Das gibt's nur in »Moskau«, dem Song der Popgruppe Dschinghis Khan.

Luxus zum Löffeln ...

EIN GEISTREICHER TRINKSPRUCH IST GEFRAGT

Man sagt in Russland als Prosit nie und nimmer »Na sdorowje!« Denn das ist nicht einmal Russisch, sondern auch nur ein Wodka-Mythos – nun aber schon ein deutscher und vermutlich verballhorntes Polnisch oder Tschechisch. Allerdings gibt es keine russische Redewendung wie »Prost!« oder »Zum Wohl!« – gefragt ist ein möglichst geistreicher Toast.

Wodka nippt man nicht, man trinkt ihn in großen Schlucken und nie ohne *sakuska*, einen Happen zu essen. Am verträglichsten ist der Alkohol mit etwas Saurem wie Salzgurken. Wodka ist auch weder Aperitif noch Verdauungsschnaps – man trinkt ihn zum Essen. Den Flüssigkeitshaushalt kann man mit Saft oder dem Beerentrunk *mors* ausgleichen. Übrigens gehört Wodka vor dem Servieren in den Kühlschrank, aber nicht ins Eisfach!

Kaviar als *sakuska*

Vom Geschmack her ergänzen sich Wodka und Kaviar prächtig. Aber bei den heutigen Preisen für den Störrogen scheint das etwas dekadent. Die etwas ältere Generation kann sich allerdings gut daran erinnern, dass schwarzer Kaviar noch in den 1970er-Jahren als Hausmittel zum Aufpäppeln kranker Kinder galt – viele Russen können ihn deshalb bis heute nicht ausstehen!

Das russische Wässerchen

Damals produzierte die UdSSR noch 2500 Tonnen pro Jahr – 2015 belief sich die legale Produktion auf 43 Tonnen. Sie kommt ausschließlich aus neu angelegten Aquakulturen, denn die Bestände aller heimischen Stör-Arten sind aufgrund von Umweltbelastungen, Überfischung und Wilderei akut vom Aussterben bedroht. In Russland gilt deshalb seit Jahren weithin ein absolutes Fangverbot. Heute kostet eine 100-Gramm-Dose im Handel um die 5000 Rubel (rund 75 €) und mehr. In jenen feinen Restaurants, die die Edel-Fischeier im Angebot haben, zahlt man ca. 2000 Rubel für ein 10-Gramm-Löffelchen; für die Eier des mächtigen Hausen (*kaluga* aus Ostsibirien, *beluga* aus Südrussland) sogar das Doppelte oder Dreifache – wenn sie denn überhaupt angeboten werden. Üblicherweise bekommt man Kaviar auf Eis serviert, dazu etwas Schwarzbrot und Mini-Pfannkuchen.

Wodka und *sakuska* in der Bar des Grand Hotel Europe

DIE DATSCHA

Nicht die Stadtwohnung und erst recht nicht der Arbeitsplatz, sondern die Datscha ist für viele Russen der Lebensmittelpunkt. Das Häuschen mit Garten ist Beschäftigungstherapie und Urlaubsort, Versorgungsbasis und Hobbyraum.

Geschätzte 500 000 Datschen gibt es im Umland von St. Petersburg. Umfragen zufolge verfügt die Hälfte der russischen Stadtbevölkerung über eine solche kleine private Oase auf dem Land. Eine Datscha kann ein windschiefes Holzhäuschen ohne fließend Wasser in einer engen Gartenkolonie sein, wo zu Sowjetzeiten jedem Werksangehörigen einmal 600 Quadratmeter Boden zum Bestellen zugeteilt wurden. Oder ein altes Bauernhaus auf dem Dorf. Oder aber eine veritable Designer-Villa hinter hohen Mauern mit separatem Gästehaus und Pool.

»In jedem Russen steckt ein Bauer«, besagt eine Redewendung. Das beweist sich auf den Datschen: Vier von fünf *datschniki* nutzen ihr Anwesen zum Anbau von Lebensmitteln für den Eigenbedarf. Aus diesem

Datschen gibt es auch in der Luxusvariante

Die Erdbeeren aus dem eigenen Datscha-Garten schmecken am besten ...

Grund förderte die Sowjetregierung die Anlage der z. T. Tausende von Parzellen umfassenden Datscha-Kolonien: In Krisenzeiten wie Ende der 1980er-Jahre verhinderte die Privatgärtnerei eine Hungersnot im Land. Die Datscha ist aber auch Standquartier für die Nutzung der Natur – von hier bricht man auf zum Angeln, Pilze- und Beerensammeln in den Teichen, Wäldern und Sümpfen der Umgebung.

Auch wenn der Ertrag an selbst gezogenem Gemüse und selbst angebautem Obst heute nicht unbedingt die Mühen und Selbstkosten deckt – das Gärtnern liefert jede Menge positive Emotionen, schöpferische Freiheit und Gesprächsstoff über den Gartenzaun. Auf ihren Datschen leben die Städter auch ihren Drang nach Individualisierung ihres Lebensumfelds aus, dem in den Plattenbauwohnungen enge Grenzen gesetzt sind: Jedes Wochenende wird gezimmert, geschreinert und gepinselt bis Haus, Laube, *banja* (russische Sauna) und Gartenzaun optimal an die Vorstellungen von Schönheit und Zweckmäßigkeit angepasst sind.

BAEDEKER TIPP

Für einen Ausflug mit Eindrücken vom typischen Datscha-Leben empfiehlt sich die Elektritschka-Linie vom Finnländischen Bahnhof in Richtung Priorsersk. Nach 45 Min. ist bei **Kawgolowo** ein Badesee erreicht, den der Zug anschließend auf einem Damm passiert. Nach eineinhalb Stunden kommt man nach **Orechowo**, wo man wunderbare Waldspaziergänge durch hügeliges Land unternehmen kann. Von der nächsten Station namens »67 km« kann man Schildern folgen, um zum **Norway Park Orech** zu gelangen, einem toll gemachten Waldseilgarten mit Trassen unterschiedlicher Schwierigkeitsgrade.

EIN RAUM FÜR KREA

In St. Petersburg scheint alles immer ziemlich groß: Die Straßen, die Häuser, ja selbst die Restaurants und Geschäfte. Doch Geschäftsgründer, Jung-Gastronomen und andere Ideenschmiede müssen auch hier klein anfangen. Am besten geht das in einem Kreativ-Zentrum, wo Tag und Nacht Leben herrscht. In Petersburg erobern solche Startup-WGs die Hinterhöfe – und auch ein veritables Stadtpalais.

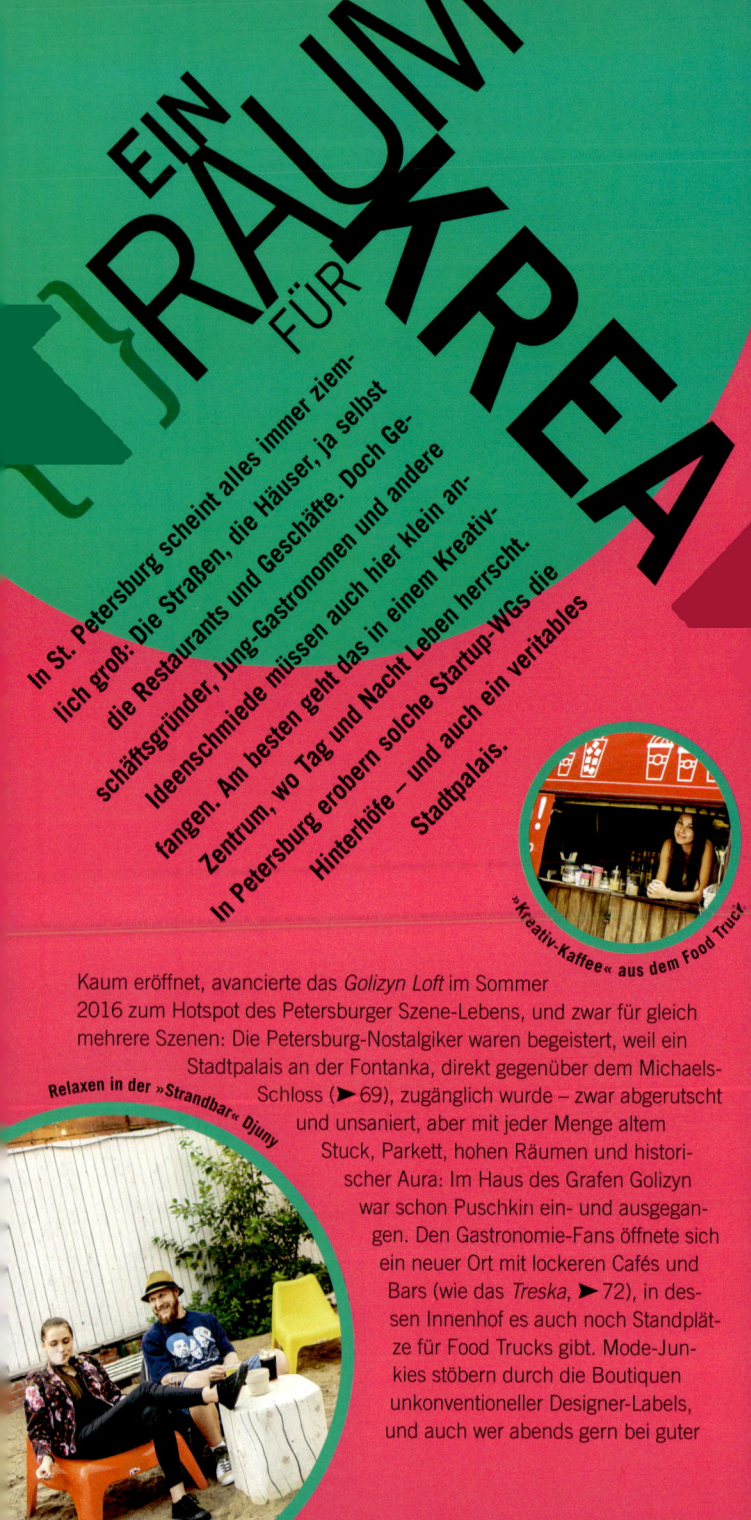

»Kreativ-Kaffee« aus dem Food Truck

Kaum eröffnet, avancierte das *Golizyn Loft* im Sommer 2016 zum Hotspot des Petersburger Szene-Lebens, und zwar für gleich mehrere Szenen: Die Petersburg-Nostalgiker waren begeistert, weil ein Stadtpalais an der Fontanka, direkt gegenüber dem Michaels-Schloss (▶ 69), zugänglich wurde – zwar abgerutscht und unsaniert, aber mit jeder Menge altem Stuck, Parkett, hohen Räumen und historischer Aura: Im Haus des Grafen Golizyn war schon Puschkin ein- und ausgegangen. Den Gastronomie-Fans öffnete sich ein neuer Ort mit lockeren Cafés und Bars (wie das *Treska*, ▶ 72), in dessen Innenhof es auch noch Standplätze für Food Trucks gibt. Mode-Junkies stöbern durch die Boutiquen unkonventioneller Designer-Labels, und auch wer abends gern bei guter

Relaxen in der »Strandbar« Djuny

Performance im Art-Center Puschkinskaja 10

Musik an der Theke andockt oder in kleinen Clubs abtanzt, wird schnell fündig. Denn gut 70 Betreiber diverser Shops, Projekte, Kneipen, Ateliers, Imbisse und Shisha-Bars konnten hier günstig die für ihre Geschäftsidee nötigen Quadratmeter anmieten. Und sei es für ein Mini-Café in einer Treppennische, ein Kapsel-Hotel oder ein Tattoo-Studio, das in der einstigen Hauskapelle unterkam.

Anticafés

Die beiden größten und prächtigsten Säle im Vorderhaus mit allerlei Uralt-mobiliar und einem wundervollen Balkon hat das *Ziferburg* (tägl. 11-24 Uhr) in Beschlag genommen. Es gehört zur inzwischen internationa-len Anticafé-Kette *Ziferblat* (weitere Filiale: Newskij Pr. 81, www.ziferblat.net) – einst ein kleines Start-up. Im Jahr 2010 hatte der junge Moskauer Künstler Iwan Mitin die schräge Idee, in einem Café nicht für Speis und Trank, sondern für die dort verbrachte Zeit zu kassieren: 3 Rubel pro Minute (ab der zweiten Stunde nur noch 2 Rubel, nach vier Stunden darf man gratis hierblei-ben) – dafür gibt's Frühstück, Kaf-fee, Tee und Internet umsonst. Wer mag, bringt sein Essen mit, oder holt es sich woanders im Haus. Laptop-Arbeiter schätzen diesen Platz als Kurzzeit-Coworking, andere als Miet-Wohnzimmer für ein paar gemütliche Stunden allein oder mit Freunden. Abends gibt es gelegentlich Konzerte oder Vorträge.

Im Restaurant Seljonaja komnata des Kulturzentrums Etashi

Deutlich kleinere Kreativ-Oasen der glei-chen Organisatoren sind *Fligel* – mit recht ori-ginellen Bars und Cafés, aber auch interessanten Geschäften für Kleidung und Accessoires – und *Tretij Klaster*, wo man sommers im grünen Innenhof zwischen Wein-bar, Bierbar und Streetfood-Kiosk südländisch anmutendes Gassen-leben simuliert. Psychedelisch bunt bemalte Fassaden gehören hier wie da dazu.

Entspannen auf der Dachterrassen-Wiese des Loft Project Etashi

Am Ligowskij Prospekt

Viel Raum für Dutzende Mikro-Läden, sei es mit Mode, Schmuck oder Essbarem, aber auch für größere Ausstellungen und Events bietet das *Loft Project Etashi*. Es hat bis hinauf zu einer Open-Air-Bühne auf dem Flachdach – toller Aussichtspunkt, vor allem bei Sonnenuntergang! – gleich eine ganze alte Brotfabrik in Beschlag genommen hat. Ein beliebter Treffpunkt ist dort das öko-orientierte Restaurant *Seljonaja komnata* mit einer großen Dachterrasse. Und im Hof wächst die kreative »Container-Straße« heran: Etwa 30 ausrangierte, aber partiell verglaste und clever ausgebaute Frachtcontainer bieten Obdach für Start-ups: Plattenläden, Friseursalons, Grillstuben, Schneiderateliers, Shops, Cafés …

400 Meter weiter führt am Ligowskij Prospekt 50 eine unscheinbare Einfahrt in ein Areal alter zweistöckiger Lagerhäuser, das sich ganz ohne Masterplan zu einer Insideradresse des Nachtlebens entwickelt hat: In dem latent bröckelnden Umfeld zwischen Tanzstudios, Autowerkstätten, Großhandelsbüros und einem serbischen Imbiss verstecken sich einige der angesagtesten Bars und Clubs der Stadt. Namen zu nennen ist sinnlos, denn Szene-Lokale kommen und gehen schnell. Doch ganz hinten arbeitet seit einigen Jahren stabil Petersburgs einziger Sandkasten mit Alkoholausschank: Die völlig zwanglose »Strandbar« *Djuny* (tägl. 12–3 Uhr, Sa/So bis 6 Uhr) residiert in einem Häuschen direkt an den Gleisen des Moskauer Bahnhofs. Tagsüber buddeln Kinder im Sand vorm Haus, abends legen DJs auf, das Publikum amüsiert sich je nach Wetter mehr drinnen oder draußen. Lärm ist in diesem Umfeld ja kein Problem.

Kaffeepause auf dem Balkon des A...

KREATIVE ZENTREN

Tretij Klaster: 8. Sowjetskaja ul. 4, http://luna-info.ru/spaces, Metro: Pl. Wosstanija

Fligel: Ul. Wosstanija 24 (2. Hof), http://luna-info.ru/spaces, Metro: Tschernyschewskaja

Golizyn Loft: Nab. reki Fontanki 20, http://luna-info.ru/spaces, Metro: Gostinyj Dwor

Loft Project Etashi: Ligowskij Pr. 74, www.loftprojectetagi.ru, Metro: Ligowskij Pr.

Ligowskij-Höfe: Ligowskij Pr. 50, Metro: Ligowskij Pr.

Artmusa: 13. Linie 70, www.artmuza.spb.ru, Metro: Wassileostrowskaja (v. a. Galerien und Künstlerateliers)

Puschkinskaja 10 (der Klassiker unter den Künstlerkommunen, ► 140): Ligowskij Pr. 53, Metro: Pl. Wosstanija

Erster Überblick

Ankunft

Fast alle St. Petersburg-Besucher reisen per Flugzeug an, denn der Landweg (per Bus oder Bahn) ist lang und mühsam und Schiffsverbindungen sind spärlich.

Anreise mit dem Flugzeug

■ St. Petersburgs direkt am Stadtrand gelegener **Flughafen Pulkowo** (www. pulkovoairport.ru) verfügt über ein effektives und architektonisch attraktives Terminalgebäude. Die Abfertigung (Sicherheits- und Passkontrollen, Kofferausgabe) geht sehr zügig vonstatten. Allerdings hat der Flughafen keinen Bahnanschluss; eine schnelle Straßenbahnverbindung zur Metrostation Kuptschino ist bisher nur in Planung.

■ In der **Ankunftshalle** gibt es eine Bankfiliale und Geldautomaten. Wenn man mit dem Bus weiterfahren will, muss man sich spätestens hier Rubel besorgen. Es gibt hier auch Schalter mehrerer Autovermietungen und eine Filiale der städtischen Touristeninformation.

Weiterfahrt per Taxi

Wimmeln Sie eventuell lauernde »Taxi-Freibeuter« ab, auch wenn sie ein offiziös aussehendes Schildchen am Revers tragen! Denn: An der Gepäckausgabe, in der Ankunftshalle sowie vor dem Terminal gibt es Schalter von *Taxi Pulkovo*. Hier können Sie unkompliziert ein Taxi eines am Flughafen akkreditierten Unternehmens zu ihrem Ziel buchen und (auch mit Kreditkarte) gleich bezahlen. Die Preise gemäß eines Zonenplans sind sehr dezent: 1000 Rubel für 20 km Fahrt ins Stadtzentrum, 1400 Rubel in die nördlichen Stadtteile, Gepäck ist inklusive. Für 25 Prozent Aufschlag gibt es feinere Limousinen. Sie erhalten eine Quittung mit einer bestimmten Fahrzeugnummer und gehen damit hinaus zum Taxistand.

Weiterfahrt per Bus und Metro

Vor dem Terminal befinden sich die Haltestellen der Buslinie 39 bzw. 39e (Expressbus ohne Zwischenhalte) sowie der mit Kleinbussen betriebenen *Marschrutka*-Linie K-39. Die Busse (40 R., Fahrtzeit 20–35 Min.) verkehren tagsüber ca. alle 10–12 Minuten, die *Marschrutka* (40 R., Fahrtzeit 15 bis 20 Min.) alle 5–10 Minuten. Für größere Gepäckstücke muss man im Bus weitere 40 R. bezahlen, in der Marschrutka gibt es für alles, was man nicht auf den Schoß nehmen kann, eigentlich keinen Platz. Alle Linien enden an der **Metrostation Moskowskaja** der blauen Linie 2, die direkt ins Zentrum (Station Newskij Prospekt) führt. Eine beliebig weite Metrofahrt kostet 45 R. (eine Metromünze, russ.: *jeton*). Für größere Gepäckstücke muss man mit einem weiteren *jeton* bezahlen, dafür darf man rechts neben den Drehkreuzen den Durchlass für Kinderwagen passieren. Auf der **Rückfahrt zum Flughafen** findet man die richtige Bushaltestelle, wenn man diese Metrostation in Fahrtrichtung des Zuges verlässt und dann den Fußgängertunnel bis zum Ende durchgeht, um dort die Treppe links zu nehmen.

Anreise mit dem Schiff

■ Die Fähren der St. Peter Line (www.stpeterline.com) legen am alten **Meeresbahnhof** (*morskoi woksal*, Plotschschad Morskoj Slawy 1) an. Zur Fahrt ins Zentrum (6 km) gibt es einen Shuttle-Service der Reederei, alternativ die Trolleybusse 10 und 11 (30 R.).

■ Die meisten Kreuzfahrtschiffe machen im neuen **Passagierhafen Morskoj fassad** (Mitschmanskaja ul.) fest. Er befindet sich ebenfalls auf der Wassili-Insel, aber weit abseits auf neu aufgeschüttetem Gelände. Von dort verkehrt Bus 158 zur Metrostation Primorskaja. Kleinere Kreuzfahrtschiffe können auch citynahe Liegeplätze an den Newa-Ufern ansteuern. Vom Pier an der Anglijskaja nab. ist es nur 1 km Weg bis zur Isaak-Kathedrale, von der Nab. Lejtenanta Schmidta ca. 2,5 km.

Anreise mit der Bahn

■ Die Züge aus Lettland, Weißrussland und der Ukraine enden am **Witebsker Bahnhof** (► 116). Dort befindet sich die Metrostation Puschkinskaja (Linie 1) rechts neben dem Bahnhof.

■ Wer per Bahn aus Finnland anreist, erreicht auf der Wyborger Seite den **Finnländischen Bahnhof**. Der Eingang zur Metrostation Pl. Lenina (Linie 1) ist im Bahnhofsgebäude, aber nur von der Straße aus zugänglich.

Anreise mit dem Bus

Die internationalen Fernbuslinien aus dem Baltikum steuern in der Regel zunächst den nur von Vorortzügen genutzten Baltischen Bahnhof mit der Metrostation Baltijskaja (Linie 1) an. Danach fahren sie weiter zum **Zentralen Omnibusbahnhof** (Nab. Obwodnogo kan. 36) – von dem es jedoch 500 Meter Fußweg bis zur Metrostation Obwodnyj kanal (Linie 5) sind.

Touristeninformation

Das städtische Fremdenverkehrsbüro betreibt mehrere Auskunftsschalter und -kioske. Das zentrale Büro befindet sich am Gostinyj Dwor (► 148; Sadowaja ul. 14), eine Filiale in der alten Hauptwache auf dem Heuplatz (► 190; Sennaja pl. 37, beide: Mo–Sa 10–19 Uhr). Info-Kioske und -Schalter gibt es vor der Isaak-Kathedrale (► 106), der Eremitage (► 54), dem Moskauer Bahnhof, der Peter-Paul-Festung (► 82) sowie im Flughafen Pulkowo (alle tägl. 10–19 Uhr) und an der Smolnyj-Kathedrale (► 144; Mo–Fr 8.30–16 Uhr).

Unterwegs in St. Petersburg

Im Vergleich zu mitteleuropäischen Innenstädten sind die Entfernungen in St. Petersburg riesig. Um die Füße zu schonen und Zeit zu sparen, sollte man sich nach einem ersten Orientierungs-Spaziergang das System der öffentlichen Verkehrsmittel erschließen. Die Fahrpreise sind für westliche Verhältnisse sehr günstig, ebenso das Taxifahren. Radfahren hat noch einen Exoten-Charakter, wird aber von Jahr zu Jahr populärer.

Metro

Das Metronetz ist recht weitmaschig und punktet mit absoluter Sauberkeit sowie einer hohen Taktfrequenz. Die gegenwärtig 67 Stationen verteilen sich auf nur fünf Linien. Während die Bewohner mancher Neubauviertel bereits seit Jahrzehnten auf den einst versprochenen Metro-Anschluss warten, ist die Abdeckung im Stadtzentrum recht gut. Hier befinden sich auch alle Umsteigestationen.

■ Das **Tarifsystem** ist schlicht: Mit einer Metromünze *(jeton)*, die man im *vestibül*, der Eingangshalle der Station, ins Drehkreuz wirft, kann man beliebig lange und weit mit der Metro fahren. Ein *jeton* kostet 45 R., in

Erster Überblick

jeder Station gibt es Kassen. Trotz der enormen Vielfalt an Mehrfahrten-Karten sind diese für Besucher, die nur wenige Tage in der Stadt sind, alle unattraktiv.

- Die **Betriebszeit** beginnt gegen 6 Uhr, alle 1,5 bis 5 Minuten kommt ein Zug. Kurz nach Mitternacht fahren an den Endstationen die letzten Züge ab. Um 0.15 Uhr werden die Umsteigewege blockiert. An einigen wichtigen Feiertagen fährt die Metro bis 5 Uhr morgens. Außerdem gibt es während der Sommersaison (wenn die Brücken hochgeklappt werden; Abb. ➤ 6/7) in den Nächten auf Sa, So und Feiertage von 1 bis 3 Uhr einen Pendeldienst im 20-Min.-Takt zwischen den Stationen Admiraltejskaja und Sportiwnaja.

- **Orientierung:** Täglich benutzen 2 Mio. Passagiere die Metro, es herrscht also oft Gedränge – schwimmen Sie mit! Die langen Rolltreppen (2 bis 3 Min. Fahrtdauer) laufen schneller als gewohnt, man muss also beherzt auf- und abspringen. Abwärts gilt: Rechts stehen, links gehen. Alle Aufschriften gibt es auch auf Englisch, zudem erleichtert die individuelle Farbe jeder Linie die Orientierung.

Busse und Straßenbahnen

- Auch oberirdisch ist das **Tarifsystem** denkbar einfach: Im *salon* jedes Fahrzeugs sitzt ein/e Schaffner/in, der/die Tickets kontrolliert und auch Fahrscheine (40 R.) verkauft. Diese gelten beliebig weit, aber ohne weiteres Umsteigen.

- An den Haltestellen von *awtobus*, *trolleibus* und *tramwaj* hängen nur spartanische **Fahrpläne**: Genannt wird die Fahrtroute und das Takt-Intervall. Über den Newskij Prospekt verkehren viele Linien parallel, sodass man hier nie lange warten muss. Zur Orientierung im Gewirr der Linien (inkl. *Marschrutki*) gibt es im Buchhandel kleine Stadtatlanten mit dem Linienschema zu kaufen.

- Am Wochenende verkehren im 30-Min.-Takt **Nachtbusse** mit M-Kennung entlang der stillstehenden Metrolinien. Wenn ihre Routen aber auf hochgezogene Newa-Brücken treffen, machen sie wieder kehrt.

- **Marschrutki** sind kleinere, kommerziell betriebene Busse, zu erkennen an einer K-Nummer. Sie befahren feste Linien, aber ohne Fahrplan. Man kann sie auch außerhalb offizieller Haltestellen an dafür geeigneten Stellen per Handzeichen stoppen bzw. während der Fahrt dem Fahrer rechtzeitig Bescheid geben, wo man aussteigen möchte. Der Fahrpreis (34–40 R., auf Vorstadtlinien bis zu 80 R.) wird beim Einsteigen oder gleich danach bezahlt (das Fahrgeld wird oft nach vorne durchgereicht, Wechselgeld kommt so auch wieder zurück). Der Fahrstil vieler *Marschrutka*-Fahrer ist oft recht ruppig: Geschwindigkeit ist Zeit, und Zeit ist Geld!

- Fahrkarten für die **Elektritschka**, die unverwüstlichen, aber auch lauten Vorortzüge, gibt's an den Kassen der Bahnhöfe – und nur, wenn diese nicht besetzt sind, beim Schaffner.

Taxis

- Die **Tarife** sind aufgrund einer enorm gewachsenen Konkurrenz und clever Online-Vermittlungsdienste sehr preiswert – es sei denn, man besteigt ein Taxi, das an einer strategisch günstigen Stelle (Opernhaus, Nachtclub, feines Hotel) bereits lange auf unbedarfte Kundschaft wartet.

- Am günstigsten, dennoch schnell zur Stelle und zuverlässig ist der Anbieter *Wesjot* bzw. *Rutaxi* (www.spb.rutaxi.ru, Tel. 812 318 03 18). Für 5 km Fahrt bezahlt man nur 240 R, bei Online-Bestellung gibt es 25 Prozent Rabatt. Etwas teurer ist *yandex.taxi* (www.taxi.yandex.ru) sowie das Unternehmen *Taxowitschkow* (www.taxovichkof.ru, Tel. 812 333 00 00). Diese Anbieter haben auch (englischsprachige) Apps zur Taxibestellung, was die Sprachhürde minimiert. Der fällige Fahrpreis wird sofort bei Bestellung genannt und ist kein Gegenstand von Diskussionen.

Fahrrad fahren

Zwar gibt es kaum Radwege, dennoch ist St. Petersburg für Radfahrer attraktiv: Es gibt keine Steigungen und auf Uferwegen, in Parks und über Nebenstraßen zu radeln macht Spaß. Das städtische Online-Leihradsystem *Velogorod* (www.spb.velogorod.org) verfügt über ca. 100 automatische Dockstationen. Die blauen Citybikes sind aber nur bei kurzer Mietdauer günstig zu haben. Gelbe Mieträder von *Cafebike* (www.cafebike.org) stehen vor vielen Lokalen und Hostels, dort bekommt man die Schlüssel. Der Mietpreis beträgt 2 R. pro Minute, max. 500 R. pro Tag. Ab diesem Tagestarif bekommt man bei Fahrradverleihern auch tourentaugliche Räder:

- **Skatprokat:** Gontscharnaja ul. 7, Tel. 812 717 68 38, www.skatprokat.ru
- **Rentbike:** Ul. Marata 25a, Tel. 812 981 01 55, www.rentbike.org
- **Velorodeo:** Petergof, Ul. Swerinskaja 6, Tel. 812 974 74 31, www.velorodeo.ru

Sightseeing-Touren

- **Stadtrundfahrten** macht man am besten mit den sommers oben offenen Doppeldecker-Bussen von *Citytour* (www.citytourspb.ru). Sie befahren alle 30 bis 60 Min. einen knapp zwei Std. dauernden Rundkurs. Über Kopfhörer gibt es dazu Erläuterungen, elf Sprachen stehen zur Auswahl. An 14 Haltestellen kann man aussteigen und mit einem der nächsten Busse weiterfahren. Offizieller Start- und Endpunkt ist der Ostrowskij-Platz in der Mitte des Newskij Prospekts, doch kann man die Rundfahrt an jeder Haltestelle beginnen. Die Tickets sind einen (700 R.) oder zwei Tage (900 R.) gültig, erhältlich im Bus oder an Theaterkassen. Angeboten wird auch ein Kombiticket mit einer Bootsrundfahrt, ebenfalls nach dem Hop-on-Hop-off-Prinzip (1200 bzw. 1500 R.). Nicht verwechseln: *City Sightseeing* (www.city-sightseeing/led) operiert ebenfalls mit roten Doppeldeckern, ist aber teurer (2 Tage 1000 R.) und bleibt mit seinen Bussen auf dem südlichen Newa-Ufer.
- **Kanal- und Newafahrten:** Ausflugsboote findet man von Ende April bis Anfang Oktober überall dort, wo Touristenströme auf Wasser treffen und ein geeigneter Anleger vorhanden ist, etwa an den Kanalbrücken des Newskij Prospekts, am Newa-Ufer oder an der Peter-Paul-Festung. Rundfahrten dauern 1 bis 1,5 Std. (600–700 R.); englischsprachige

---

St. Petersburg Card

Besitzer der St. Petersburg Card (www.petersburgcard.com) haben in über 60 Museen, Parks und Schlössern freien Eintritt – nicht jedoch in der Eremitage. Inklusiv sind auch Boots- und Busrundfahrten und eine Tragflügelboot-Passage nach Peterhof. Einige wenige Restaurants und Geschäfte gewähren Karteninhabern Preisnachlässe. Die Karte kann auch als e-Geldbeutel zur Bezahlung von Fahrten im Öffentlichen Nahverkehr dienen. Erwerben kann man sie vorab online (mit Selbstabholung oder kostenpflichtiger Zustellung ins Hotel) oder an 16 Punkten in der Innenstadt. Die Karten gibt es für 2, 3, 5 und 7 Tage, die Preise liegen bei 3200 bis 5500 R. Damit sich der Kauf der Karte aber rentiert, sollte man sich hier mindestens fünf Tage aufhalten.

Klappbrücken

Sie sind Attraktion und Ärgernis zugleich: Von April bis November werden jede Nacht zwischen 1.25 und ca. 5 Uhr sämtliche Newa-Brücken (bis auf die hohen Autobahnbrücken) hochgezogen, um Frachtschiffe im Konvoi passieren zu lassen. Wer die Überquerung nicht rechtzeitig geschafft hat, muss warten, bis gegen 3 Uhr die Schlossbrücke, die Blagoweschtschenskij-Brücke und die Börsenbrücke für ca. 30 Min. nochmals herabgelassen werden. Auf www.mostotrest-spb.ru stehen der genaue Zeitplan und Infos über eventuelle tagesaktuelle Abweichungen.

geführte Bootstouren starten mehrmals tägl. an der **Anitschkow-Brücke** (➤ 133; www.anglotourismo.com, Nab. reki Fontanki 27, 1000 R.).

■ **Rundflüge:** Von Mai–Okt. startet Sa und So von 12–17.30 Uhr an der Peter-Paul-Festung ein 20-sitziger Mi-8-Hubschrauber zu zehnminütigen Rundflügen (www.baltairlines.ru, Tel. 812 611 09 56, 5000 R.).

■ **Stadtführungen:** *Peterswalk* (www.peterswalk.com) bietet von April–Okt. tägl. um 10.30 Uhr einen auf Englisch geführten vierstündigen Stadtrundgang an, zu dem man sich nicht anmelden muss (1500 R.; Treffpunkt: Café Small Double, Kasanskaja ul. 26). Sa u. So um 11 Uhr sowie während der Weißen Nächte Di u. Do um 22.30 Uhr startet eine russ./engl. geführte Fahrrad-Exkursion durch die Stadt (2200 R., Treffpunkt: Skatprokat, Gontscharnaja ul. 7). Für individuelle Stadtführungen steht z. B. Lothar Deeg, der Autor dieses Bandes, zur Verfügung (E-Mail: guide@infoburg.info).

Übernachten

Das Angebot an Unterkünften ist in St. Petersburg schier unüberschaubar: über 300 Hotels, 800 Mini-Hotels, um die 1000 Hostels, dazu Apartments und Ferienwohnungen. Auch bei der Qualität und beim Preisniveau ist die Spanne beträchtlich: Sie reicht von Nobelherbergen bis zu schlichten Hinterhofhostels für finanziell klamme Backpacker.

Lage

Wer die Stadt individuell erobern will, ist in einer Unterkunft in der Innenstadt am besten aufgehoben. So kommt man ohne Metrofahrt zu den wichtigsten Sehenswürdigkeiten und kann abends ganz unproblematisch Bars, Kneipen oder Events besuchen. Der Isaak-Platz wird geradezu von Vier- und Fünf-Sterne-Häusern umlagert; auch am und um den Newskij Prospekt zwischen Anitschkow-Brücke und Moskauer Bahnhof ist die Hoteldichte recht groß – wer gern das Großstadtleben in vollen Zügen genießt, ist hier richtig.

Hotelzimmer buchen

Am besten sucht man sich eine Unterkunft über Buchungsmaschinen wie www.hotels.com, www.booking.com oder www.hostelworld.com. Die mit 4500 Angeboten größte Auswahl gibt es auf www.hotels.ru (engl.).

Hotelpreise

Die Zimmerkosten sind extrem saisonabhängig: In der Nebensaison – von Oktober bis April mit Ausnahme der Zeit um Neujahr – kann man in Drei-

und Vier-Sterne-Hotels für ca. 3500–5000 R. ein Doppelzimmer beziehen. Während der Weißen Nächte schießen die Tarife regelrecht in die Höhe. Wer sparen möchte, sollte also eher im Mai oder August hierher reisen, nicht im Juni oder Juli.

Apartments und Ferienwohnungen

Die Vermietung von Ferienwohnungen und -zimmern hat in St. Petersburg Tradition: Viele Leute verdienen sich so ein Zubrot, weil sie den Sommer auf ihrer Datscha verbringen. Diese günstigen Quartiere findet man am besten auf www.airbnb.com und bei der Agentur *STN* (www.saint-petersburg-apartments.com). Über diese Webseite kann man auch Minihotels (Pensionen mit 4 bis 20 Zimmern buchen).

Hostels

Der Markt der günstigen Quartiere für Traveller boomt – deshalb ist das Angebot groß und die meisten Herbergen sind relativ neu und originell designt (einige originelle Hostels ➤ 43). Viele Hostels bieten nicht nur Betten in Mehrbettzimmern (500 bis 1400 R.), sondern auch günstige Doppel- und Familienzimmer, oft auch mit Bad (ab ca. 3500 R.).

Übernachtungspreise

für ein DZ pro Nacht (inkl. Frühstück) in der Hauptsaison:

€ bis 5000 R.   €€ 5000–10 000 R.   €€€ 10 000–20 000 R.   €€€€ über 20 000 R.

HOTELS

3mostA €€

Ein kleines, freundlich geführtes Hotel (26 Zi.) in großartiger Lage an der Mojka zwischen der Auferstehungskirche und der Eremitage. Die Zimmer sind geräumig – und der Blick schweift von der verglasten Frühstücks-Dachterrasse über die Dachlandschaften zu den bunten Kirchenkuppeln.

🚇 203 D1 ✉ Nab. reki Mojki 3a ☎ 812 315 02 00, www.3mosta.com Ⓜ Newskij Prospekt

Alexander House €€€

Klein, aber fein und sehr individuell: Alle 20 Zimmer sind im Stil und Geist einer Stadt gehalten, die es den Hotelbesitzern besonders angetan hat. Das sorgfältig sanierte alte Kaufmannshaus liegt abseits vom City-Trubel an einem romantischen Kanal. Zum Mariinskij-Theater sind es nur zehn Gehminuten.

🚇 205 D2 ✉ Nab. Krjukowa kan. 27 ☎ 812 575 38 77, www.a-house.ru Ⓜ Lermontowskij Pr. (Tram3, Bus 49, 181)

Dinastija €

Die Ul. Rubinschtejna ist gastronomisch dicht besiedelt, Hotels sind aber selten. Das Dinastija befand sich hier schon, bevor die Straße hip wurde: Es verfügt über 62 solide eingerichtete Zimmer – ohne Luxus, aber mit hinreichend Platz und allem was man braucht.

🚇 206 B3 ✉ Ul. Rubinschtejna 29 ☎ 812 644 53 43, www.dynasty.eurasia-hotel.ru Ⓜ Dostojewskaja

DOM Boutique Hotel €€€

Britische Designer haben diesem 2016 eröffneten Hotel ein Flair zwischen Landvilla und Londoner Club verordnet. Auch in den 60 Zimmern herrscht ein farbenfroher Stilmix, wie ihn sich nur ein echter Dandy erlauben kann. Die Lage in einer Seitenstraße hinter dem Sommergarten ist sehr ruhig – und doch zentral. Zum Hotel gehört ein italienisches Restaurant.

🚇 203 E2 ✉ Gangutskaja ul. 4 ☎ 812 245 10 40, www.domboutiquehotel.com Ⓜ Gostinyj Dwor

Erster Überblick

Dostojewskij €€€

Als Hotel hat es eher drei als vier Sterne verdient – aber die Lage ist eben auch Geld wert: Die 218 Zimmer nehmen die obersten drei Etagen einer Shopping-Mall hinter einer historischer Fassade am belebten Wladimir-Platz ein. Damit hat man einen 24-Stunden-Supermarkt im Keller, zwei Metrostationen or der Tür und die Ausgehmeile Rubinschtejna hintern Haus.

✚ 206 B3 ✉ Wladimirskij Pr. 19
☎ 812 331 32 00, www.dostoevsky-hotel.ru
Ⓜ Dostojewskaja

Esperans €

Mit nur 5 Zimmern (alle mit Bad) ein typisches Minihotel – doch dieses befindet sich nicht in einem alten Wohnhaus, sondern einem Upper-Class-Neubau gleich hinter dem Häuschen Peters des Großen. Ebenfalls untypisch: die Lage im 8. Stock, das stilvolle moderne Interieur und die großzügige Wohnküche.

✚ 203 D3 ✉ Mitschurinskaja ul. 6
☎ 812 927 5720, www.esperanshotel.ru
Ⓜ Gorkowskaja

Grand Hotel Europe €€€€

Der 140 Jahre alte Klassiker der Petersburger Hotellandschaft mit historischem Ambiente gehört zur feinen Belmond-Kette. Trotz modernstem Komfort und Service in den ca. 300 Zimmern ist Jugendstil ist Trumpf – in der Bar, dem noblen Atrium-Restaurant L'Europe und auf einer Etage, die unter Verwendung alter Möbel ganz im Stil der guten alten Zeit eingerichtet ist.

✚ 206 A4 ✉ Michajlowskaja ul. 1–7
☎ 812 329 60 00, www.belmond.com
Ⓜ Newskij Prospekt

Jekaterina €

Die Zimmer sind klein, die Möblierung schlicht, das Frühstück monoton. Aber diese Lage: Petersburgs einziges Hotel in einem Zarenschloss! Es ist untergebracht in den einstöckigen Flügeln, die den Katharinenpalast auf der

Rückseite im Halbrund umgeben. Wer Glück (oder ein großes Lux-Zimmer gebucht) hat, blickt vom Bett auf dessen festlich beleuchtete Barockfassade. Ein prima Standort für eine meditative Auszeit mit langen Parkspaziergängen.

✚ 208 C3 ✉ Puschkin, Ul. Sadowaja 5
☎ 812 466 80 42, www.hotelekaterina.ru
🚌 Dworzowaja ul. (Bus 371, K-342)

Nevsky Hotel Grand €€

Das Flaggschiff einer kleinen lokalen Hotelkette bietet 164 Zimmer. Die allerbeste Innenstadtlage und die günstigen Preise kompensieren die Nachteile: Die Standard-Zimmer sind eher winzig und ohne Kühlschrank. Im Filialbau »Energy« sind die Räume größer, aber dafür muss man Treppen steigen.

✚ 205 F4 ✉ Bolschaja Konjuschennaja ul. 10,
☎ 812 312 12 06, www.hon.ru Ⓜ Gostinyj Dwor

Nowyj Petergof €€

Ein schickes, modernes Vier-Sterne-Hotel, umgeben von Top-Sehenswürdigkeiten – und das zu einem sehr günstigen Preis? Ja, gibt es, wenn man im »Neuen Peterhof« übernachtet, das zwischen Schloss und Olga-Teich liegt. Und die Bushaltestelle in Richtung Stadt ist direkt vor dem Haus.

✚ 208 B2 ✉ Petergof, Sankt-Peterburgskij Pr. 34 ☎ 812 319 10 10, www.new-peterhof. com 🚌 Prawlenskaja ul. (ab Metro Awtowo Linien 200, 210, K-224, K-300, K-404, K-424)

Petersburg Hotel €

Ein Schweizer führt zwei WG-artige Minihotels mit je vier Zimmern am Gribojedow-Kanal: Eine Wohnung liegt Newskij-nah an der Bankbrücke, die andere an der Ecke zur Szene-Straße Gorochowaja. Auch eine Küche steht zur Verfügung.

✚ 205 E3 ✉ Nab. kan. Gribojedowa 29
☎ 812 913 96 57, www.petersburg-hotel.com
Ⓜ Newskij Prospekt

Peterville €

Das saubere, moderne, in angenehm unaufdringlichem Beigebraun gehaltene Hotel mit 23 Zimmern bietet zu günstigen Tarifen alles Notwendige zum kultivierten Übernachten. Frühstück gibt es im hauseigenen Bistro Philibert. Das Peterville liegt nah zur Metro und der Kulturszene am Ligowskij Prospekt – und mitten in einem typischen Petersburger Altstadtviertel.

🎯 206 C2 ✉ Kolomenskaja ul. 29 ☎ 812 607 57 47, www.peterville.ru 🚇 Ligowskij Prospekt

Solo Sokos Palace Bridge €€

Das topmoderne 324-Zimmer-Haus der finnischen Sokos-Kette unweit der Strelka punktet nicht nur mit nordisch-coolem Design, sondern auch mit seiner Wellness-Welt (acht Saunen und ein großzügiger Pool), die auch von Einheimischen gerne frequentiert wird.

🎯 202 B2 ✉ Birschewoj Per. 2–4 ☎ 812 335 22 00, www.sokoshotels.com; www.pbwellnessclub.ru 🚇 Sportiwnaja

Stschastliwy Puschkin €€

Das plüschige Retro-Hotel verdankt seinen Namen »Glücklicher Puschkin« dem Umstand, dass einst der frisch verheiratete Kult-Dichter hier lebte. Unter den 48 Zimmern sind auch Einzelzimmer und originelle, teils riesig große Suiten – und dies zu ungewöhnlich günstigen Preisen. Ruhige Lage in der Nähe von Neu-Holland.

🎯 205 D3 ✉ Galernaja ul. 53 ☎ 812 777 17 99, www.happypushkin.ru 🚋 Pl. Truda (Trolley 5,22)

Taleon Imperial Hotel €€€€

Nobler geht es kaum: Das einstige Stadtpalais der schwerreichen Kaufmannssippe Jelissejew bildet den Kern des 120-Zimmer-Hauses. Die Zimmer sind im typisch Petersburger Empire-Stil eingerichtet – auch jene im von der Straße unsichtbaren Neubau. Dieser verfügt unterm Glasdach über ein Spa mit großzügigem Schwimmbecken.

🎯 205 F4 ✉ Newskij Pr. 15 ☎ 812 324 99 11, www.taleonimperialhotel.com 🚇 Admiraltejskaja

Tradizija €€€

Einige der 16 Z. dieses kleinen Qualitätshotels auf der Petrograder Seite haben einen Paradeblick über die Newa: Links die Festung, in der Mitte der Winterpalast, rechts die Strelka – und nachts die hochgeklappten Brücken. Allerdings fließt und schiebt sich dafür der Autoverkehr ums Haus.

🎯 202 C2 ✉ Pr. Dobroljubowa 2 ☎ 812 405 88 55, www.traditionhotel.ru 🚇 Sportiwnaja

W €€€€

Dasein in Design: Dieses todschicke, aber dennoch sehr wohnliche Hotel mit 137 großzügigen Zimmern spricht stylische Dynamiker mit gut gepolsterten Kreditkarten an. Grandios ist auch die Open-Air-Bar auf der Dachterrasse: Hier ist man auf Augenhöhe mit der Isaak-Kathedrale und der Admiralität.

🎯 205 E4 ✉ Wosnesenskij Pr. 6 ☎ 812 610 61 61, www.wstpetersburg.com 🚇 Admiraltejskaja

HOSTELS

Aqua Hostel €

Großes Hostel mit 150 Plätzen und einer Besonderheit: Es schwimmt – vertäut direkt neben dem alten Petrowskij-Fußballstadion.

🎯 202 B3 ✉ Shdanowskaja nab. 1 ☎ 812 903 32 15, www.aqua-hostel.ru 🚇 Sportiwnaja

Location Hostel €

Trendige Unterkunft im immer lebhaften Kreativzentrum Etashi. Der Clou sind drei cool gestaltete »Design Rooms« mit eigenem Bad.

🎯 206 C2 ✉ Ligowskij Pr. 74 ☎ 812 329 12 74, www.location-hostel.ru 🚇 Ligowskij Prospekt

Baby Lemonade Hostel €

Individuell und clever gestaltete Zimmer mit Rock'n'Roll-Romantik, teils unterm Dach. Alle Betten mit Vorhängen. Beste Zentrumslage.

🎯 206 B4 ✉ Inschenernaja ul. 7 ☎ 812 570 79 43, www.vk.com/epoquehostels 🚇 Gostinyj Dwor

Essen und Trinken

Das gastronomische Angebot in St. Petersburg ist vielfältig, originell, international – und dynamisch, denn aufgrund der kulinarischen Freudlosigkeit der Sowjetzeit haben sich so gut wie keine beliebten Traditionslokale bilden können. Ein Restaurant, das 20 Jahre alt ist, gilt bereits als alteingesessener (und bewährter) Klassiker – lassen Sie sich überraschen!

Traditionell und international

- Eng verwandt mit der **russischen Küche** ist die ukrainische, wobei hier alles noch eine Spur deftiger, fettiger und fleischlastiger ist. Die Georgier haben mit ihren saftig-würzigen Grillgerichten schon vor Jahrzehnten den Russen neue Geschmackshorizonte eröffnet, und die usbekische Küche brachte noch zu Sowjetzeiten einen ersten Hauch asiatischer Exotik. Inzwischen ist auch die italienische, französische, deutsche, arabische, japanische und chinesische Küche an der Newa heimisch geworden.
- Wer Russisch essen will, muss nicht unbedingt ein Lokal mit explizit einheimischer Küche aufsuchen: Einige Klassiker der russischen Esskultur wie *borschtsch* (Rote-Bete-Suppe) oder *pelmeni* (mit Hackfleisch gefüllte Teigtäschchen) hat so gut wie jedes Lokal auf der Speisekarte.
- Russen lieben ein herzhaftes **Frühstück**. In Hotels mit einheimischem Publikum können deshalb auch *sosiski* (Würstchen) mit *pjure* (Kartoffelbrei) oder *gretscha* (Buchweizen), *blini* (Pfannkuchen), *syrniki* (Quarkfladen) sowie *pirogi* (mit Gemüse, Obst, Fleisch oder Fisch gefülltes Gebäck) auf den Tisch kommen.
- **Imbiss**-Stände setzen ebenfalls stark auf *blini* und *pirogi*, populär sind auch die georgischen Käse-Teigfladen *chatschapuri*. *Shawerma* heißt die Petersburger Variante des Döner-Spießes. Die Renner in den beliebten Streetfood-Bars sind kreative Burger und Falafel.
- In der russischen Küche ist die **Suppe** nicht nur eine Vorspeise, sondern eine vollwertige Mahlzeit. Man erkennt dies schon an den in vielen Speisekarten üblichen Gewichtsangaben der Portionen: Eine 500-Gramm-*soljanka* (ein leicht säuerlicher Eintopf mit Salzgurken, Kohl, Oliven, Zitrone und Fleisch) macht richtig satt!
- Russlands **Salat**-Klassiker sind der *salat Olivje* aus Rindfleisch, Kartoffeln, Möhren, Erbsen und Ei sowie *seljodka pod schuboj* (»Hering im Pelzmantel«): Der Fisch wird dabei mit Lagen aus Kartoffeln, Möhren, Rote Bete und Mayonnaise bedeckt.
- Den günstigen *bisnes-lantsch* (neurussisch für: Business-Lunch), ein kleines, schnelles Komplett-Menü, gibt es (in fast allen Lokalen) werktags i. d. R. von 12–15/16 Uhr; wird er als *schwedskij stol* (»schwedischer Tisch«) angeboten, handelt es sich um ein Selbstbedienungs-Büfett.
- In etwa 95 Prozent aller Lokale gibt es separate **Speisekarten** auf Englisch – oder das *menju* ist gleich zweisprachig verfasst.

Vegetarische Küche

In der russischen Gastronomie hält sich hartnäckig die Vorstellung, dass man nur mit Fleisch ein vollwertiges Essen kreieren kann. Doch die Zahl der Lokale, die komplett oder mit einem Teil ihres Angebots vegetarisch ausgerichtet sind, steigt von Jahr zu Jahr – bei den Restaurant-Tipps in diesem Band wurde darauf geachtet.

Essenszeiten

In St. Petersburg ist der Tagesrhythmus um ein bis zwei Stunden gegenüber Mitteleuropa nach hinten verschoben. Entsprechend kehrt man zum
Mittagessen meist zwischen 13 und 15 Uhr und zum Abendessen um 20
bis 22 Uhr ein. Als Tourist muss man sich nicht daran halten, denn in
Restaurants und Cafés wird die Küche während der Öffnungszeit (ab 11
oder 12 Uhr bis 23 Uhr oder länger) nicht kalt.

Restaurant-Kategorien

■ Ein **restoran** impliziert ein gehobenes gastronomisches Niveau: Es gibt
  eine Garderobe, die Tische sind eingedeckt, die Zubereitung der Gerichte dauert etwas länger. Abends ertönt oft Live-Musik, mancherorts
  wird auch getanzt.

■ In einem **kafe** geht es weniger formell zu; außerhalb der Essenszeiten
  kann man hier auch nur auf ein Getränk einkehren. Die Auswahl an
  Speisen ist dennoch meist groß, ebenso die Bandbreite bei Preisniveau,
  Komfort und Küchenkunst. In einfacheren *kafes* bestellt man nicht am
  Tisch, sondern an der Theke (und holt in manchen Lokalen das Essen
  dort auch selbst ab).

■ Der Ausschank von Alkoholika bildet das »Kerngeschäft« des **bar** (im
  Russischen männlich!) – wenngleich es hier oft eine eindrucksvolle
  Speisekarte gibt. Viele Bars sind zugleich auch ein Pub oder eine Knei-
  pe, samt entsprechendem Interieur und Bierangebot.

■ Eine **kofejnja** oder **konditorskaja** entspricht einem westlichen Café mit
  Gebäck, Torten und Süßspeisen. Kleine warme Speisen und Alkohol
  können, müssen aber nicht das Angebot ergänzen. Viele Lokale gehören zu Ketten, etwa *Coffeeshop Company* (die beste), *Coffee House*,
  Idealnaja tschaschka oder *Stolle* (geschätzt für seine Piroggen).

■ Die **stolowaja** ist eine Kantine; in diesen preiswerten, durchaus anspre-
  chend gestalteten Lokalen herrscht Selbstbedienung nach dem Cafete-
  ria-Prinzip. Auch diesen Markt dominieren Ketten wie *Stolowaja No. 1*
  (sehr günstig) oder *Tarelka* mit russischer Standardküche. *Teremok* und
  Tschajnaja loschka bieten vorrangig Pfannkuchen an.

■ Eine **rjumotschnaja** ist ein Wodka-Ausschank; und da kein Russe den
  Klaren ohne einen Happen zu essen zu sich nimmt, gibt es auch diesen.

Trinkgeld

Nach Begleichung der Rechnung bekommt man zunächst das Wechselgeld exakt zurück und hinterlässt dann, wenn man mit dem Service zufrie-
den war, 5 bis 10 Prozent der Summe in der Rechnungsmappe. Barkee-
per und Garderobenpersonal freuen sich auch über tschajewije (»für
Tee«), wie das Trinkgeld auf Russisch heißt, direkt erwartet wird es aber
nicht.

Einkaufen

**Auch wenn das Angebot groß und die Öffnungszeiten kundenfreundlich sind,
Petersburg ist keine Shopping-Destination: Denn Qualitätsware im Bereich
Mode, Design und Accessoires ist weitgehend importiert – und in westeuro-
päischen Großstädten günstiger und in größerer Auswahl zu haben. Ein guter
Jagdgrund für Schnäppchenjäger ist die Fünf-Millionen-Metropole nur, wenn
man explizit nach russischen Waren sucht.**

Erster Überblick

Wohin zum Einkaufen?

■ Der **Newskij Prospekt** (► 130) ist die St. Petersburger Shopping-Meile schlechthin – mit zwei Schwerpunkten: Zum einen ist dies das Kaufhaus *Gostinyj Dwor* (► 148) und dessen Umfeld – wobei die hiesigen Geschäfte allesamt eine schöne nostalgische Aura verströmen. Auf der gegenüberliegenden Straßenseite gibt es mit dem »Haus des Buches« *(Dom knigi;* ► 148), der Einkaufsgalerie *Passasch* (► 148) sowie mit dem Feinkostgeschäft *Jelissejew* (► 148) eine ganze Reihe von Traditionsadressen.

Der zweite Einkaufsmagnet im Newskij-Verlauf ist der **Platz des Aufstands** (Ploschtschad Wosstannija; ► 130) am Moskauer Bahnhof: Hier ziehen vor allem die beiden Shopping-Malls *Galereja* (► 149) und *Newskij Zentr* (► 149) die Käufer in Scharen an – beherbergen sie doch zusammen rund 380 Geschäfte!

■ Traditionell lebhaft geht es auf dem **Heuplatz** (Sennaja Ploschtschad; (► 123) zu – auch wenn die Stadtverwaltung 2016 sämtliche Buden und Kioske auf dem Platz demontieren ließ. Es verblieben jedoch zwei Shopping-Center.

Das berühmt-berüchtigte *Apraxin Dwor* (► 148), der zentrale Markt für alles Nicht-Essbare, liegt fast nebenan. Auch einen Lebensmittelmarkt gibt es am Heuplatz. Attraktiver ist jedoch der innerstädtische *Kusnetschnyj rynok* (► 142). Markthallen in der Nähe von Sehenswürdigkeiten gibt es auch auf der Petrograder Seite, z. B. den *Sytnyj rynok* (► 98), und auf der Wassili-Insel (Bolschoj Pr. 16).

Was einkaufen?

■ **Klassische Russland-Souvenirs** wie Matrioschkas, Lackdosen, Fellmützen oder bemalte Holz-Ostereier bekommt man in jedem der Souvenirläden, die sich um Umfeld des Schlossplatzes und am Newskij Prospekt angesiedelt haben. Man kann sich mit solchen Mitbringseln (sowie mit Schneekugeln, T-Shirts und Tassen) aber auch ganz gut auf dem Straßen-Souvenirmarkt am Gribojedow-Kanal vor der Auferstehungskirche (► 61) eindecken.

Eine gewisse künstlerische Qualitätsgarantie bekommt man, wenn man die Souvenirabteilung des *Gostinyj Dwor* (► 148) im Erdgeschoss auf der Newskij-Seite aufsucht. Dort gibt es auch weiteres traditionelles Kunsthandwerk wie bemalte Tee-Tabletts, Behälter aus Birkenrinde oder nordrussische Schnitzarbeiten.

■ Unter den **Textilien** werden die kunstvoll bedruckten, bunten Woll- und Seidentücher der Pawlowoposadsker Manufaktur jede Dame erwärmen – es sei denn, sie entscheidet sich für eines der einfarbig weißen oder grauen, dafür aber federleichten Ziegenwolltücher aus Orenburg.

■ Für Herren ist vermutlich **Wodka**, *konjak* oder **Weinbrand** erwärmender. Jeder größere Lebensmittelladen bietet eine gute Auswahl, zudem gibt es vielerorts auf Alkoholika spezialisierte Fachgeschäfte. Neben russischem ist auch armenischer *konjak* zu Recht in den Auslagen gut vertreten.

■ Ein typisch russisches Mitbringsel sind Kannen, Vasen oder Figuren aus Gsheler Porzellan, man erkennt sie an ihrer weißen Farbe mit blauem Dekor.

Deutlich eleganter ist die Produktion der 1744 gegründeten Kaiserlichen Porzellanfabrik aus St. Petersburg. Man findet ihre Kaffeeservice und kleinen Porzellankunstwerke neben dem Hauptgeschäft (► 149) auch in rund 30 Filialen in der Stadt.

- In der Kulturmetropole St. Petersburg gibt es auch ein entsprechend gutes Angebot an **Kunst und Kunsthandwerk**. Ein Straßenmarkt dafür findet vor der katholischen Kirche (Newskij Pr. 32–34) statt. Viele Galerien unter einem Dach vereint die Ladengalerie *Perinniye Rjadi* (➤ 148) schräg gegenüber auf der Dumskaja Uliza.

Öffnungszeiten

Lebensmittelgeschäfte, Supermärkte, Wechselstuben und Apotheken haben meist täglich von 9 bis 23 Uhr geöffnet – oder auch gleich rund um die Uhr. Fachgeschäfte, Kaufhäuser und Shopping-Malls öffnen i. d. R. täglich von 10 bis 22 Uhr, Boutiquen von 11 bis 21 Uhr. Allgemein geregelte Ladenöffnungszeiten gibt es aber nicht, die einzige Vorschrift ist: Die Öffnungszeiten sind anzuschreiben und dann einzuhalten.

Ausgehen

Auch außerhalb der Weißen Nächte können die Abende lang und die Nächte kurz werden in St. Petersburg: Das Angebot an Konzerten und Aufführungen aller Genres ist riesig und von hohem Niveau – nicht nur bei Oper und Ballett, wofür die Stadt weltbekannt ist. Dies betrifft auch die klassische Musik, Jazz und Rock. Und nicht umsonst wird St. Petersburg auch die Hauptstadt des russischen Rocks genannt. Nach Konzertschluss kommt das Nachtleben in den vielen Bars und Clubs dann erst richtig auf Touren!

Informationen

- Es ist nicht einfach, sich einen Überblick über das aktuelle Veranstaltungsangebot zu verschaffen, zumal die einzige englischsprachige Zeitung der Stadt, die St. Petersburg Times, mittlerweile ihr Erscheinen eingestellt hat. Mit Russisch-Kenntnissen findet man im Internet gute Informationsquellen wie *Afischa Plus* (http://calendar.fontanka.ru), auch über laufende Ausstellungen, Buchpräsentationen oder Lesungen.
- Vor jedem Wochenende erstellt die lokale Webzeitung *Fontanka.ru* einen Event-Überblick.
- Auf der Webseite *www.afisha.ru* findet man auch das Kino-Programm (Filme laufen in der Regel in russischer Synchronisation).
- Die Petersburg-Ausgabe von *The Village* (www.the-village.ru) glänzt ebenfalls mit guter Kultur- und Lifestyle-Berichterstattung.

Kartenkauf

- Eintrittskarten für eine Vielzahl von Events online auswählen und kaufen kann man auf www.bileter.ru, der Webpräsenz der stadtweit mit etwa 100 Filialen vertretenen Vorverkaufskassen. Meist findet man eine *teatralnaja kassa* an oder in Metrostationen sowie in Einkaufszentren.
- Die zentrale Kasse befindet sich gegenüber dem Gostinyj Dwor (➤ 148; Newskij Pr. 42, tgl. 8–24 Uhr).
- An den Theaterkassen hängt ein Spielplan für den laufenden Monat aus, außerdem kann man sich anhand von Flyern und Plakaten informieren, was wann wo stattfindet.
- Karten für die drei Flaggschiffe der klassischen Musik-Kultur, für Oper und Ballett das Mariinskij-Theater (➤ 111) und das Michajlowskij-Theater (➤ 149) sowie die Philharmonie (➤ 149) für Konzerte, gibt es aber nur an den Kassen oder auf den Webseiten der Häuser.

Erster Überblick

Festivals und Events

- Neujahr, Weihnachten (am 7. Januar) und die *Masleniza* (»Butterwoche«, Ende Feb./Anfang März) werden als traditionelle Volksvergnügen auch bei winterlichen Temperaturen draußen gefeiert. An zentralen Orten wie dem Schlossplatz, der Strelka, der Peter-Paul-Festung und dem Ostrowski-Platz gibt es dann Openair-Konzerte und allerlei Budenzauber.

- Das Mariinski-Theater veranstaltet zwei große Festivals im Jahr: Anfang April das *Mariinski-Ballett-Festival* mit ausländischen Gastspielen und mindestens einer eigenen Premiere – sowie von Ende Mai bis Ende Juli *Stars of the White Nights* mit internationalen Stars aus Ballett, Oper und E-Musik.

- Der 27. Mai ist der offizielle *Stadtgeburtstag*. Am Sonntag darauf wird er mit Klassik-Open-Air-Konzerten und einem großen Feuerwerk begangen. Die größte Party der Stadt, das jährliche Schulabschlussfest *Alyje parusa* (www.parusaspb.ru), steigt meist am letzten Juni-Samstag: Eine gigantische Show mit Musik, Lasern und Pyrotechnik verwandelt mitten in einer Weißen Nacht die Newa zwischen Winterpalast und Festung in eine riesige Show-Bühne – und Hunderttausende sind auf den Beinen.

- Im Park auf der Jelagin-Insel (► 187) finden im Juli zwei kultivierte Open-Air-Festivals statt: Beim *Stereoleto*-Festival tönt es rockig, beim *Usadba Jazz* eher lässig-familiär.

Jazz

Die besten Adressen für Jazz sind die *Philharmonie der Jazz-Musik* (► 149), der *JFC Jazz-Club* (Schpalernaja ul. 33, www.jfc-club.spb.ru), in dem auch Blues, Funk und Soul geboten wird, oder der legere Club *Dom 7* (► 74).

Bars und Clubs

Live-Gigs und Konzerte verdichten sich in Bars und Clubs zum Wochenende hin. Mo bis Mi ist das Programm deutlich dünner und die Lokale weniger voll.

- Absolut *in* als Ausgehmeile mit gut 50 – Tendenz steigend – Lokalen verschiedenster Couleur ist die Ul. Rubinschteijna (► 150).

- Geprägt und initiiert durch einige Trash-Bars in den Gewölben des halbverfallenen Kleinen Gostinyj Dwor ist die Ecke ul. Lomonossowa/Dumskaja ul. (► 150) der Hotspot der Bar-Szene.

- Am Stallplatz (Konjuschennaja pl.; ► 74) gibt es ebenfalls eine ganze Phalanx von Bars, Musik- und Nachtclubs zwischen todschick und Underground.

- Einen netten Kneipenkorso bietet auch die kurze Ul. Belinskogo (► 150).

- Die größte Disco Russlands ist der standesdünkelfreie dreistöckige *Metro Club* (tägl. 22–6 Uhr, www.metroclub.ru, Ligowskij Pr. 174, Metro: Obwodnyj-Kanal). Ebenfalls ein Tanz- und Party-Club klassischer Art ist das *Rossi's* (Ul. Sodtschego Rossi 1, www.rossis.ru).

- Wer sich auf Spurensuche nach den Keimzellen des Petersburger Rocks machen will, ist im unter- wie überirdischen *Club Gribojedow* (Woroneschskaja ul. 2a, www.griboedovclub.ru) oder in der *Fish Fabrique* (► 140) richtig.

- Kultstatus hat der Museums-Club *Kamtschatka* (Ul. Blochina 15, www.vk.com/club602338), denn in diesem Heizkeller befeuerte der Rockmusiker Viktor Zoi einst den Kessel – weil in der UdSSR auch ein Rockstar einen anständigen Arbeitsplatz haben musste.

Zwischen Winterpalast & Sommergarten

Kleine Erlebnisse

Die längste Rolltreppe der Welt

Nur Geduld! Auf der 137 Meter langen Hauptrolltreppe der **Metrostation Admiraltejskaja** geht es 3 Minuten 15 Sekunden lang auf- bzw. abwärts.

Allein in der Eremitage

In die Frühgeschichtsabteilung der **Eremitage** (▶ 54) verirren sich kaum Besucher. Und so kann man ungestört in Raum 26 den ältesten Teppich der Welt bewundern: Er ist rund 2400 Jahre alt!

Glück durch Präzision

Münzen in Brunnen werfen kann jeder – beim **Michaels-Schloss** (▶ 69) den Sockel des Mini-Denkmals Tschischik-Pyschik treffen hingegen nicht.

Erste Orientierung

Schon Stadtgründer Peter der Große ließ seine ständigen Residenzen, den Sommer- und den Winterpalast, am südlichen Newa-Ufer errichten. Damit war die Entwicklung dieses Areals vorgegeben: Das Schloss-Ufer wurde zur Parade-Fassade der jungen russischen Hauptstadt – und der Schlossplatz zum repräsentativen Herz der Stadt.

Etwa zwei Kilometer weit zieht sich dieser am stärksten von Petersburgs einstiger Hauptstadtfunktion geprägte Innenstadtbereich an der Newa und dem Flusslauf der Mojka hin. Neben der Breite der Newa sorgen große Freiflächen für herrschaftlich-würdige Distanzen: Feinster alt-europäischer Städtebau in Form barocker und klassizistischer Architektur trifft hier auf die sprichwörtliche russische Weite. Und kein einziger Neubau stört das sorgfältig geplante, aber doch historisch gewachsene Stadtbild.

Im Westen markiert im Zentrum des weitläufigen Schlossplatzes die Alexandersäule geradezu die Nabe, um die sich ganz Petersburg aufspannt. An diesem Platz steht mit dem Winterpalast die prunkvolle einstige Hauptresidenz der Romanow-Kaiser. Heute ist er das Hauptgebäude der Staatlichen Eremitage, von dem es Übergänge in die Kleine, Alte und Neue Eremitage gibt – noch von den Zaren für ihre reichen Kunstsammlungen errichtete Anbauten; die Eremitage-Filiale im Ostflügel des mächtigen Generalstabsgebäudes auf der Südseite des Platzes fungiert hingegen als eigenständiges Kunstmuseum.

Weiter östlich gruppieren sich um das grüne Marsfeld, einen einstigen Exerzierplatz, weitere hochkarätige Sehenswürdigkeiten: Die Auferstehungskirche – im Innern komplett mit Mosaiken ausgekleidet – bringt eine Spur altrussischer Architektur ins Stadtbild. Das Michaels-Schloss war die Trutzburg des verfemten Zaren Paul I. Der Sommergarten, Russlands ältester Park, ist ein Museum in Grün. Und auch der luxuriöse Marmorpalast verbindet heute feinstes Schloss-Interieur mit einer interessanten musealen Nutzung.

Sightseeing mit kulinarischen Genüssen: Dinnerfahrt auf der Newa

On the map:

Troickij most · nab. Kutuzova · nab. reki Fontanki

Marmor-palast **14**

Newa

Dvorcovaja nab. · Milionnaja uliza · Aptekarskij per.

Sommer-garten **15** · Fontanka

Marsovo Pole

Museum für Angewandte Kunst **17**

Milionnaja uliza

Moskov per.

Bol'šoj Konjušennyj most

nab. Lebjaž'ego kanala

★ Eremitage

Pevčeskyj most

Konjušennaja ploschtschad

nab. reki Mojki

1-j Inženernyj most

Mojka

Auferstehungs-kirche **10**

Michaels-Schloss **16**

11 Schloss-platz

Bol. Konjušennaja ul.

Švedskij per.

Mihajlovskij sad

Mojka

Generalstab **12**

Petrowskaja Aquatoria **13**

Newskij prospekt

M Admiraltejskaja

0 ——— 200 m

0 ——— 200 yd

TOP 10

★ Eremitage (Gosudarstwennyj Ermitasch) ➤ 54

10 Auferstehungskirche (Chram Spasa-na-krowi) ➤ 61

Nicht verpassen!

Nach Lust und Laune!

Alexandersäule auf dem Schlossplatz

An einem Tag

Auf dieser Tagestour lernen Sie die Highlights im Zentrum kennen – Sie verbringen viel Zeit in der Eremitage, Ihr Weg führt Sie aber auch durch tiefgrüne Parks und zu einem luftigen Aussichtspunkt.

🕘 9:00

Mit der Metro fahren Sie zur Station Admiraltejs-kaja. Dort gibt es Cafés, die Sie mit einem kräftigen Frühstück versorgen – etwa das **Bushé** (➤ 73) oder das **Bonch** (➤ 73).

🕙 10:00

Sie bummeln zum ⑪**Schlossplatz** (➤ 63) und lassen die gewaltigen Dimensionen dieses Platz-Ensembles in Ruhe auf sich wirken. Um 10.30 Uhr öffnet die sowohl der Hauptkomplex auch die neue Filiale im über. Da Sie zu den ersten haben Sie dessen grandiose Impressionisten-Sammlung noch fast für sich allein.

⭐**Eremitage** (➤ 54) – mit dem Winterpalast als ⑫**Generalstab** (➤ 65) gegen- Besuchern des Tages gehören,

[Kartenbeschriftungen:] Newa · Marmor-palast · ⑭ · Sommer-garten · ⑮ · 0 200 m · 0 200 yd · ⑰ Museum für Angewandte Kunst · Eremitage · ① · Schloss-platz · ⑪ · ⑫ · Generalstab · ⑬ Petrowskaja Aquatoria · ⑩ Auferstehungs-kirche · ⑯ Michaels-Schloss

🕐 13:00

Zeit für eine Mittagspause: Gleich neben dem Schlossplatz bietet sich dafür das Zwillingslokal **NEP** bzw. **Rasputin** (➤ 72) an. Oder gegenüber, auf der anderen Kanalseite, das sympathische Restaurant **Jat** (Nab. reki Mojki 16).

🕝 14:30

Gut gestärkt machen Sie auf dem kurzen Weg zum Winterpalast einen Schlenker zum romantischen **Winterkanälchen**, auch um den **Atlanten** (Abb. links) vor der **Neuen Eremitage** (➤ 54) einen Besuch abzustatten.

🕒 15:00

Nun geht es zur Besichtigung der ⭐**Ere-mitage** (➤ 54). Zwischendurch können Sie sich im Museumscafé im ersten Stock mit Snacks und einer Tasse Kaffee stärken.

🕕 18:00

Die Eindrücke aus dem »Kunst-vollen« Zarenpalast wollen verarbeitet werden, die Beine verlangen nach einer Pause, das Hirn nach frischer Luft: Erholen Sie sich auf der Dachterrasse der schicken **PMI Bar** (➤ 74).

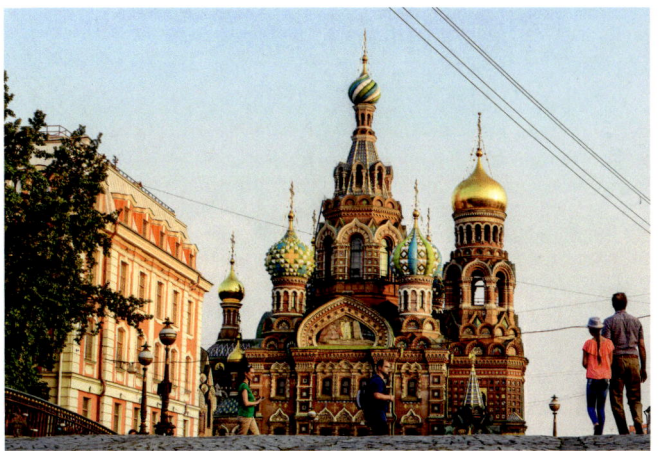

🕐 19:00

Ihre bunten Kuppeln haben Sie eben bewundert, nun sehen Sie sich auch das Innere der ⭐**Auferstehungskirche** (Abb. oben; ➤ 61) an – in der Hauptsaison hat sie schließlich abends lange offen.

🕐 20:00

Ein Spaziergang – im Sommer ist es ja noch lange hell – durch die Grünzonen des Stadtzentrums führt Sie durch den **Michaelsgarten** und um das 🟦**16 Michaels-Schloss** (➤ 69) herum zur Kanalecke Fontanka/Mojka. Wer dort über die Brüstung blickt, findet **Petersburgs kleinstes Denkmal**, das Vögelchen Tschischik-Pyschik (Abb. unten). Auf der anderen Straßenseite betreten Sie dann den 🟦**15 Sommergarten** (➤ 68). Sie bummeln durch den ältesten Park Russlands zur Newa und gehen dann diagonal über das Marsfeld zurück zur Auferstehungskirche.

🕐 21:00

Ein Abendessen in einem der guten Restaurants am Stallplatz wie **Meat Head** (➤ 72), **Nachodka** oder **Jamie's Italian** (➤ 71) haben Sie sich nun redlich verdient!

🕐 23:00

Noch einen Drink? Abtanzen? Oder nur ein gepflegtes Bier? Der angrenzende Straßenblock des einstigen Zaren-Fuhrparks beherbergt zahlreiche Bars, Clubs und Pubs in der ganzen Bandbreite von Trash bis Noblesse.

★ Eremitage
(Gosudarstwennyj Ermitasch)

Eines der reichsten Kunstmuseen der Welt in einem der prunkvollsten Paläste Europas – diese wundervolle Kombination eröffnet sich den Besuchern der Eremitage. Selbst Kunstmuffel, die kaum etwas für Gemälde, Skulpturen, Möbel, Münzen und sonstige Schätze früherer Epochen übrig haben, dürften angesichts der Pracht des Winterpalasts und seiner musealen Anbauten begeistert sein. Die Hauptresidenz der Romanow-Zaren muss man einfach gesehen haben.

Die Eremitage ist typisch St. Petersburg: Sie ist enorm weitläufig, prächtig, weltoffen und voller vielfältiger Kultur; ein Ort, an dem Geschichte geschrieben wurde und der von der Geschichte nicht geschont wurde. Und sie ist eine Touristenattraktion ersten Ranges – möchte man sich ihrem Gehalt in aller Ruhe widmen, sollte man den Besuch auf einen winterlichen Werktag legen. Oder zwei, denn es dürfte kaum gelingen, in einem Rutsch all die versammelten Kunstschätze gebührend zu würdigen.

Winterpalast
Der Winterpalast als Stammschloss der Romanow-Dynastie ist selbst das eindrucksvollste Exponat. Errichtet wurde der größte Palast der Stadt in den Jahren 1754–62 von Bartolomeo Rastrelli – der zu diesem Zweck eine von ihm selbst 20 Jahre zuvor an gleicher Stelle errichtete Zarenresidenz abreißen ließ. Auftraggeberin war die bauwütige Zarin Elisabeth, die jedoch die Fertigstellung nicht mehr erlebte. Zur ersten langjährigen Hausherrin wurde Katharina die Große – die hier auch den Grundstock für das heutige Kunstmuseum legte: 225 Gemälde, 1764 bei einem Berliner Kunsthändler erworben, bildeten den Kern ihrer Privatsammlung. Diese Werke hingen in einem lang gestreckten Anbau, den sich die Herrscherin als Privatgemach nach ihren Vorstellungen von Juri Velten errichten ließ: Die **Kleine Eremitage** verfügt über einen von außen nicht einsehbaren Dachgarten, den die ersten Bildergalerien flankierten.

Für die schnell wachsende kaiserliche Kunstkollektion entstand dann parallel zur Newa alsbald die Große Eremitage – für die sich später der Name **Alte Eremitage** einbürgerte. Denn 1842–51 errichtete man dahinter nach Entwürfen des Münchner Architekten Leo von Klenze die deutlich größer dimensionierte **Neue Eremitage** – das erste als öffentlich zugängliches Museum Russlands konzipierte Gebäude.

SCHATZKAMMERN
Nur im Rahmen von Führungen (russ. und engl., 300 R.) sind die beiden Schatzkammern der Eremitage zu besichtigen: Die **Gold-Kammer** birgt unglaublich filigrane und kunstsinnige Goldarbeiten der Skythen, die etwa 2500 Jahre alt sind. In der Neuen Eremitage gibt es eine **Brillanten-Schatzkammer** mit feinsten Edelstein-Arbeiten verschiedener Epochen.

Der Winterpalast birgt heute eines der berühmtesten Museen der Welt

Kurz zuvor war der barocke Winterpalast unter Federführung von Wassili Stassow innen weitgehend im klassizistischen Stil neu ausgestaltet worden, denn 1837 war er in einem drei Tage tobenden Feuersturm ausgebrannt. Am 25. Oktober 1917 wurde im Winterpalast (im Raum 188) von den Bolschewiken die provisorische bürgerliche Regierung verhaftet. Nach der Oktoberrevolution wuchs das verstaatlichte Museum einerseits um zahlreiche beschlagnahmte Privatsammlungen, andererseits verhökerten die Kommunisten einige herausragende Kunstwerke gegen Valuta im Ausland. Während der Blockade erlitten die Gebäude Schaden, nicht aber die Sammlungen, die zum größten Teil in den Ural evakuiert worden waren.

Der jüngste markante Einschnitt in der Geschichte des Museums war 2014 die Eröffnung der Dependance im Generalstab (▶ 65). Dorthin ist die grandiose Sammlung französischer Impressionisten und Postimpressionisten umgezogen.

Besichtigung

Der Zugang zur Eremitage erfolgt vom Schlossplatz – für Individualbesucher über den großen Innenhof, für Gruppen direkt vom Platz. Aus dem Kassenbereich gehen Sie nach rechts auf die prachtvolle **Jordan-Treppe** zu, um ins Obergeschoss zu gelangen. Diese barocke Parade-Treppe ist eines der wenigen Interieurs, das noch von Rastrelli stammt. Sie wurde nach einem Brand im Jahr 1837 weitgehend originalgetreu rekonstruiert.

Wenn Sie nicht gleich eine der Sonderausstellungen in den geradeaus beginnenden Paradesälen auf der Newa-Seite anschauen wollen, geht es von der Treppe nach links in den **Feldmarschallsaal** (Raum 193). Für eine Besichtigung der eindrucksvollsten Räume des Winterpalasts durchqueren Sie ihn und gelangen in den mit rotem Samt ausgekleideten **Kleinen Thronsaal** (R. 194). Er wurde als Gedenkort für Peter den Großen konzipiert. Weiter geht es

Zwischen Winterpalast & Sommergarten

in den **Wappensaal** (R. 195): Die namens-
gebenden Wappen der russischen Gouver-
nements fallen angesichts der goldgleißen-
den Pracht seiner Säulen kaum ins Auge:
Sie sind in den Kronleuchtern versteckt!
Machen Sie einen Abstecher nach links
und durchqueren die **Militärgalerie von
1812** (R.197) mit über 300 Porträts von
Generälen. So kommt man in den **Großen
Thronsaal** oder **Georgssaal** (R. 198): Eine
Besonderheit des mit Carrara-Marmor ausgekleideten Hauptzeremoniensaals des
Russischen Reichs ist die völlige Symmetrie
des aufwendigen Parketts mit dem aus
Kupfer gefertigten Deckenschmuck.

Etwas weiter erreicht man die erst 2014
wieder hergestellte **Palastkirche** (R. 271),
die ebenfalls noch die Barock-Handschrift
Rastrellis trägt. In einer Vitrine liegt hier der
beim tödlichen Attentat 1881 zerfetzte Uni-
formrock von Zar Alexander II.

Nächster Höhepunkt ist dann schon auf
der Schlossplatz-Seite der **Alexander-Saal**
(R. 282), in dem das Tafelsilber des Zaren-
hofs ausgestellt wird. Die nach rechts anschließenden Räume (283–289) sind französischer Kunst des 18. Jh. gewidmet. Auf der Ecke zur Westseite des Palastes bildet der
atemberaubende **Goldene Saal** (R. 304) den Auftakt der
hochluxuriösen Wohnräume von Maria Aleksandrowna. Die
Gattin Alexanders II. verfügte u. a. über ein besonders erlesen ausgestaltetes Boudoir (R. 306). Im weiteren Westflügel
des Palastes bietet die 1895 in mittelalterlicher Neugotik
designte **Bibliothek Nikolaus II.** (R. 178) das eindrucksvollste Interieur. Wieder auf der Newa-Seite angekommen, sollte
man den **Malachit-Saal** (R. 189) als einen der nobelsten
Wohnräume des Palasts nicht versäumen.

*Sieht heute
noch so
aus wie von
Rastrelli ge-
schaffen: die
Jordan-Treppe*

Kleine, Alte und Neue Eremitage

Auch für einen Rundgang
zu den wesentlichen Kunstschätzen des Museums ist
der Feldmarschallsaal er-
neut Ausgangspunkt. Durch
einen mit Teppichen be-
hängten Korridor (R. 200)
geht es in den traumhaften
Pavillonsaal (R. 204) in der
Kleinen Eremitage. Aus diesem in den 1850er-Jahren
von Andrej Stackenschnei-
der in einem arabisch und
römisch angehauchten Stil
gestalteten hohen Raum
öffnet sich der Blick sowohl

EREMITAGE-THEATER

Auch das Eremitage-Theater aus den 1780er-
Jahren gehört zum Museums-Komplex. Sein
Foyer liegt in einer Brücke über das Winterkanälchen – in den schmucken Theatersaal kommt
man aber nur im Rahmen von Aufführungen. An
dieser Stelle stand einst der **erste Winterpalast
Peters des Großen**. Vor 30 Jahren fand man in
den Fundamenten unter der Theaterbühne den
Innenhof und mehrere Räume des vermeintlich
abgerissenen Palasts wieder, die geschickt rekonstruiert wurden (Dworzowaja nab. 32, Öffnungszeiten wie Eremitage, 300 R.).

auf die Newa als auch in die hängenden Gärten. Die Mechanik der dort stehenden berühmten Pfauen-Uhr aus den 1770er-Jahren ist funktionsfähig, wird aber nur ein- bis zweimal im Monat in Gang gesetzt. In den Galerien links und rechts des **Dachgartens**, also der Ur-Eremitage, stößt man auf Kunsthandwerk des Mittelalters (R. 259), Niederländer wie beide Pieter Brueghel (R. 262) und frühe deutsche Gemälde, u.a. von Lucas Cranach d.Ä. (R. 255).

Die **Alte Eremitage** ist den alten Meistern Italiens vorbehalten. Ihre Höhepunkte sind der feierliche **Da-Vinci-Saal** (R. 214) mit zwei Madonnen des großen Meisters sowie der kleine **Tizian-Saal** (R. 221). Vorbei am Übergang zum **Eremitage-Theater** (R. 225) geht's in die ebenso farbenprächtig wie üppig ausgemalten **Raffael-Loggien** (R. 227), eine schon in den 1780er-Jahren angefertigte Kopie eines Ganges im Apostolischen Palast des Vatikans. Die Loggien leiten in die 70 Jahre jüngere **Neue Eremitage** über. Der Mittelteil des Baus im Stil der Neorenaissance beherbergt drei hohe Säle für Monumentalwerke mit indirekter Beleuchtung durch Oberlichter (R. 237–239). Durch den ⚔ **Ritter-Saal** mit alten Rüstungen (R. 243) erreicht man die Abteilung flämischer Meister, wo ein Saal für 33 Bilder von Rubens (R. 247) reserviert ist. Den Abschluss des Rundgangs im Obergeschoss bildet in der holländischen Abteilung der **Rembrandt-Saal** (R. 254) mit mehr als 20 Werken dieses Meisters.

Einigermaßen komplett ist der Gesamteindruck erst, wenn man anschließend an der Malachit-Vase (R. 206) treppab geht, um noch einen Rundgang durch die gänzlich in Marmor gewandeten **Antiken-Säle** (R. 106–131) im Erdgeschoss der Neuen Eremitage zu machen. Durch die **ägyptische Abteilung** (R. 100) gelangt man dann zu den Museumshops, Cafés und zum Ausgang.

BAEDEKER TIPP

- ■ Nehmen Sie am Einlass unbedingt ein Faltblatt mit dem aktuellen Etagenplan mit. Sonst ist es fast unmöglich, sich in dem Labyrinth zu orientieren.
- ■ Für 500 R. sind deutsche Audioguides erhältlich. Verleihpunkte befinden sich hinter der Ticketkontrolle sowie auf der oberen Ebene der Jordan-Treppe.
- ■ Fotografieren für den Privatgebrauch ist erlaubt, jedoch nur ohne Blitz. In Sonderausstellungen gilt ein generelles Fotografier-Verbot.
- ■ In der Rastrelli-Galerie (Erdgeschoss, vor der Jordan-Treppe rechts) gibt es gut sortierte Museums-Shops, u.a. mit vielen Kunstdrucken und Bildbänden.
- ■ Größere Taschen und Rucksäcke müssen an der Garderobe abgegeben werden.
- ■ Toiletten gibt es nur im Erdgeschoss!

Russischer Barock: der Winterpalast

Der Winterpalast ist ein Hauptwerk des russischen Barocks und das Herz der Eremitage. Sie gibt mit einzigartigen Sammlungen einen Überblick über die gesamte Geschichte der Weltkultur bzw. -kunst. Ihre Exponate datieren von der Altsteinzeit bis heute.

❶ Innenhof
Der Zugang zum Winterpalais erfolgt vom Schlossplatz (**⓫**) her über den Innenhof. An der Newa-Seite sind Kassen, Information und Garderobe zu finden.

❷ Hauptgalerie
Die 1837–1839 von Wassilij Stassow gestaltete Hauptgalerie führt vom Vestibül zur Jordan- oder Gesandtentreppe.

❸ Jordan-Treppe
Über die von Bartolomeo Rastrelli entworfene prunkvolle Jordan-Treppe gelangt man ins Obergeschoss des Palasts.

❹ Wappensaal
Der Wappensaal war einst Schauplatz von glänzenden Bällen und Empfängen.

❺ Großer Thronsaal
Auf dem Podium des prachtvollen Saals steht der 1732 in London für Anna Iwanowna gefertigte Zarenthron. Das Relief darüber zeigt den hl. Georg als Drachentöter.

❻ Palastkirche
Das Interieur der Kirche präsentiert sich noch weitgehend so, wie Bartolomeo Rastrelli es 1754–1762 schuf. Das Deckengemälde stellt die Auferstehung Christi dar. Hier fanden besondere Gottesdienste statt: Der letzte Zar, Nikolaus II., heiratete in dieser Kirche 1894 Prinzessin Alix von Hessen-Darmstadt, die spätere Zarin Aleksandra Fjodorowna.

❼ Goldener Saal
Der Weiße Saal bildet im ersten Stock den Auftakt zur Zimmerflucht, deren Gestaltung Alexander Brüllow entwarf und zu der u. a.

der Goldene Saal gehört. Hier wohnte im 19. Jh. Zarin Maria Aleksandrowna.

❽ Rotunde
Die Rotunde bildet

den Übergang von den privaten Zarengemächern zu den Prunkräumen.

❾ Konzertsaal
Er gehört zu den drei großen Prunkräumen an der Newa-Seite und ist geschmückt mit Statuen der Musen und Figuren, die Musikinstrumente tragen.

❿ Ballsaal
Der Raum wird auch als »Nikolaussaal« bezeichnet, denn seit 1856 hängt hier ein Porträt von Nikolaus I. Der Saal dient heute für Sonderausstellungen.

⓫ Schlossplatz
Die Südfront der Eremitage ist dem Schlossplatz zugewandt.

In vergleichsweise bescheidenem Rahmen fand in der Palastkirche im November 1894 die Trauung von Nikolaus II. und Aleksandra Fjodorowna statt – der Vater des Zaren war wenige Tage zuvor überraschend gestorben

©BAEDEKER

Zwischen Winterpalast & Sommergarten

Liebhaber können sich noch lange im Erdgeschoss des Winterpalasts durch die stillen Abteilungen mit Exponaten der frühen Kulturen Eurasiens treiben lassen. Die momentan einzigen ständigen Abteilungen im 2. Stock behandeln Indien und Japan, Byzanz und den Nahen Osten sowie die Numismatik.

KLEINE PAUSE

Die Gastronomie in der Eremitage ist recht bescheiden. In der **Rastrelli-Galerie** gibt es eine schlichte **Cafeteria** mit soliden Preisen, die aber nur Sandwichs und Gebäck anbietet. Einige Schritte weiter kommt ein etwas günstigeres Internet-Cafe mit analogem Angebot. Deshalb sollte man besser vor dem Besuch etwas essen!

Pavillonsaal in der Kleinen Eremitage mit einem wunderschönen römischen Mosaik

✚ 205 E/F4 ✉ Dworzowaja pl. 2 ☎ 812 710 90 79, www.hermitage.ru
🕐 Di–So 10.30–18, Mi u. Fr bis 21 Uhr 🚇 Admiraltejskaja 🚊 Dworzowaja pl.
(Trolley 1, 7, 10, 11; Bus 7, 10, 24, 191) 💶 Mai–Sept. 700, sonst 600 R.

BAEDEKER TIPP

■ In der Sommersaison bildet sich vor der Eremitage tagtäglich eine lange Warteschlange. Doch hier müssen sich nur russische Staatsbürger anstellen, die an der Kasse ein vergünstigtes Ticket (400 R.) bekommen. Ausländer bezahlen ohnehin den Vollpreis von 600 R. – was man auch an den grünen Automaten im Innenhof links und rechts der Toreinfahrt erledigen kann (bar oder mit Kreditkarte). Mit diesen Tickets kann man sich vorne einreihen und mit dem nächsten Schub eingelassener Besucher hineingehen. In den Sommermonaten gibt es für Ticket-Besitzer zudem einen separaten Eingang links im Hof. Hier gibt es aber keine Garderobe!

■ Der Weg über die Automaten ist weitaus günstiger als die Vorbestellung von Tickets über die Webseite. Der Online-Preis von 17,95 US-Dollar bedeutet ca. 100 Prozent Aufschlag! Ein Ticket für zwei aufeinanderfolgende Tage gibt es online für 22,95 US-Dollar.

■ Kinder und Studenten (auch Ausländer, mit beliebigen Studentenausweisen) bekommen an den Kassen kostenlose Eintrittskarten. Dazu muss man sich allerdings in die Warteschlange einreihen.

■ Mit dem Eremitage-Ticket kann man am gleichen Tag noch die **Dependancen im Generalstab** (▶ 65) und **Menschikow-Palast** (▶ 92) sowie den **Winterpalast Peters des Großen** (▶ 56) besuchen.

■ An jedem ersten Donnerstag im Monat sowie am 7. Dezember ist der Eintritt in die Eremitage frei, man muss sich aber ein kostenloses Ticket an der Kasse holen. Von Mai bis August und im Januar ist die Warteschlange an diesen Tagen enorm – und das Museum proppenvoll. Anstatt stundenlang anzustehen, ist es dann klüger, nur den weit weniger belagerten Generalstab zu besichtigen – denn auch die Filialen sind kostenlos zugänglich.

⭐ 10 Auferstehungs-kirche
(Chram Spasa-na-krowi)

So ändern sich die Zeiten: Ein stilistisch nicht in die Stadt passendes Denkmal für das Opfer eines Terrorakts ist im Laufe eines Jahrhunderts zum weithin bekannten Wahrzeichen St. Petersburgs geworden. Dabei ist diese Kirche nicht nur von außen schön anzusehen – im Innern eröffnet sich eine Wunderwelt aus Mosaiken.

Das Vorbild für die Auferstehungskirche steht in Moskau

Die **Christi-Auferstehungskirche auf dem Blute**, so der offizielle Name, wurde an jener Stelle errichtet, an der 1881 ein Bombenattentat auf Zar Alexander II. geschah. Deshalb rückt die Kirche – ungewöhnlich im linear durchgeplanten Petersburg – so fotogen aus der einheitlichen Fassadenfront am Gribojedow-Kanal: Der Turm mit der goldenen Kuppel erhebt sich genau über der Stelle, wo auf der Uferstraße der Anschlag geschah. Im Innern der Kirche überspannt dort ein Jaspis-Baldachin ein Stück Original-Uferbrüstung und das Straßenpflaster, auf dem der tödlich verwundete Kaiser sein Blut vergoss – womit auch der Name der Kirche erklärt wäre.

Stilistisches Vorbild der Auferstehungskirche ist die Basilius-Kathedrale auf dem Moskauer Roten Platz. Doch während diese 450 Jahre alt ist, kann die Petersburger Version faktisch als Neubau gelten: Sie verfügte von Anfang an über elektrische Beleuchtung, denn fertiggestellt wurde sie erst 1907. Ihre Gestaltung im altrussischen Stil bedeutete einen Bruch mit den bisherigen Petersburger Bautraditionen, die dem Stadtzentrum sein einheitliches Bild in Barock und Klassizismus beschert hatten. Dabei war ihr Architekt Alfred Parland zwar in St. Petersburg geboren, doch sein Vater war Schotte, die Mutter kam aus Schwaben.

Das Innere der Kirche scheint – wie in alten orthodoxen Kirchen üblich – bis in die hohe Kuppel mit ikonischen

Fresken ausgemalt zu sein. Doch alle Heiligenbildern und Ornamente sind in Wirklichkeit **Mosaike**! Über 7000 m² Wandfläche wurden in dieser in Russland traditionellen Technik in zehn Jahren Arbeit mit winzigen bunten Steinplättchen verkleidet. Nur bei genauem Hinsehen entdeckt man an manchen Engelsfiguren Einflüsse des Jugendstils. Der Fußboden mit 45 unterschiedlichen Mosaikmustern wurde hingegen in Genua vorgefertigt.

Mehr als 20 Gesteinsarten wurden für die Ausschmückung der Auferstehungskirche verwendet

KLEINE PAUSE

Am Rand des Michaelsgartens residiert in einem Pavillon das schicke italienische Restaurant **Park Guiseppe** (Nab. kan. Gribojedowa 2w, tägl. 11–24, Fr/Sa bis 1 Uhr, www. park-restaurant.ru).

✚ 203 D1 ✉ Nab. kan. Gribojedowa 2 ☎ 812 315 16 36, www.cathedral.ru,
🕐 Do-Di 10.30–18, Mai–Sept. bis 22.30 Uhr; Gottesdienst tägl. 7.30 Uhr
🚇 Gostinyj Dwor 💵 250 R, ab 18 Uhr 400 R

BAEDEKER TIPP

Zusammen mit der Kirche entstand auch das wunderbar verschnörkelte Gitter, das die Kirche zum **Michaelsgarten** des Michaelspalastes (▶ 135) abgrenzt – und zu einem Spaziergang durch den schönsten innerstädtischen Park einlädt (tägl. 10–20, Mai–Sept bis 22 Uhr, im April geschl., Eintritt frei)

⓫ Schlossplatz
(Dworzowaja ploschtschad)

Der weite Platz vor dem Winterpalast ist zugleich Visitenkarte und gute Stube der Stadt: ein städtebauliches Schmuckstück, das dem Repräsentationswillen der Zaren genauso entsprach wie dem heutigen Bedürfnis nach einem großzügig dimensionierten urbanen Freiraum.

Auch wenn es einen kleinen Umweg bedeutet: Wer zum ersten Mal zum Schlossplatz geht, sollte vom Newskij Prospekt über die Bolschaja Morskaja uliza kommen. Ein mächtiger doppelter Torbogen und ein Knick in der Straße verdecken bis zuletzt den Blick auf den Platz – um ihn dann innerhalb eines Moments in seiner ganzen architektonischen Perfektion freizugeben: Gegenüber erstreckt sich über die Breitseite des Platzes die 220 m lange Barockfassade des **Winterpalasts** (► 54). Der lebhafte Rhythmus der Säulen und Risalite der Gebäudefront und die zahlreichen Figuren und Urnen auf dem Dach lassen den Palast trotz seiner Dimensionen elegant und einladend wirken: Auch wenn Sie die Eremitage jetzt nicht besichtigen wollen, gehen Sie ruhig einmal durch den dreifachen Torbogen in den Innenhof!

Den Herrschaftsanspruch der russischen Kaiser – und zugleich die Mitte des Platzes – markiert wie ein überdimensionales Zepter die 47,5 m hohe **Alexandersäule**, gestaltet von **Auguste de Montferrand**, dem Erbauer der Isaak-Kathedrale (► 106). Sie besteht im Wesentlichen aus einem einzigen, 600 t schweren Granit-Monolithen. Dessen Aufstellung wurde am 30. August 1832 mit Hilfe eines riesigen Hebegerüsts und Seilwinden in weniger als zwei Stunden allein mit der Muskelkraft von 2400 Männern gemeistert. Seither steht die Säule ungerührt und ohne weitere Befestigung auf ihrem 400 t schweren Sockel. Die Petersburger misstrauten der Standfestigkeit des Monuments: Montferrand ging noch jahrelang mit seinem

BAEDEKER TIPP

- Das dritte Gebäude am Platz ist das Stabsgebäude des Gardecorps. Es lohnt sich, links davon ein paar Schritte in die **Millionaja uliza** hineinzugehen, um zu den vielleicht fotogensten Punkten Petersburgs zu kommen: der von zehn mächtigen Granit-Atlanten flankierte **ehemalige Eingang der Neuen Eremitage** und das **Winterkanälchen** – dort wirkt St. Petersburg tatsächlich wie Venedig.
- Kommen Sie spätabends auf den Schlossplatz! Er ist stimmungsvoll beleuchtet und die Touristenmassen samt ihres Gefolges aus Kutschern, Foto-Zaren und fliegenden Händlern sind abgezogen. Wenn dann noch an der Alexandersäule ein Straßenmusiker spielt, merkt man: Dieser Platz hat auch eine tolle Akustik!

Zwischen Winterpalast & Sommergarten

Hund demonstrativ um die Säule Gassi. Gekrönt wird sie von einer allegorischen Engelsfigur, die trotz aller Demutsgestik mit dem Kreuz eine Schlange zerquetscht. Nicht zufällig trägt der Engel das Gesicht von Kaiser **Alexander I.**, dem dieses Denkmal gewidmet wurde. Zugleich handelt es sich aber auch um eine Siegessäule, die den russischen Triumph über Napoleon 1812–14 feiern sollte.

Diesem Sieg war auch die monumentale Skulptur gewidmet, die der Architekt **Carlo Rossi** gegenüber dem Winterpalast auf den Triumphbogen des mächtigen, 1819–1829 erbauten **Generalstabs** (▶ 65) setzen ließ: Es zeigt die Siegesgöttin Nike in einem sechsspännigen Wagen. Erst der Generalstab mit seiner 500 m langen, im Halbrund zurücktretenden Fassade formte aus der einstigen Admiralitätswiese eine der eindrucksvollsten Platzanlagen der Welt. Mit seiner ruhigen Fassadengestaltung korrespondiert er mit der ähnlich großen **Admiralität** (▶ 118) schräg gegenüber

und gibt dem fünf Hektar großen Areal visuellen Halt. Im Westflügel sitzt bis heute das Oberkommando des Petersburger Militärbezirks. Im Ostflügel waren früher Ministerien untergebracht, heute gehört er zur Eremitage (▶ 54).

Von Mai bis Juli finden auf dem Schlossplatz in dichter Folge die verschiedensten Veranstaltungen – Konzerte, Sportwettbewerbe, Feste und Paraden – statt. Deshalb werden in dieser Zeit fast immer irgendwelche Bühnen oder Tribünen auf- oder abgebaut – was der Aura des Platzes nicht gerade zuträglich ist.

KLEINE PAUSE

Auf oder am Platz gibt es keine Gastronomie, deshalb muss man ein paar Schritte zur Mojka gehen – etwa ins vegetarische Café **Troizkij most** (Nab. reki Mojki 30, tägl. 8.30-22.30 Uhr) mit eigener Konditorei.

Blick durch den Triumphbogen des Generalstabs auf die Alexandersäule und die Südfassade des Winterpalasts

✚ 205 E/F4 ✉ Dworzowaja pl. 🚇 Admiraltejskaja 🚌 Dworzowaja pl. (Trolley 1, 7, 10, 11; Bus 7, 10, 24, 191)

⑫ Generalstab
(Glawnyj schtab)

Direkt am Schlossplatz eröffnete die Eremitage 2014 ihre schon lange überfällige Dependance: Mit geschickten Um- und Einbauten wurde im historischen Generalstabsgebäude eine neue Heimstatt für die sensationelle Sammlung von Bildern großer Franzosen wie Monet, Manet, Renoir, Gauguin, Cezanne, Picasso und Matisse geschaffen. Doch nicht nur das ...

Die aufwendige Sanierung des Ostflügels des Generalstabs – mit für Petersburger Verhältnisse mutigen architektonischen Eingriffen – wurde für das Museum zum Befreiungsschlag aus den Fesseln seiner wunderschönen, aber museumstechnisch antiquierten Gebäude. Um Platz für Events, Installationen und alte wie neue Großkunstwerke zu schaffen, wurden fünf Innenhöfe überglast. Durch riesige Tore verbindet eine breite Fußgängerbrücke diese Atrien. Und in der obers-

Ein gewaltiges Glasdach überspannt die Innenhöfe des Generalstabs

ten Etage bekam ein Teil der Räume trichterförmige Oberlichter aufbetoniert. Doch von außen sieht man dem Generalstab von alldem nichts an.

Am besten machen Sie zuerst einen Gang durch die Atrien in neutral-edlem Grau, um einen Eindruck vom Umbaukonzept zu bekommen. Dann geht es mit dem Lift hinauf in den 4. Stock, den weitgehend die **»Gedenkgalerie für Sergej Schtschukin und die Brüder Morosow«** einnimmt. Mit diesem sperrigen Namen würdigt die Eremitage Moskauer Privatiers, die vor der Oktoberrevolution gezielt französische Impressionisten und Postimpressionisten gesammelt hatten: Ihre 1918 verstaatlichten großen Kollektionen waren zunächst in einem »Staatlichen Museum für neue westliche Kunst« zusammengefasst worden. 1948 wurde dies aufgelöst und seine damals als dekadent und bour-

Zwischen Winterpalast & Sommergarten

geois verfemten Meisterwerke zwischen dem Moskauer Puschkin-Museum und der Eremitage aufgeteilt. Die Leningrader waren mutiger und sicherten sich den Löwenanteil. Komplettiert wird die Schau durch von Russland 1945 vereinnahmte »Beutekunst«, die bis 1995 in Eremitage-Geheimdepots lag.

Am besten beginnt man mit der Besichtigung in Raum 403, der **Claude Monet** gewidmet ist. Weiter geht es mit impressionistischen Meisterwerken von Manet, Degas, Sisley, Pissarro und van Gogh. Mit Arbeiten von Renoir, Cézanne und Gauguin sind jeweils gleich zwei Räume (407–412) bestückt. Zwar stammen einzelne Bilder auch von anderen Künstlern, doch die großen Namen sind immer gleich mit mindestens einem Dutzend Werken vertreten.

Ein Steg durch die Spitze des hintersten Innenhofs markiert dann nicht nur den Übergang auf die andere Gebäudeseite, sondern auch zur Moderne des 20. Jhs.: In gleich vier Räumen präsentiert man hier 30 Werke von Pablo Picasso (431–435). Drei weitere Säle (437–440) zeigen gar 36 Bilder von Henri Matisse.

Nach diesem – auf dem Kunstmarkt in die Dollar-Milliarden gehenden – Kunst-Höhenflug fällt es schwer, die dritte Etage angemessen zu goutieren: Hier wird vorrangig Kunst des 19. Jhs. gezeigt – viel aus Frankreich, weniger aus Holland, Belgien und Deutschland. In Raum 352 stößt man dennoch auf gleich acht Werke von Caspar David Friedrich. Das teils prächtige Original-Interieur des früher hier residierenden Finanz- und Außenministeriums bildet zudem den Rahmen für eine umfassende Schau zum Empire-Stil (317–330). Mit einer Visite im Raum 303 kann man die Besichtigung beenden: Hier hängen Werke von Kandinsky und Malewitsch, die den Beginn der abstrakten Malerei markieren.

KLEINE PAUSE

Im Erdgeschoss gibt es eine gut bestückte **Cafeteria**, die auch die Museumsmitarbeiter frequentieren. Sie liegt noch vor der Kartenkontrolle, ist also während der Museumsöffnungszeiten frei zugänglich.

✚ 205 F4 ✉ Dworzowaja pl. 6–8 ☎ 812 710 90 79, www.hermitage.ru
🕐 Di–So 10.30–18, Mi u. Fr bis 21 Uhr 🚇 Admiraltejskaja 🚌 Dworzowaja pl.
(Trolley 1, 7, 10, 11; Bus 7, 10, 24, 191) 🎫 300 R.

BAEDEKER TIPP

■ Wie auch im Hauptkomplex der Eremitage gegenüber empfiehlt es sich, an der Kasse einen **Etagenplan** mitzunehmen – die Orientierung ist auch hier nicht einfach.

■ Falls Sie gerne ins **Fabergé-Museum** (► 138) gehen würden, es zeitlich aber nicht schaffen: Auch im Generalstab gibt es eine kleine Ausstellung über den Hofjuwelier, allerdings nur mit einem der berühmten Eier.

Nach Lust und Laune!

13 🏃 **Petrowskaja Aquatoria (Petrowskaja Akwatoria)**

Im 6. Stock eines Businesscenters, exakt über dem Eingang zur Metrostation Admiraltejskaja, ist **St. Petersburg in seiner Gründerzeit** zu bewundern: als Modell im Maßstab 1 : 87. Rund 25 000 winzige Ur-Petersburger aller Stände bevölkern die 500 m² große Stadtlandschaft, in deren Mitte 20 t Wasser schwappen – deshalb der Name »Petrinisches Aquatorium«. Nachgebildet wurde das Stadtzentrum mit Peter-Paul-Festung, Strelka und dem Admiralitäts-Teil sowie die Schlösser Peterhof, Oranienbaum und die Docks von Kronstadt.

Das Modell, das verschiedene Szenarien des 18. Jhs. darstellt, steckt voller High-Tech: Mit Magnetfeldern geführte Schiffe drehen wie von Geisterhand ihre Kreise, Kutschen rumpeln durch die Straßen, Tausende Mikro-Dioden glimmen als Laternen und Lampions.

Zudem zeigt das penibel nach historischen Vorlagen erstellte Modell längst verschwundene Bauten: etwa den Winterpalast Peters des Großen oder Lagerhäuser, die auf Stelzen in der Newa stehen. Und während Peter der Große – geschrumpft auf 2,5 cm – ein Pfeifchen bei einem rauschenden Fest auf der Dachterrasse des Menschikow-Palasts schmaucht, walzt hinter Neu-Holland gerade eine Sturmflut durch die bescheidenen Höfe seiner Untertanen.

➕ 205 E4 ✉ Malaja Morskaja ul. 4 ☎ 812 933 41 52, www.peteraqua.ru 🕐 tägl. 10–22 Uhr 🚇 Admiraltejskaja 💳 400 R. (Sa/So 450 R.)

Das winterliche St. Petersburg des 18. Jahrhunderts spiegelt sich in der Newa

Zwischen Winterpalast & Sommergarten

🅸🅴 Marmorpalast (Mramornyj dworez)

Der 1785 fertiggestellte Marmorpalast ist neben dem Winterpalast das eindrucksvollste Gebäude an Petersburgs schönster Häuserfront, dem Schlossufer. Er war ein Geschenk Katharinas der Großen an ihren Weggefährten und Geliebten Graf Grigorij Orlow, der jedoch die Fertigstellung des Prachtbaus nicht mehr erlebte. Der frühklassizistische Bau war der erste der Stadt, dessen Fassaden komplett mit Naturstein – grauer und brauner Granit sowie rosa Marmor für die Säulen und Pilaster – verkleidet wurden. Seinen Namen verdient der Palast erst recht durch die aus italienischem und russischem Marmor gefertigte Paradetreppe sowie durch den **Marmorsaal**, dessen Wandverkleidung aus verschiedenfarbigem Marmor und tiefblauem Lasurit besteht.

Heute ist der Palast eine **Dependence des Russischen Museums** (► 135), das vor dem Haupteingang jene **Reiterstatue Alexanders III.** aufstellen ließ, die von 1909 bis

Vor dem Marmorpalast erinnert eine Reiterstatue an Alexander III.

1937 auf einem hohen Sockel vor dem Moskauer Bahnhof gestanden hatte. Mit dem Denkmal von der Eleganz eines Bulldozers war man schon zur Zarenzeit nicht glücklich; vom Volksmund wurde es als »Armleuchter auf einem Nilpferd auf einer Kommode« verspottet.

Hauptattraktion unter den Ausstellungen im Marmorpalast ist das 1995 eröffnete **Museum Ludwig**: Das Aachener Ehepaar Peter und Irene Ludwig schenkte dem Russischen Museum eine umfangreiche Sammlung russischer und internationaler Kunst aus der zweiten Hälfte des 20. Jhs., darunter Pop-Art-Werke von Andy Warhol und Roy Lichtenstein und Arbeiten von Anselm Kiefer, Jörg Immendorf, Georg Baselitz und Jeff Koons.

✚ 203 D2 ✉ Millionaja ul. 5a
☎ 812 595 42 48, www.rusmuseum.ru
🕐 Mo, Mi, Fr–So 10–18, Do 13–21 Uhr
🚍 Suworowskaja pl. (Bus 46,49, Tram 3)
💳 300 R.

🅸🆅 Sommergarten (Letnij sad)

Der **älteste Park Russlands** ist eine grüne Insel mitten in der Stadt – im buchstäblichen Sinne, denn den Sommergarten umfließt auf allen vier Seiten Wasser. Bereits ab 1704 ließ Peter der Große den Park anlegen; 1710 begann der Bau des **Sommerpalastes** in der Nordostecke des Parks.

Diese »Zaren-Datscha« ist das **älteste Steinhaus St. Petersburgs** und hat drei Jahrhunderte unverändert überstanden: Von außen wirkt das zweistöckige Haus mit Walmdach schlicht, doch innen

Der Sommerpalast Peters des Großen hat bescheidene Ausmaße

wurde es solide in Eiche und Nussbaum ausgestaltet – und mit damals modernster Technik gespickt: Es gab sechs Toiletten mit Wasserspülung und eine Wetterstation, die dem begeisterten Segler ständig Windstärke und -richtung meldete.

Der Park wurde weitgehend in der strengen Gartenarchitektur des frühen 18. Jhs. rekonstruiert. Deshalb flankieren hohe, blickdichte Spaliere die meisten Wege. Immer wieder öffnen sich jedoch Zugänge ins Innere der Boskette, wo Überraschungen wie Vogelvolieren oder lauschige Plätzchen für ein Tête-à-tête warteten. Auch ließ der Zar edle Marmorstatuen und originelle Springbrunnen aufstellen. Peter hielt hier allerdings auch Stachelschweine – und veranstaltete im Park seine »Assembleen«: ausschweifende Gelage mit Trinkpflicht.

Zwar zerstörte 1777 ein Hochwasser den größten Teil der Parkausstattung, doch Jurij Veldten, Hofarchitekt Katharinas II., schuf zur gleichen Zeit ein weiteres Schmuckstück auf der Newa-Seite: 36 Säulen aus rosa Granit halten ein Gitter, dessen Eleganz und Ebenmaß damals als ästhetisches Weltwunder und glanzvolle Verknüpfung von Architektur und Natur gepriesen wurde. Dank 90 klassischer Skulpturen (meist griechische Gottheiten, Philosophen und allegorische Figuren) und zweier nostalgischer Gartencafés ist der Sommergarten bis heute ein Ort der kultivierten, gepflegten Erholung – ganz im Sinne der Zaren, die ihren Privatgarten ab 1755 für »anständig gekleidetes Publikum« öffneten.

✚ 203 E2 ✉ Insel zwischen Newa, Fontanka, Mojka und Lebjashja kanawka
☎ 812 595 42 48, www.rusmuseum.ru
🕐 Mai–Sept. tägl. 10–22, Okt.–März 10–20 Uhr; Sommerpalast wg. Sanierung bis 2018 geschl.
🚌 Letnij sad (Bus 46, 49, K76, K212, Tram 3)
🎫 frei

16 Michaels-Schloss (Michajlowskij samok)

Nicht von ungefähr ist dies die einzige Zarenresidenz der Stadt, die man nicht *dworez* (Palast) nennt, sondern *samok* (Schloss, Burg): Repräsentativ, aber auch wehrhaft und sicher sollte das Traumschloss von Paul I. sein, denn der Sohn Katharinas der Großen fürchtete seit seiner Krönung 1796 nichts mehr als eine Palastrevolte. 1801 war diese Trutzburg bezugsbereit – samt Wassergräben und Zugbrücken. Genutzt hat ihm die Abkap-

selung nichts: 40 Tage nach seinem Einzug wurde Paul I. von Verschwörern in seinem Schlafzimmer erdrosselt.

Nach diesem Zarenmord verwaiste die noch nicht ganz fertiggestellte Residenz. 1823 wurde darin eine Ingenieursschule eingerichtet, weshalb auch der Name »Ingenieursschloss« gebräuchlich wurde. Das Gebäude ist heute eine Dependance des Russischen Museums, das hier neben einer Porträtgalerie v.a. Sonderausstellungen zeigt. Ein Blick in den frei zugänglichen achteckigen Innenhof mit einem der wenigen Denkmäler für Paul I. (2003) lohnt sich allemal. Vor dem Schloss hatte schon Paul I. ein 50 Jahre zuvor gegossenes Reiterdenkmal für Peter I. aufstellen lassen.

🞧 203 E1 ✉ Sadowaja ul. 2
☎ 812 595 42 48, www.rusmuseum.ru
🕐 Mo, Mi, Fr–So 10–18, Do 13–21 Uhr
Ⓜ Newskij Pr. 🖐 300 R.

⑰ Museum für Angewandte Kunst (Musej prikladnogo isskustwa)

Das Museum der **Alexander-Stieglitz-Akademie für Kunstgewerbe** ist offenbar nicht darauf aus, viele Besucher anzuziehen: An beiden Akademie-Eingängen steht angeschrieben, zum Museum ginge es durch die jeweils andere Tür. Die richtige ist die linke – wo man nach Durchqueren der Haus-Galerie *Solart* tatsächlich eine Museumskasse findet. In 14 leicht dämmrigen Erdgeschossräumen wird die **Design-Sammlung** der Akademie präsentiert, von Vitrinen mit kunst-

voll geschmiedeten alten Schlüsseln bis hin zu einer großen Kachelofen-Kollektion; präsentiert wird auch ein Querschnitt durch die Geschichte und Vielfalt der Keramik, der Möbelschreinerei und der Glaskunst.

Auch das Gebäude selbst, in den Jahren 1888 bis 1898 errichtet, ist ein Stil-Lehrbuch: Ganz im Geiste des damals populären Historismus sind einzelne Räume oder Bereiche byzantinisch, romanisch oder gotisch gestaltet; vom Baustil des alten mittelalterlichen Russlands zum Barock und der letztlich dominanten italienischen Renaissance sind es nur ein paar Schritte. Am Ende der Besichtigung führt der Weg ins Allerheiligste: das atemberaubend schöne, zweistöckige **Atrium**, auf dessen Balkon eine Gipskopie des in Berlin ausgestellten Frieses des antiken Pergamonaltars angebracht ist.

🞧 203 E1 ✉ Soljanoj per. 15
☎ 812 273 32 58, www.stieglitzmuseum.ru
🕐 Sept.–Juli Di–Sa 11–17 Uhr 🚌 Letnij sad
(Bus 46, 49, K76, K212, Tram 3) 🖐 300 R.

Das Atrium im Museum für Angewandte Kunst

Wohin zum …
Essen und Trinken?

Preise
für ein Hauptgericht (ohne Getränke):
€ unter 450 R.   €€ 450–900 R.   €€€ über 900 R.

RESTAURANTS

Botanika €€
Dieses Speisecafé mit dezentem Bio-Flair neben der Kunstgewerbe-Akademie (►70) bietet ausschließlich vegetarische Küche; die Gerichte stammen aus Italien, Indien, Japan und auch Russland.
🍴 Kleine Kinder werden die verwinkelte Spielecke lieben.
✚ 206 B4 ✉ Ul. Pestelja 7
☎ 812 272 70 91,
www.cafebotanika.ru 🕐 Mo–Sa 11–1,
So bis 24 Uhr
🚇 Letnij sad (Bus 46, 49, K76, K212)

Gogol €€€
In einem Ambiente, das an ein Wohnzimmer zu Gogols Zeiten erinnert, serviert das Restaurant exzellente russische Küche.
✚ 205 E4 ✉ Malaja Morskaja ul. 8
☎ 812 312 60 97,
www.restaurant-gogol.ru
🕐 tägl. 12–23 Uhr
🚇 Admiraltejskaja

Gosti €€
Zunächst glaubt man, nur eine putzige Konditorei zu betreten. Das Restaurant liegt dann eine Treppe höher – und verzückt durch sein urgemütliches, etwas verschachteltes Interieur im altmodischen Landhausstil. Hier sitzt man gerne etwas länger! Aber auch die Küche überzeugt, findet sie doch die feine Balance zwischen rustikal und erlesen. Das Nachtisch-Angebot ist fein, damit lockt man auch die 🍴 Kinder wieder aus dem Spielzimmer.

✚ 205 E4 ✉ Malaja Morskaja ul. 13
☎ 812 312 58 20, www.gdegosti.ru
🕐 tägl. 9–23 Uhr
🚇 Admiraltejskaja

Jamie's Italian €€€
Die hohen Gewölbe der einstigen Wagenremise des Winterpalasts sorgen für Markthallen-Optik, der britische TV-Starkoch Jamie Oliver als Lizenzgeber aus der Ferne für das kulinarische Niveau, ausgewählte Lieferanten aus der Region für frische Zutaten. Das ist das Erfolgsrezept dieses ebenso modernen wie mondänen Italo-Restaurants.
✚ 205 F4 ✉ Konjuschennaja pl. 2
☎ 812 600 25 70, www.ginza.ru
🕐 Mo–Fr ab 9.30, Sa/So ab 12 Uhr
bis zum letzten Gast
🚇 Gostinyj Dwor

Literaturnoje kafe €€€
Ein sehr gediegenes, nostalgisches Lokal; kein Wunder bei dieser Tradition: Die einstige Schweizer Konditorei »Wolf und Béranger« war Treffpunkt der Intellektuellen und der Bohème. Auch der große Poet Alexander Puschkin war Stammgast – und hier traf er sich am 27. Januar 1837 mit seinem Sekundanten, um zu jenem Duell aufzubrechen, das sein junges Leben beendete. Heute sitzt Puschkin unversehrt als Wachsfigur am Eingang, neben der großen Speisekarte mit klassischen russischen Gerichten. Allabendlich ab 19 Uhr wird das Dinner mit Musik begleitet; mittags gibt es dafür 20 Prozent Preisnachlass.

Zwischen Winterpalast & Sommergarten

🚇 205 F4 ✉ Newskij Pr. 18
☎ 812 312 60 57, www.litcafe.su
🕐 So–Do 11–23, Fr/Sa bis 1 Uhr
Ⓜ Admiraltejskaja.

Meat Head €€€

Wem es nach der Besichtigung der Auferstehungskriche (➤ 61) nach einem saftigen Stück Fleisch verlangt, muss nicht weit gehen: Gleich gegenüber befindet sich dieses ebenso solide wie große Steakhaus mit vielen Fensterplätzen unter mächtigen Ziegelgewölben. Und sollten Sie Appetit auf Fisch haben – kein Problem: Eine Tür weiter wartet das Seafood-Lokal *Nachodka* (Tel. 812 926 4343) derselbe Betreiber.

🚇 205 F4 ✉ Nab. kanala Gribojedowa 3
☎ 812 923 00 44, www.meat-head.ru
🕐 So–Mi 12–23, Do–Sa bis 1 Uhr
Ⓜ Gostinyj Dwor

Rasputin €

Das Rasputin liegt in nächster Nähe zum Schlossplatz. Statt diesen Standortvorteil schamlos auszunutzen, bietet das charmant-nostalgische Lokal solide Speisen zu günstigen Preisen. Die Küche teilt es sich mit dem um ca. 25 Prozent teureren Restaurant *NEP* (Mo u. Di 12–23.30, Mi–So bis 1 Uhr) im selben Haus, das mit seinem Interieur und Cabaret-Programm (Mi–So 20.30 Uhr; 340 R.) die 1920er-Jahre wiederauferstehen lässt.

🚇 205 F4 ✉ Nab. reki Mojki 37
☎ 812 571 75 91, www.rasputin-cafe.ru
🕐 tägl. 10–23 Uhr
Ⓜ Admiraltejskaja

Rustaveli €€

Georgische Provinzidylle zwischen Petersburgs Pälasten: Ein geradezu dörflich anmutendes einstöckiges Häuschen am ruhigen Mojka-Ufer beherbergt dieses urige Restaurant. Das Menü ist entsprechend saftig-deftig kaukasisch.

🚇 206 A4 ✉ Nab. reki Mojki 9
☎ 812 598 16 22 🕐 tägl. 10–22.30 Uhr
Ⓜ Gostinyj Dwor

Sac voyage €€

»Die Reisetasche der schwangeren Spionin« heißt das Lokal mit vollem Namen – und ähnlich absurd ist sein nicht ganz jugendfreies Interieur zwischen Steampunk und Military, Rumpel- und Folterkammer. Freitags und samstags macht man hier richtig Party. Das Menü dagegen ist eher konventionell.

🚇 205 F4 ✉ Bolschaja Konjuschennaja ul. 17
☎ 812 495 97 96
🕐 So–Do 11–1, Fr/Sa bis 2 Uhr
Ⓜ Gostinyj Dwor

Treska €

Man betritt die kleine Gastrobar leicht gebückt durch ein Fenster. In Namen und Logo führt sie den Kabeljau – ohne deshalb gleich ein Fischlokal zu sein. Überhaupt ist hier manches ungewöhnlich, schließlich befindet sich das Lokal im Kreativ-Zentrum *Golizyn Loft* (➤ 32): Wer Salat mit geräuchertem Kabeljau bestellt, bekommt diesen samt Rauch serviert. Und das Craft Beer braut der Wirt selbst. Do bis So gibt es ab 21 Uhr Livemusik.

🚇 203 E1 ✉ Nab. reki Fontanki 20
☎ 929 106 68 35,
www.facebook.com/treskabar
🕐 So–Do 13–1, Fr/Sa bis 5 Uhr
Ⓜ Gostinyj Dwor
🚌 Letnij sad (Bus 46, 49)

1001 notsch €€

Die usbekische Küche hat einigen Einfluss auf die russischen Essgewohnheiten: Die großen Teigtaschen *manty* oder das Reisgericht *plow* kennt hier jeder. Doch das alteingesessene Orientrestaurant entführt seine Gäste nicht nur kulinarisch an die Seidenstraße: Warum nicht zum Nachtisch Bauchtanz schauen und dazu eine Shisha schmauchen?

🚇 203 D1 ✉ Millionaja ul. 21
☎ 812 570 17 03,
www.1001night.org
🕐 So–Do 12–23, Fr/Sa bis 2 Uhr
Ⓜ Gostinyj Dwor

CAFÉS

Bonch

Das moderne, helle Eckcafé bietet zum variantenreich zubereiteten Muntermacher entweder ein gutes Frühstück, eines der 40 Desserts oder etwas Nahrhaftes aus der recht umfangreichen Speisekarte. Wem die Küche und der coole Schick gefällt, wird sicher auch nebenan im Asia-Restaurant *King Pong* desselben Betreibers glücklich.

✚ 205 F4 ✉ Bolschaja Morskaja ul. 16
☎ 812 740 70 83, www.bonchcoffee.ru
🕐 Mo–Fr 8.30–23, Sa 10–23, So 10–21 Uhr
Ⓜ Admiraltejskaja

Bushé

Sympathische Bäckerei-Konditorei, deren Angebot an kleinen Speisen und Salaten durchaus auch für ein Mittagessen taugt. Eine weitere zentral gelegene Filiale der Kette (die ab 17 Uhr auch Wein ausschenkt) gibt es am Kanal Gribojedowa 18.

✚ 205 E4 ✉ Malaja Morskaja ul. 7
☎ 812 640 51 51, www.bushe.ru
🕐 tägl. 8–22 Uhr Ⓜ Admiraltejskaja

Double-B

Einer der besten Orte der Stadt für Kaffeefreunde: Das kleine minimalistische Café gehört zu einer aufstrebenden russischen Kette, die sich ganz der perfekten Kaffee- und Teezubereitung verschrieben hat. Deshalb gibt es zum Heißgetränk auch nur kleine Häppchen zu essen.

✚ 203 D1 ✉ Millionaja ul. 18
☎ 812 928 08 18, www.double-b.ru
🕐 Mo–Fr 9–21, Sa/So 11–21 Uhr
Ⓜ Gostinyj Dwor

Wohin zum …
Einkaufen?

Das Umfeld des Winterpalastes ist kein Shopping-Areal – sieht man einmal vom omnipotent vertretenen Souvenirhandel ab.

BERNSTEIN & SCHMUCK

Wenn es etwas Edles und Authentisches sein darf, bietet sich das »Gold der Ostsee« an: Die größten Bernsteinvorkommen gibt es schließlich rund um die Halbinsel Samland nordwestlich von Kaliningrad – und dank des Bernsteinzimmers hat St. Petersburg einen besonderen Bezug zu dem wunderschönen Schmuckmaterial. Deshalb gibt es hier gleich mehrere große Bernstein-Boutiquen: nah beim Schlossplatz **Amber Palace** (Nab. reki Mojki 35, www.amberpalace.ru); riesig, da zweistöckig: **Amber of Russia** (Konjuschennaja pl. 2); hochnobel: **Amber & Art** (Nab. reki Mojki 1, www.belugadeluxe.com).

Traditionelle Juwelierarbeiten und auch Tafelsilber kann man hingegen gut an einem historisch dafür prädestinierten Ort kaufen: Das Schmuckgeschäft **Jachont** (Bolschaja Morskaja ul. 24, www.juvelirtorg.spb.ru) ist im ehemaligen Geschäftshaus des weltberühmten Hofjuweliers Fabergé untergebracht.

SOUVENIRS

Unterhaltsamer als der Besuch eines Ladens ist der ständige **Souvenirmarkt** am Gribojedow-Kanal, zwischen der Auferstehungskirche und dem Benois-Flügel des Russischen Museums: Matrioschkas, Holz-Ostereier und Putin-T-Shirts (um die populärsten Warengruppen zu nennen) gibt es hier in erschöpfender Auswahl. Man kann sogar ein bisschen über den Preis verhandeln.

Wohin zum ...
Ausgehen?

KLASSIK

Für den klassischen Musikgenuss gibt es im Umfeld des Winterpalastes zwei Adressen: Zum einen das noble **Eremitage-Theater** (➤ 56), das aber nicht über ein eigenes Ensemble oder Orchester verfügt. Während des Sommerhalbjahrs ist es fast durchgehend mit den immer gleichen *Schwanensee*-Ballettaufführungen für Pauschaltouristen belegt.

Ein abwechslungsreiches Programm, vor allem im Bereich Chor- und Kammermusik, bietet hingegen der wunderschöne Konzertsaal **Kapella** (Nab. reki Mojki 20, Tel. 812 314 1058, www.capella.spb.ru), der einst Heim des Hofchors und -orchesters der Zaren war.

BARS, KNEIPEN & CLUBS

Den ganzen Rest des Abends kann man um den Block ziehen – im wahrsten Sinne des Wortes: Denn der Fuhrpark des Zarenhofes nahm einst ein ganzes Viertel zwischen Gribojedow-Kanal, Schwedski per., Bolschaja Konjuschennaja ul. und Stallplatz (Konjuschennaja pl.) ein – und ist heute ein Hotspot des Nachtlebens. Dabei gibt es etwas für jeden Geschmack und Geldbeutel – ziehen Sie einfach los!

Auf der West- wie der Ostflanke gibt es mit **48 chairs** (tägl. 12–24 Uhr) sowie **Dom 7** (Mo–Fr 12–24, Sa/So bis 5 Uhr) zwei Jazz-Lokale – das eine eher Restaurant, das andere Kneipe.

Von der Seite des Gribojedow-Kanals gelangt man in einen etwas heruntergekommenen Hinterhof, in dem sich gleich vier Nightlife-Etablissements eingenistet haben: Die

Musik-Clubs **Mod** mit Pizzeria und Dachterrasse (tägl. 18–6 Uhr, www.modclub.info) und **Akakao** (So, Di–Do 18–3, Fr bis 6, Sa bis 8 Uhr), die Bar **Tiger** (Mi–So 18–6 Uhr) und der House-Tanzclub **LUX** (Fr/Sa ab 23 Uhr). Im großen Haupthof (Zugang nur von der Nordseite) versteckt sich die beliebte Jazz-Funk-Bar **Saigon** (So–Do 11-2, Fr/Sa bis 6 Uhr), in der man auch gut und günstig essen kann sowie der Rave-Club **Stackenschneider** (Fr/Sa ab 23.55 Uhr).

Einen gediegenen Pub findet man mit dem **James Cook** (So–Do 12–2, Fr/Sa bis 4 Uhr) in der Fußgängerzone an der Südseite – und auf der Westseite eine schön schräge Kellerkneipe: die **Krolik Bar** (Mo–Fr ab 11, Sa/So ab12, So–Do bis 24, Fr/Sa bis 5 Uhr) sowie die minimalistische Weinbar **Vinostudio** (Mo–Do 12–2, Fr 12–5, Sa 14–5, So 14–2 Uhr).

Selbstverständlich kann man den Abend auch ganz gediegen in den gehobenen Restaurants am Stallplatz wie **Jamie's Italian** (➤ 71), **Meat Head** (➤ 72) und **Nachodka** verbringen.

Einzig wenn Sie in eine richtige Cocktail-Bar wollen, müssen Sie noch ein paar Schritte in Richtung Mojka gehen: Die **Daiquiri Bar** (Konjuschennyj per. 1; tägl. 16–4 Uhr) ist ein Klassiker in der boomenden Petersburger Bar-Szene. Und zum buchstäblichen Höhepunkt des (Sommer-)Abends wird dann die noble **PMI Bar** (Nab. reki Mojki 7, So–Do 12–23, Fr/Sa bis 1 Uhr, http://pmibar.com), denn sie verfügt im 9. Stock über eine Dachterrasse mit freiem Rundumblick – in einer Weißen Nacht ideal für einen Midnight-Sundowner!

Wollen Sie sich jedoch lieber von vielfältigsten Drinks und Konzepten überraschen lassen, studieren Sie die gesammelte Kreativität der Startup-Barszene im **Goliyzn Loft** (➤ 32; www.luna-info.ru/spaces/golitsyn-loft).

Petrograder Seite & Wassili-Insel

 **Kleine Erlebnisse**

Café in der Grotte

Wer von der Metrostation Gorkowskaja zur Peter-Paul-Festung (▶ 82) geht, passiert im Park eine künstliche Höhle – darin wird hervorragender Kaffee gebraut.

Open-Air-Tango

Auf der **Strelka** (▶ 80) wird an Sommerwochenenden abends lateinamerikanisch getanzt: Die Tanzschulen der Stadt laden zum Mitmachen ein!

Kunst erleben

In **U-Space** genannten Kammern des Kunstmuseums **Erarta** (▶ 89) kann man für jeweils 15 Min. (und 200 R. extra) »totale Installationen« auf sich wirken lassen.

Erste Orientierung

Umschlossen von Flussarmen liegen im Newa-Delta gleich zwei historische Stadtteile auf Inseln: Im Südwesten die Wassili-Insel und im Nordosten die Petrograder Seite. Dort nahm die Geschichte St. Petersburgs ihren Anfang.

Zur Petrograder Seite gehört auch die kleine Haseninsel, auf der 1703 der Bau einer »Sankt-Peterburg« genannten Festung begann. Heute trägt sie nach der in ihren Mauern errichteten Peter-Paul-Kathedrale – wo sich die Grablege der Zarendynastie Romanow befindet – den Namen Peter-Paul-Festung. Die nebenan entstehende Siedlung übernahm ihrerseits den Namen des Bollwerks. Das erste und älteste Haus der Stadt gibt es dort noch immer – man hatte es für Zar Peter I. persönlich errichtet. Doch das Stadtbild der Petrograder Seite prägen ansehnliche Wohnhäuser aus der Jugendstil-Zeit.

Auf der Wassili-Insel ist vor allem deren Ostzipfel interessant: Der tempelartige Bau der Börse und die beiden markanten Rostra-Säulen sind das architektonische Markenzeichen von St. Petersburg. Hier auf der Strelka und am angrenzenden Newa-Ufer wollte man im 18. Jh. das perfekte Hauptstadt-Zentrum errichten. Die Idee wurde zwar nur im Ansatz verwirklicht, doch mit der Kunstkammer, den Zwölf Kollegien, dem Menschikow-Palast und der Kunstakademie ist eine bis heute hochrepräsentative Wasserfront entstanden. Die alten Wohnviertel der Wassili-Insel liegen hingegen an den »Linien«, wie die streng parallel verlaufenden, durchnummerierten Straßen heißen. Peter der Große wollte sie eigentlich allesamt als Kanäle ausheben lassen – doch auch daraus wurde nichts.

Einen Bolschoj Prospekt und einen Malyj Prospekt gibt es übrigens in beiden Stadtteilen. Ohne den Buchstabenzusatz W.O. (Wassiljewski ostrow) oder P.S. (Petrogradskaja storona) sind diese Adressen also nicht eindeutig!

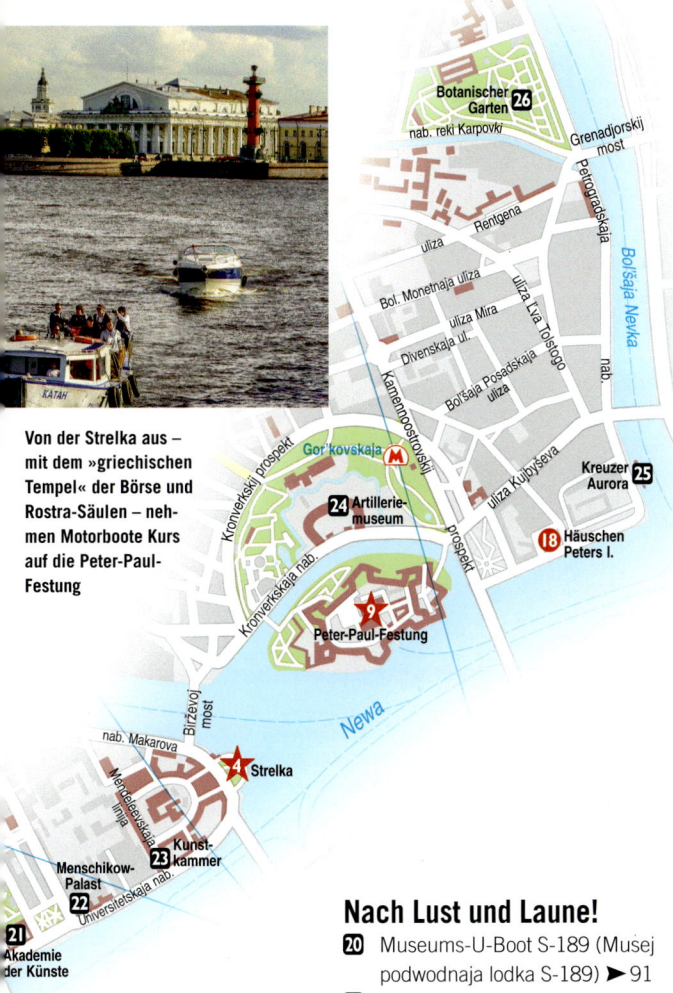

Von der Strelka aus – mit dem »griechischen Tempel« der Börse und Rostra-Säulen – nehmen Motorboote Kurs auf die Peter-Paul-Festung

TOP 10

⭐ Strelka ➤ 80
⭐ Peter-Paul-Festung (Petropawlowskaja krepost) ➤ 82

Nicht verpassen!

⑱ Häuschen Peters I. (Domik Petra I) ➤ 87
⑲ Erarta ➤ 89

Nach Lust und Laune!

⑳ Museums-U-Boot S-189 (Musej podwodnaja lodka S-189) ➤ 91
㉑ Akademie der Künste (Akademija chudoschestw) ➤ 91
㉒ Menschikow-Palast (Menschikowskij dworez) ➤ 92
㉓ Kunstkammer (Kunstkamera) ➤ 92
㉔ Artilleriemuseum (Musej artillerii) ➤ 93
㉕ Kreuzer *Aurora* (Krejser *Awrora*) ➤ 94
㉖ Botanischer Garten (Botanitscheskij sad) ➤ 95

An einem Tag

Auf dieser Tagestour lernen Sie gleich drei Inseln nördlich der Newa kennen – und damit die historischen Ursprünge von St. Petersburg: Die Peter-Paul-Festung und die Strelka waren früher einmal die Zentren der Stadt. Heute sind dies fußgängerfreundliche und frischluftreiche Highlights. Den Abend genießen Sie abseits des Touristenrummels.

🕙 10:00

Fahren Sie nach einem kräftigen Frühstück – ein 6,5-Kilometer-Fußmarsch steht bevor! – mit der Metro zur **Station Gorkowskaja**. Vorbei an der **Moschee** (Abb. links) und der **Kschessinskaja-Villa** (► 185) besichtigen Sie zunächst das **⑱ Häuschen Peters I.** (► 87) am Newa-Ufer.

🕚 11:00

Eingestimmt auf die Phase der Stadtgründung, gehen Sie anschließend über den Dreifaltigkeitsplatz zur ⭐ **Peter-Paul-Festung** (► 82). In der Festung geht es durch das **Peterstor** (► 83) geradeaus weiter, vorbei am umstrittenen **Peter-Denkmal** (► 86) zur **Peter-Paul-Kathedrale** (► 83) mit den Zarengräbern. Bevor Sie das Gefängnis in der **Trubezkoj-Bastion** (► 86) besichtigen, gehen Sie noch einmal zum Luft schnappen durch das Newa-Tor an den Fluss – der Blick aufs Schlossufer ist grandios.

🕐 13:00

Über die westliche Zugangsbrücke verlassen Sie die Festungsinsel – und über die nahe Börsenbrücke geht es hinüber auf die Wassili-Insel zur ⭐ **Strelka** (► 80). Genießen Sie in Ruhe die weite Wasserfläche der Newa, die im Prinzip Petersburgs Stadtmitte darstellt. An der **Börse** (► 80) vorbei geht es zu den **Zwölf Kollegien** (► 81) an der Mendelejewskaja Linija. Am Ufer, gleich neben dem Lomonossow-Denkmal, erwartet Sie mit dem Brauerei-Restaurant **Grad Petrow** eine solide Gelegenheit zum Mittagessen.

🕒 15:00

Gut gestärkt steht ein Museums-Besuch an, um sich tiefer mit der Epoche Peters des Großen zu beschäftigen. Entscheiden Sie nach Ihren persönlichem Interesse: Entweder geht es ein kleines Stück nach links in die **㉓ Kunstkammer** (► 92) oder nach rechts zum **㉒ Menschikow-**

Palast (Abb. oben; ►92), an dem Sie Ihr weiterer Weg ohnehin vorbeiführen wird.

🌐 17:00
Verschnaufpause mit Newa-Blick an den **21 Sphinxen vor der Kunstakademie** (Abb. links unten; ►91), dazu ein Espresso aus einem der allgegenwärtigen Kaffeemaschinen-Autos. Vorbei am Denkmal für Petersburgs ersten Architekten Domenico Trezzini, biegen Sie vom Newa-Ufer ab in die 6./7. Linie und erreichen nach ca. 800 m die **Metrostation Wassileostrowskaja**.

🌐 18:00
Doch zur Rückfahrt ins Hotel ist es zu früh. Und wie angenehm: Zwischen Bolschoj Prospekt und Srednij Prospekt ist die 6./7. Linie eine freundliche, eher kleinstädtisch wirkende **Fußgängerzone**. Gastronomie – meist mit Außenterrassen – gibt es hier in großer Zahl und nach jedem Geschmack, von Cafés über Bierbars und Pizzerias bis zum netten Familienrestaurant **Prjanosti i radosti** (►96). Unbehelligt von Touristenmassen genießen Sie Ihren Abend in der Gesellschaft ganz normaler Petersburger – und heben dabei ein Glas auf den Stadtgründer und seine irrwitzige Idee, gerade im zugigsumpfigen Newa-Delta eine elegante Hauptstadt zu bauen!

⭐4 Strelka

Nirgendwo im Zentrum verschmilzt St. Petersburgs hochrepräsentative Architektur so harmonisch mit den Wassermassen der Newa wie an der östlichen Landspitze der Wassili-Insel. Dieser Punkt ist zu schön, um ihn nur Touristen zu überlassen: Auch die Einheimischen genießen hier abends gerne die Aura ihrer Stadt.

Jeder Petersburger weiß, wo die Strelka ist. Dabei steht dieser Name – der im Russischen Pfeil oder Weiche bedeutet – in den wenigsten Stadtplänen, obwohl er so treffend ist: Die Spitze der Wassili-Insel teilt den Strom der Newa auf dem Weg zur Ostsee hier zum zweiten Mal. Amtlich heißt die Landspitze Börsenplatz – was auch seine Berechtigung hat: Denn das beherrschende Gebäude ist die **Börse** im Stil eines klassischen griechischen Tempels mit 44 dorischen Säulen. Von 1939 bis 2014 beherbergte die Börse das Museum der Kriegsmarine. Gegenwärtig steht das Gebäude leer. Die Eremitage plant, nach einer Generalsanierung ca. 2020 darin ihre Heraldik-Sammlung zu präsentieren.

Die Börse wie auch die beiden markanten rostroten **Rostra-Säulen** entstanden um 1810 und sind ein Werk des französischen Architekten Thomas de Thomon. Auch wenn man es dem hocheleganten Strelka-Ensemble heute nicht mehr nicht ansieht: Dies alles sind Zweckbauten, denn hier befand sich 150 Jahre lang Petersburgs Hafen. Der hohe Sockel der Börse barg damals Lagerräume. Und die mit Schiffsschnäbeln (lat. *rostrum*) und allegorischen Figuren der vier russischen Flüsse Newa und Wolchow sowie Wolga und Dnjepr geschmückten Rostra-Säulen trugen Leuchtfeuer. Heute befinden sich dort oben starke Gasbrenner – gezündet werden sie aber nur an Feiertagen. Auch die symmetrisch die Börse flankierenden Gebäude-

Sommerlicher Tanzabend rund um die Rostra-Säulen vor der illuminierten Börse

komplexe waren einmal Lagerhäuser. An sie schließen zwei Gebäude mit Mitteltürmen an: im Süden die **Kunstkammer** (►92), rechts die ehemalige Zollverwaltung.

An der Landspitze selbst führt ein breiter Kai im Halbkreis an mächtigen Steinkugeln vorbei hinunter zum Wasser – ein beliebter Ort für Hochzeitsfotos vor dem eindrucksvollen Weitwinkel-Panorama aus Schlossufer, Dreifaltigkeitsbrücke und Peter-Paul-Festung. An warmen Abenden ist der Börsenplatz ein lebhafter Treffpunkt der einheimischen Motorrad-Szene (an der nördlichen Säule), aber auch voller Flaneure, Straßenhändler und Weiße-Nächte-Genießern. Kleine Straßencafés geben Gelegenheit, dem Treiben gelassen zuzuschauen.

Zwölf Kollegien

Nach Bebauungsplänen aus dem frühen 18. Jh. sollte auf der Strelka eigentlich ein hochrepräsentatives Stadtzentrum entstehen. Doch die isolierte Insellage konterkarierte diese Pläne. Hinter der Börse wurde dafür aber lange noch ein großer Platz freigehalten – bis um 1900 darauf eine Frauenklinik gebaut wurde. Diesem verschwundenen Platz zugewandt erstreckt sich auf knapp 400 m Länge die Fassade der **Zwölf Kollegien** (1722–42). Noch zu Lebzeiten Peters des Großen erdachte Domenico Trezzini dieses Reihenhausensemble aus gleichförmigen Baukörpern als Regierungszentrale für ganz Russland: Jedes der zehn Ministerien sowie Senat und Synod erhielt ein identisches Gebäude. Für kurze Amtswege sorgte ein durchgehender doppelstöckiger Laubengang. Seit dem frühen 19. Jh. sind die Zwölf Kollegien das Hauptgebäude der **St. Petersburger Staatsuniversität**. Für die Öffentlichkeit ist es leider nicht zugänglich – was schade ist, denn der rückwärtige Laubengang wurde später verglast. Heute ist er dank seiner enormen Länge der berühmteste Korridor Petersburgs.

KLEINE PAUSE:

In der Umgebung gibt es nur feine und entsprechend teure Restaurants – insofern ist die Alltäglichkeit des **Grand Kafe Newa** (tägl. 10–24 Uhr) an der Ecke Uniwersitetskaja nab./Tamoschennij Per. schon wieder ein Alleinstellungsmerkmal! Im Sommer mit Außenterrasse.

✚ 205 E5 ✉ Birschewaja Ploschtschad 🚊 Birschewaja Ploschtschad (Trolley 7; Bus 10,191 vom Newskij Pr.)

BAEDEKER TIPP

Im südlichen der beiden Lagerhäuser präsentiert das 🏛 **Zoologische Museum** in seinen Vitrinen fast die gesamte Tierwelt – nur eben ausgestopft. Einzigartig ist die Mammutsammlung: Das Museum verfügt über drei Dickhäuter, die 40 000 Jahre mumifiziert im Permafrost Sibiriens gelegen haben (Uniwersitetskaja Nab. 1, Tel. 812 328 01 12, www.zin.ru, Mi-Mo 11–18 Uhr, Eintritt: 200 R.).

9 Peter-Paul-Festung
(Petropawlowskaja krepost)

Die Bastion auf der Haseninsel ist die Keimzelle von St. Petersburg: Mit ihrem Bau begann 1703 die Stadtgeschichte. Doch irgendwelcher Feinde musste sich die Festung nie erwehren. Ihre dicken Mauern bergen heute unterm höchsten Kirchturm der Stadt die Grablege der Romanow-Zaren und einen fußgängerfreundlichen Museumskomplex.

Die Festung ist dank der goldenen Nadel der Peter-Paul-Kathedrale weithin sichtbar – doch nicht unbedingt gut erreichbar: Nur zwei Holzbrücken führen von der Petrograder Seite auf die **Haseninsel**. Das nur 870 Meter lange Eiland war erste Wahl, als die Russen im Frühjahr 1703 einen Standort für ein Bollwerk suchten, mit dem sie die Newa-Mündung beherrschen konnten: Die Insel lag am Hauptfahrwasser – und sie war so klein, dass man sie komplett befestigen konnte: Kein Feind sollte sich vor ihren Mauern eingraben können.

Eilig wurden Bastionen aus Erdwällen und Holzpalisaden in der Form eines Sechsecks errichtet. Noch 1703 übernahm Domenico Trezzini, ein junger Baumeister aus dem Tessin, Planung und Bauleitung auf der Großbaustelle, worauf die Wälle durch massive Ziegelmauern mit

Keimzelle der Stadt: die Peter-Paul-Festung

NICHT ERSCHRECKEN!
Punkt 12 Uhr wird von der Naryschkin-Bastion ein donnernder Kanonenschuss abgefeuert. Diese Art der Zeitansage ist seit den 1730er-Jahren Tradition.

integrierten Kasematten verstärkt wurden. In den 1730er-Jahren setzte man im Westen und Osten noch Ravelin genannte Vorwerke an. Deshalb steht das als Triumphbogen ausgeschmückte **Peterstor** (1714 bis 1718) auf der Ostseite in einem Innenhof, in dem sich links ein zentraler Info- und Kassensaal befindet. Auf der Newa-Seite wurden die Mauern um 1775 mit Granit verkleidet. Von einem **Aussichtssteg** auf der Mauerkrone bietet sich hier das wohl schönste Panorama der Stadt.

1712 begann man im Zentrum der Festung mit dem Bau einer Kathedrale. 1733 war sie vollendet, die weithin sichtbare goldene Turmnadel samt Engelsfigur erreichte 112 Meter Höhe. 1858 wuchs sie auf 122,5 Meter, als die Spitze durch eine Metallkonstruktion ersetzt wurde. Bis 2013 blieb die barocke **Peter-Paul-Kathedrale** das höchste Gebäude der Stadt. Im Unterschied zu den Kirchenbauten vor und nach der Zeit Peters I. handelt es sich um eine langschiffige Hallenkirche – sie verfügt nach westlichem Muster sogar über eine Kanzel. Rechts vor dem äußerst prächtigen, vergoldeten Ikonostas befinden sich sechs Zarengräber, darunter die der beiden »Großen«, Peter I. und Katharina II. Russlands letzter Monarch, der 1918 samt seiner Familie ermordete Nikolaus II., wurde 1998 in einer Seitenkapelle rechts vom Eingang beigesetzt. Da die Kathedrale als Familiengruft der Romanows nicht auszureichen schien, hatte man um 1900 eine große Grabkapelle angebaut. Hier werden bis heute Angehörige der einstigen Zarenfamilie beigesetzt.

BAEDEKER TIPP

■ Wenn man gut Russisch versteht, ist die Führung durch den **Glockenturm** der Peter-Paul-Kathedrale ihren geringen Preis wirklich wert: Blitzeinschläge, technische Details und so manche historische Kletter-Heldentat an der goldenen Nadel werden lebhaft geschildert. Wer den Eintritt zur Kathedrale bezahlt hat, kann für 150 R. auch individuell auf 43 Meter Höhe aufsteigen. Doch der Ausblick ist durch Glocken, Wände und Maschendraht stark eingeschränkt. Von der gleich hohen Kolonnade der Isaak-Kathedrale (▶ 107) sieht man bedeutend mehr von der Stadt.

■ Am Nordrand der Festung starten am Wochenende **Rundflüge** (▶ 40). Auch die Starts und Landungen des großen Mi-8-Helikopters sind sehenswert. Dabei gut Abstand halten – es wird stürmisch!

■ In der Festung gibt es diverse kommerzielle Ausstellungen: Egal ob sie nun Drachen, Wachsfiguren oder Folterwerkzeuge zeigen – den Besuch kann man sich sparen. Was »**der sibirische Linkshänder**« *(Sibiriski lewscha)* in seiner Schau (tägl. 10–19 Uhr, Eintritt: 300 R.) in der Wagenremise zu bieten hat, erstaunt aber wirklich: Miniaturkünstler Anatoli Kowenko aus Omsk lässt Kamelkarawanen durch Nadelöhre ziehen und Stechmücken Schach spielen – was man erst erkennt, wenn man die Mini-Werke durchs Mikroskop betrachtet.

Keimzelle der Stadt

Mit dem ersten Spatenstich zum Bau der Peter-Paul-Festung im Mai 1703 beginnt die Stadtgeschichte. Zunächst wurden Erdwälle angelegt und Holzbauten errichtet. Doch schon 1706 entstand die Steinummauerung als unregelmäßiges Sechseck. In der Kathedrale und der angrenzenden Grabkapelle sind Angehörige der Zarenfamilie beigesetzt.

❶ Kasse
Hinter dem Johannestor liegt gleich links der Kassenraum für die Museen, die Kathedrale und das Gefängnis.

❷ Peterstor
Das Peterstor führt in den eigentlichen Festungsbereich. Überm Durchfahrtsbogen prangt der russische Adler.

❸ Ingenieurhaus
Das Ingenieurhaus von 1748/49 ist heute eine Dependance des Museums zur Stadtgeschichte.

❹ Grabkapelle
Die erst um 1900 erbaute Grabkapelle ist mit der Peter-Paul-Kathedrale durch einen Gang verbunden.

❺ Peter-Paul-Kathedrale
Die Kathedrale war die Grablege der Zaren; hier fanden u. a. Peter I. und Katharina II. ihre letzte Ruhestätte.

❻ Haus des Kommandanten
Im Haus des Kommandanten, errichtet 1743–1746, ist das Museum zur Stadtgeschichte untergebracht.

❼ Zarenbastion

Hier liegt der Aufgang zu einem Rundgang auf den Bastions-mauern.

❽ Newa-Tor

Vom Wasser her betritt man die Festung durchs Newa-Tor. Innen sind die Hochwasserstände der Newa markiert.

❾ Trubezkoj-Bastion

Die Bastion wurde von 1872 bis 1921 als Hochsicherheits-Gefängnis genutzt. Heute kann man hier die detailgenau rekonstruierten Zellen besichtigen.

❿ Aleksej-Ravelin

Es fungierte als Vorbefestigung.

Ein letzter Blick auf St. Petersburgs Schokoladenseite – bevor es nach dem Rundgang auf den Bastionsmauern wieder hinabgeht in die Festung

©BAEDEKER

Petrograder Seite & Wassili-Insel

Die Festung ist Petersburgs größte Fußgängerzone und zugleich ein vielfältiger Museumskomplex: Sehenswert ist das abwechslungsreich gestaltete **Museum zur Stadtgeschichte (**bis 1918) im Kommandantenhaus. Links davon steht seit 1991 ein bis heute umstrittenes **Denkmal** für den Stadtgründer, geschaffen von Michail Schemjakin: Peter der Große ist hier als monströser Riese mit Krakenfingern und Schrumpfkopf dargestellt. In der **Trubezkoj-Bastion** kann man ein 1872 errichtetes Hochsicherheits-Gefängnis besichtigen, in dem vor allem politische Gefangene in strenger Einzelhaft auf ihre Prozesse warteten. Die bedrückend kargen Zellen sind in allen Details genau rekonstruiert. Ab 1917 kerkerten dann die siegreichen Revolutionäre hier die führenden Köpfe ihrer Gegner ein – und richteten viele von ihnen hin. 1921 wurde das Gefängnis aufgelöst.

Bronze-Statue Peters des Großen – mit seltsamen Proportionen

Ein Spaziergang über den beliebten **Sandstrand** am Südufer vertreibt anschließend wieder die düsteren Gedanken. Auch wenn das Baden offiziell nicht erlaubt ist – viele Einheimische tun es dennoch, die Newa ist in der Tat relativ sauber.

KLEINE PAUSE

Korjuschka (tägl. 12–1 Uhr, www.ginza.ru) nennt sich ein gutes, hübsch gestaltetes Restaurant mit großen Glasfenstern auf der Westspitze der Haseninsel: Das garantiert beim Essen einen grandiosen Blick auf Strelka und Winterpalast. Übrigens: Die *Korjuschka* ist ein überaus geschätzter Speisefisch, der in St. Petersburg Kult-Status hat.

✚ 205 E/F5 ✉ Sajatschij ostrow ☎ 812 230 64 31,www.spbmuseum.ru
🕐 Insel tägl. 6–22, Festung tägl. 9–21, Peter-Paul-Kathedrale Mai–Sept. tägl. 10 bis 19, Di bis 18, So ab 11, Glockenturm-Führungen Do–Di 11.30, 13, 14.30, 16, Gefängnis tägl. 10–19, Di bis 18 Uhr (Kathedrale und Gefängnis Okt-April Mi Ruhetag); sonstige Museen und Ausstellungen Do–Di 11–19; Poterna und Newa-Panorama Mai bis Sept. tägl. 10–21, Okt.–April tägl. 11 bis 18 Uhr 🚇 Gorkowskaja 🎫 Festung frei, Kathedrale 450 R., Glockenturm 150 R., Gefängnis 200 R., Museum Geschichte Petersburgs 1703–1918 200 R., Poterna und Newa-Panorama 250 R.

SPORTLICH AUF DER HASENINSEL

Die Haseninsel ist ein Ort einzigartiger Freizeitbeschäftigungen: An der Südostecke steigen im Winter »Walrösser« genannte Abhärtungs-Fans in ein Loch im Eis. Östlich des Newa-Tors fängt eine windgeschützte Ecke der Festungsmauer optimal die Nachmittagssonne ein – selbst wenn sich Spaziergänger noch einmummeln, stehen hier Sonnenanbeter schon in der Badehose an der Wand. Auf der Westseite befinden sich Bahnen zum *Gorodki* spielen. Bei diesem fast vergessenen Volkssport handelt es sich um eine Art Kegeln mit geschleuderten Stöcken.

⓲ Häuschen Peters I.
(Domik Petra I)

Exakt zehn Tage nach dem Baubeginn der Peter-Paul-Festung im Mai 1703 verfügte Zar Peter I., man möge ihm ganz in der Nähe ein Blockhaus bauen. Gesagt – getan. Die Baustellenhütte am Newa-Ufer, damals stolz »Allererster Palast« genannt, steht noch immer. Dieses Relikt aus der Gründerzeit der Stadt befindet sich heute im Innern eines Schutzgebäudes.

Die erste Petersburger Residenz Peters I. war dieses schlichte Blockhaus

Peters Häuschen ist nicht nur einfach das älteste erhaltene, sondern – Seltenheit! – auch das erste Gebäude der Stadt. Seine Bewahrung verdankt es dem Umstand, dass der Zar selbst 1723 anordnete, ein Schutzdach über dem Blockhaus zu errichten – womit es zum ersten unter Denkmalschutz gestellten Objekt Russlands wurde. Mitte des 19. Jh. baute man das »Futteral« komplett neu. Heute ist es eine **Dependance des Russischen Museums** (▶ 135).

Wie bei einer Matrioschka birgt das von alten Bäumen umstandene Ziegelhaus in seinem Innern die Zarenhütte nebst einer kleinen Ausstellung zur Stadtgründung. Dazu gehört ein Modell, das das Häuschen in seiner noch wenig urban wirkenden Umgebung des Jahres 1706 zeigt. Ebenfalls gezeigt wird ein Ruderboot, das der patente Zar Peter der Große eigenhändig baute.

Das nur 65 m² große Häuschen selbst kann man nicht betreten, aber die Besucher dürfen durch die geöffneten Fenster ungeniert hineinsehen. Achten Sie auf Reste eines auf die Außenwand aufgemalten Ziegelmusters: Auf diese Weise versuchte man, dem Provisorium einen solideren, eben städtischen Anblick zu verschaffen. Denn Peters erste Residenz war in nur vier Tagen errichtet worden. Sie war unbeheizt, die nur 1,82 m hohen Zimmertüren entlieh man aus erbeuteten schwedischen Schiffen. Wie oft sich Peter der Große mit seinen 2,04 m an den liebevoll mit

DENKMAL FÜR DIE OPFER DER STALINZEIT

Am nahen Dreifaltigkeits-Platz (Troizkaja ploschtschad) war das erste Zentrum der jungen Stadt. Hier befanden sich der Hafen, das Gostinyj Dwor, die Kirche, die Regierungsbauten und die erste Gaststätte der Stadt. Nichts davon blieb erhalten. Dafür verfügt der Platz heute über das erste – und einzige – Denkmal für die Opfer der Stalinzeit: Dabei handelt es sich um einen Findling von den Solowezki-Inseln im Weißen Meer, wo die Sowjets 1923 ihr erstes großes Straflager einrichteten.

Blumen bemalten Türrahmen seines neuen Domizils den Schädel angeschlagen haben mag, verschweigt die Geschichte.

Allerdings wohnte er hier nur im Sommer 1703. Das Haus verfügt über zwei Zimmer und eine lediglich 7 m² große Schlafkammer. Im Arbeitszimmer verdient der kaiserliche Bürostuhl Beachtung: Auch er wurde vom Zaren selbst geschreinert.

Zu Peters Zeiten stand das Häuschen viel näher am Wasser als heute, die solide mit Granit befestigte Uferstraße entstand erst Anfang des 20. Jahrhunderts. Auf Höhe des Häuschens flankieren zwei froschartige **Löwenfiguren** eine Treppe zum Wasser: Sie wurden 1907 aus der damals von Russland beherrschten Mandschurei in die Hauptstadt gebracht. Genau gegenüber sieht man am anderen Newa-Ufer Peters **Sommerpalast** (1710–14) (➤ 68) – das erste und älteste Steingebäude der Stadt.

Ein Blick durchs Fenster des »Allerersten Palasts« in das Arbeitszimmer des Stadtgründers

KLEINE PAUSE

In dem 1964 gebauten Elite-Wohnblock gleich hinter Peters Häuschen liegt das beliebte Sushi-Restaurant **Jakitoriya** – im Sommer draußen auch mit Tischen unter Sonnenschirmen (tägl. 11–6 Uhr, Tel. 812 970 48 58, www.yakitoriya.spb.ru).

✚ 203 E3 ✉ Petrowskaja Nab. 6 ☎ 812 595 42 48, www.rusmuseum.ru
🕐 Mi, Fr–Mo 10–18, Do 13–21 Uhr (letzter Mo im Monat geschl.)
Ⓜ Gorkowskaja 🚌 Troizkaja pl. (Bus 49; Tram 3, 6, 40) 💵 200 R.

⑲ **Erarta**

In Sachen zeitgenössischer Kunst haben die beiden Museums-
giganten Eremitage und Russisches Museum nur wenig zu bieten.
Während der Sowjetzeit durften sie nicht und danach konnten sie –
wegen klammer Kassen und hoher Preise auf dem Kunstmarkt –
kaum Anschaffungen machen. 2010 wurde diese Lücke in der
Kunstgeschichts-Dokumentation jedoch dank einer Privatinitiative
würdig geschlossen: Erarta ist das größte private Museum für
moderne Kunst im Land.

Man hat sich schon daran gewöhnt: Ein Museum für moderne Kunst sieht meist auch sehr danach aus. Erarta ist
da anders: Es befindet sich in einem zwar repräsentativen,
aber keineswegs ästhetisch herausragenden Verwaltungs-
bau aus der Stalin-Zeit, der einst ein Gummiforschungsins-
titut beherbergte. Und auch die Lage an der allerhintersten
der Linien auf der Wassili-Insel ist weder exquisit noch
zentral.

Aber der Weg dort hinaus lohnt sich – zumindest für
Kunstinteressierte, die einen umfassenden und repräsentativen Einblick in das Schaffen heutiger russischer Künstler bekommen wollen, die von der privatrechtlichen Erarta-
Trägerstiftung gefördert werden. Dabei geht man den
pragmatischen Weg, Werke der 250 Schützlinge nicht nur
auszustellen, sondern auch zu verkaufen: Neben wirklich
interessant sortierten Souvenir- und Kunst-Shops verfügt
das Museum auch über eine Galerie zum Verkauf von Ori-
ginalen – und diese hat Filialen in London und Hongkong.

**Der Eingang
des Kunst-
museums wird
von der Zeit
(»era«) und
der Kunst (»ar-
ta«) flankiert**

Petrograder Seite & Wassili-Insel

Begrüßt werden Besucher von zwei Monumentalskulpturen vor dem Eingang, die »era« und »arta«, also Zeit und Kunst, symbolisieren. 2300 Exponate bilden den Kern der ständigen Ausstellung, die den Zeitraum von den 1950er-Jahren bis heute abdeckt. Sie erstreckt sich über alle fünf Etagen im linken Flügel des clever für die neue Nutzung umgebauten Gebäudes. Gezeigt werden neben Malerei und Skulptur auch Objekte und teils durchaus raumgreifende Installationen. Den rechten Flügel nimmt im ersten Stock die Galerie ein, darüber ist Raum für Sonderausstellungen. Im Mittelteil gibt es noch einen Konzert- und Theatersaal.

Im Gegensatz zu manch anderem Museum in der Stadt ist bei Erarta die Beschriftung der Werke wirklich durchgehend auch auf Englisch gegeben. Auch gibt es zu vielen Exponaten Rezensionen auf Englisch und Russisch; die Texte stammen von Besuchern, eingereicht über die Webseite.

KURYOCHIN CENTER
Eine weitere wichtige Institution der modernen Kunst ist fast Nachbar von Erarta. Doch das Gebäude des Kuryochin Centers am Srednij Prospekt 93 wird generalsaniert und öffnet wohl erst 2019 wieder. Solange residiert das Center als **Sergej-Kurjochin-Museum** provisorisch am Ligowskij Prospekt 73 (www.kuryokhin.net).

Russische Kunst von der Mitte des 20. Jhs. bis heute in großzügigen Räumen

KLEINE PAUSE

Vorbildhaft ist bei Erarta auch die Museumsgastronomie: Im Souterrain wartet das schick designte Restaurant **Erarta Café** auf Besucher. Es verfügt auch über eine Sommerterrasse. Wer nur eine kleine Stärkung sucht, findet sie im 3. Stock in der Cafeteria mit Plätzen auf dem Balkon.

✚ 204 A3 ✉ 29. Linija 2 ☎ 812 324 08 09, www.erarta.com
🕐 Mi–Mo 10–22 Uhr 🚇 28. i 29. linii (Bus 6,128, Tram 6 ab Metro Wassileostrowskaja)
🎫 500 R.

Nach Lust und Laune!

Das Museums-U-Boot war bis 1990 in Dienst

20 Museums-U-Boot S-189 (Musej podwodnaja lodka S-189)

Anders als die *Aurora* (▶ 94) und der Eisbrecher *Krassin* (▶ s.u.) kommt das dritte Museums-Schiff der Stadt ganz ohne geschichtsträchtigen Ruhm aus: Das Diesel-U-Boot S-189 lief 1954 in Leningrad vom Stapel und stand bis 1990 bei der sowjetischen Ostseeflotte in Dienst. Nachdem es zehn Jahre in Kronstadt vor sich hin gerostet und schließlich gesunken war, veranlasste eine Initiative russischer U-Boot-Veteranen die Hebung und Restaurierung des 76 m langen Bootes. Besucher können

sich einen Eindruck davon verschaffen, wie in dieser Enge 54 Mann Besatzung miteinander klar kommen und ihre Aufgaben meistern mussten.

✚ 204 C4 ✉ Nab. Lejtenanta Schmidta, Höhe 16. Linie ☎ 904 613 70 99, www.s-189.ru 🕐 Mi–So 11–19 Uhr, russ. Führungen halbstdl. bis 18 Uhr 🚌 14. i 15. linii (Bus 1 ab Metro Wassileostrowskaja) 💰 400 R.

21 Akademie der Künste (Akademija chudoschestw)

Der am Universitätsufer beherrschende, mächtige frühklassizistische Bau, 1764–88 gebaut, demonstriert bis heute, wie wichtig man damals die staatliche Ausbildung von Malern, Bildhauern und Architekten nahm. Die Exponate des Akademie-Museums sind aber weitgehend zu Ausbildungszwecken geschaffene Kopien. Auch ist die interessante Architekturabteilung mit historischen Modellen gegenwärtig geschlossen.

Wenn also nicht gerade eine interessante Sonderausstellung lockt, können sich selbst Kunstfreunde den nicht geringen Eintrittspreis sparen.

Ebenso eindrucksvoll ist der Newa-Kai vor der Akademie: Eine breite Treppe zum Wasser wird von zwei **Sphinxen** flankiert, die einst im Tal der Könige in Oberägypten einen Tempeleingang bewachten. Eine Inschrift in den Sockeln verweist auf das Jahr 1832, in dem die je 23 t schweren Kolosse »in die Stadt des hl. Peter« gebracht worden waren. Die Sphinxen tragen das Gesicht des vielfach in

---

EISBRECHER KRASSIN

Etwa 600 m Newa-abwärts wartet am gleichen Ufer auch der Museums-Eisbrecher *Krassin* auf marinophile Besucher. Das 1916 in England gebaute Schiff kam 1928 zu Weltruhm, als es bei Spitzbergen die mit einem Luftschiff abgestürzte Nobile-Expedition rettete. Die Decksaufbauten stammen aber aus den 1950er-Jahren (www.krassin.ru, russ. Führungen stdl. Mi–So 11–17 Uhr, 400 R.).

FOTOGENE GREIFE
Besonders fotogen sind vier pausbäckige, aber dennoch streng blickende Bronze-Greifen, die unterhalb der Sphinxen halbrunde steinerne Sitzbänke flankieren. Es handelt sich dabei um 1960 angefertigte Nachbildungen der verloren gegangenen Originale.

Stein verewigten Pharaos Amenhotep III., der ca. 1350 v. Chr. starb. Mit einem Alter von ca. 3400 Jahren sind diese Statuen nicht nur die ältesten Denkmäler in Petersburg – sie sind auch etwa so alt wie die Newa selbst! Denn erst um diese Zeit durchbrach das Wasser des Ladogasees einen Landrücken östlich von Petersburg und schuf den heutigen Flusslauf.

⊞ 205 D4 ✉ Uniwersitetskaja Nab. 17
☎ 812 323 64 96, www.nimrah.ru
◷ Mi–So 11–19 Uhr
🚇 Wassileostrowskaja
🚌 1-ya i Kadetskaja linii (Bus 7, 24 und Trolley 1,10, 11 vom Newskij Pr.) 🎫 500 R.

22 Menschikow-Palast (Menschikowskij dworez)

1711 war der erste Prunkbau der jungen Stadt bezugsbereit: Doch nicht etwa Peter der Große zog ein, sondern sein Freund Alexander Menschikow (1673–1729), der zum Gouverneur der Stadt ernannt worden war. Während der Herrscher damals eher Understatement lebte, liebte Menschikow Protz und Luxus: Sein frühbarocker Palast am Ufer der Wassili-Insel war die erste Adresse für Staatsempfänge und rauschende Feste.

Menschikow-Palast: Kachelschmuck auch im Schlafzimmer

Als **Dependance der Eremitage** präsentiert der Palast eine Ausstellung mit dem sperrigen Namen »Russische Kultur des ersten Drittels des 18. Jhs.«, die eine Zeitreise direkt in die Privatgemächer der einstigen Grauen Eminenz Russlands ermöglicht. Wie man sieht, galt damals ein gänzlich mit Nussbaumholz ausgekleidetes Kabinett oder ein mit handbemalten holländischen Fliesen gekacheltes Schlafzimmer als letzter Schrei.

⊞ 205 D4 ✉ Uniwersitetskaja Nab. 15
☎ 812 323 11 12, www.hermitage.ru
◷ Di–So 10.30–18 Uhr, Mi u. Fr bis 21 Uhr
🚌 Uniwersitet (Trolley 1,10 11; Bus 7, 24 vom Newskij Pr.) 🎫 300 R.

23 Kunstkammer (Kunstkamera)

Die 1718 gebaute Kunstkammer ist nicht nur das **älteste Museum Russlands**, sondern – so mutmaßt die hauseigene Webseite – auch das weltweit erste speziell als Museum errichtete Gebäude. Unter einer Kunstkammer verstand man damals nicht etwa eine Kunstsamm-

Gottorfer Globus im Turmzimmer der Kunstkammer

Observatorium untergebracht; heute ist es Sitz des **Museums für Anthropologie und Ethnografie**.

Rührend antiquiert wirkt die Präsentation der weitgehend schon in der Zarenzeit zusammengetragenen Artefakte, Götzen und Trachten ostasiatischer, nordamerikanischer und afrikanischer Völker. Hauptattraktion ist der Saal, der sich »Erste naturkundliche Kollektionen der Kunstkammer« nennt. Hier werden jene schon vor über 300 Jahren in Spiritus eingelegten tierischen und menschlichen Föten, halbierten Schädel, Organe und allerlei Monstrositäten gezeigt, mit deren Hilfe Peter der Große einst hoffte, der jungen russischen Wissenschaft zu Erkenntnisgewinn über das Geheimnis des Lebens zu verhelfen. Allerdings sollte kleineren Kindern und allen, die nach Horrorfilmen schlecht schlafen, dieser Anblick besser erspart bleiben.

🔲 205 E4 ✉ Uniwersitetskaja Nab. 3
☎ 812 328 14 12, www.kunstkamera.ru
🕐 Di–So 11–18, Juni–Aug. bis 19 Uhr
(letzter Di im Monat geschl.)
🚇 Uniwersitetskaja Nab. (Trolley 1, 10, 11;
Bus 7,24,191 vom Newskij Pr.) 💰 250 R.

24 Artilleriemuseum (Musej artillerii)

So umfangreich und waffenklirrend wie das Museum ist auch sein offizieller Name: »Militärhistorisches Museum der Artillerie, Pionier- und Fernmeldetruppen des Verteidigungsministeriums der Russischen Föderation«. Es befindet sich seit

lung, sondern ein herrschaftliches Raritätenkabinett mit seltenen und merkwürdigen Objekten vor allem aus der Zoologie und Anatomie. Als Gründungsdatum gilt 1714, als der wissbegierige Zar Peter I. seine Sammlung aus Moskau in die neue Hauptstadt überstellen ließ.

In dem 1727 fertiggestellten, knapp 100 m langen Gebäude wurde die Bibliothek der 1724 ins Leben gerufenen Akademie der Wissenschaften, ein »anatomisches Theater« für Medizinvorlesungen und im charakteristischen Turm ein

---

GOTTORFER GLOBUS

Ein wahrlich weltbewegendes Exponat befindet sich ganz oben im Turm der Kunstkammer – und ist nur im Rahmen von Gruppen-Führungen (auch auf Deutsch, eine Woche vorher anmelden, Gebühr für eine Gruppe: 6700 R.) zugänglich: Der Gottorfer Globus war um 1660 für den Herzog von Holstein-Gottorf gebaut worden. Peter der Große war davon fasziniert – und ergatterte ihn als diplomatisches Geschenk. Der Clou der historisch einmaligen Weltkugel von 3,10 m Durchmesser: Sie ist zugleich ein Planetarium, denn darin befindet sich eine Sitzbank. Wird der Globus gedreht, wandert das innen aufgemalte Firmament. Peter der Große soll hier gerne mal ein Stündchen über den Lauf der Welt nachgedacht haben.

bald 150 Jahren im Kronwerk, einem hufeisenförmigen Arsenal-Gebäude, das auf den Bastionen steht, die einst die Peter-Paul-Festung zur Landseite hin abschirmten.

Den Innenhof füllt eine große Freiluftausstellung russischer Militärtechnik aus. Im Innern des etwas düster wirkenden Gebäudes beschäftigen sich dann große Ausstellungsbereiche in sowjetisch-patriotischer Sichtweise v.a. mit dem Zweiten Weltkrieg. Ein Saal im Erdgeschoss, in dem der Übergang von Schwert und Lanze zu Feuerwaffen dokumentiert wird, verströmt hingegen die Aura einer historischen Waffenkammer.

🖈 203 D3 ✉ Kronwerkskaja Nab. ☎ 812 232 02 96, www.artillery-museum.ru 🕐 Mi–So 11–18 Uhr (letzter Do im Monat geschl.) 🚇 Gorkowskaja 🎫 400 R.

25 Kreuzer *Aurora* (Krejser *Awrora*)

Ein als schwimmendes Museum herausgeputztes altes Kriegsschiff gibt es in vielen Hafenstädten der Welt, doch die im Jahr 1900 vom Stapel gelaufene *Aurora* galt zu Sowjetzeiten als eine der Eremitage durchaus ebenbürtige Sehenswürdigkeit: Der Kreuzer soll am 25. Oktober 1917 mit einem Blindschuss aus seinem Buggeschütz den kommunisti-schen Revolutionären das Signal für den Sturm auf den Winterpalast abgegeben haben. Heute ist allerdings nur noch von einem Böller zur Prüfung der Wachsamkeit die Rede. Doch die Legende von der *Aurora* als Signalgeber der »Großen Sozialistischen Oktoberrevolution« fand

Mit dem Signal der *Aurora* begann angeblich die Oktoberrevolution

ihren Weg in die sowjetischen Geschichtsbücher – und machte das Schiff zur stählernen Revolutionsikone. Allein diesem Mythos ist es zu verdanken, dass es erhalten blieb.

Eigentlich ist seine Geschichte nicht besonders ruhmreich: 1905 nahm der Kreuzer an der für Russland katastrophal endenden Seeschlacht bei Tsushima teil. Nur eine Hand voll russischer Schiffe, darunter die schwer beschädigte *Aurora*, konnte den Japanern entkommen. Im Ersten Weltkrieg diente sie auf der Ostsee als Schul- und Wachschiff und unterstützte Infanterie-Operationen. Während der Belagerung Leningrads im Zweiten Weltkriegs wurden ihre Geschütze demontiert und an Land eingesetzt. Doch noch 1944 wurde beschlossen, die im Hafen von Oranienbaum durch Beschuss versenkte *Aurora* zu heben und zum Museum zu machen. Seit 1948 liegt der

2014 bis 2016 restaurierte Panzer-deckkreuzer vor der Nachimow-Ka-dettenschule an seinem »Ewigen Liegeplatz«.

Die *Aurora* ist heute eine **Depen-dance des Kriegsmarine-Museums** (▶ 119). Besucher können an Deck über die blitzblank gescheu-erten Teakholz-Planken spazieren und die zahlreichen nostalgisch-maritimen Messing-Stahl-Gerät-schaften bewundern. Unter Deck gibt es eine Ausstellung zur Ge-schichte des Schiffs.

✚ 203 E3 ✉ Petrogradskaja Nab. ggü. Hs. 2
☎ 812 303 85 13, www.navalmuseum.ru
◑ Mi–So 11–18 Uhr Ⓜ Gorkowskaja
🚋 Ul. Tschapajewa (Tram 3, 6, 40; Bus 49)
💳 600 R.

26 Botanischer Garten (Botanitscheskij sad)

St. Petersburgs Botanischer Garten gehört zu den Institutionen der ers-ten Generation der Stadt: 1713 wurde auf Anordnung Peters des Großen an dieser Stelle ein »Apo-thekergarten« angelegt, dessen Hauptaufgabe es war, Armee und Flotte mit Heilpflanzen zu versor-gen. Seither heißt das jenseits des Flüsschens Karpowka gelegene Eiland »Apothekerinsel«. 1823 wurde der Kräutergarten in ein wissenschaftliches Botanik-Institut umgewandelt.

Unweit des 326 m hohen Fern-sehturms (für Besucher unzugäng-lich) gelegen, beherbergt der ge-pflegte, üppige Park heute über 80 000 verschiedene Pflanzenarten auf über 17 ha Fläche. Mittelpunkt des Botanischen Gartens sind die **Orangerien** genannten Gewächs-häuser. Sie können nur im Rahmen von etwa 50-minütigen Führungen mit max. 15 Teilnehmern besichtigt werden, wobei man sich für die Flora der Tropen, der Subtropen oder für Wasserpflanzen (ein-schließlich des großen Palmen-hauses) entscheiden muss. Wann welche Führungen stattfinden, ist nur an der Kasse zu erfahren; Kin-der unter 4 J. dürfen allerdings auf-grund des feuchtwarmen Klimas nicht mitgenommen werden!

✚ 203 D/E4 ✉ Ul. Professora Popowa 2 (Eingang im Sommer: Ecke Nab. reki Karpowki/ Aptekarskij Pr.) ☎ 812 372 54 64, www. botsad-spb.com ◑ Park tägl. 10–19, Gewächshäuser Di–So 10–17.30 Uhr (nur mit russ. Führung) Ⓜ Petrogradskaja
💳 Park 100 R., Führung 300 R.

BAEDEKER TIPP

In den Gewächshäusern des Botanischen Gartens ist es ganzjährig schwülwarm. Eine Garderobe für Mäntel und Jacken gibt es aber nicht – was auch Sinn macht, denn die Führungen enden an Ausgängen, die einige Hundert Meter vom Eingang entfernt sind. Also besser leichte Oberbekleidung wählen, die man auch im Tropenwald über dem Arm tragen kann!

Wohin zum …
Essen und Trinken?

Preise
für ein Hauptgericht (ohne Getränke):
€ unter 450 R. €€ 450–900 R. €€€ über 900 R.

Barwinok €

So klein das Lokal im Stil einer Bauernhütte auch ist: Deftigste ukrainische Hausmannskost gibt es in enormer Auswahl – mit dem Nachteil, dass eine englische Speisekarte fehlt, doch die nette Wirtin weiß Rat. Und wie auf dem Dorf sitzen die Gäste auf langen, schweren Holzbänken und man trinkt und isst und trinkt und … teuer wird es trotzdem nicht.

🚇 202 C3 ✉ Ul. Mira 7 ☎ 812 237 14 94 🕐 tägl. 11–23 Uhr Ⓜ Gorkowkaja

Prjanosti i radosti €€

Das Haus stammt aus den 1720er-Jahren, ist also uralt für Petersburger Verhältnisse. Doch das charmante Restaurant darin ist neu und frisch. Es soll vor allem 👨‍👩‍👧 junge Familien ansprechen: Im großen Hof hinterm Haus kann man ebenfalls essen und trinken, dabei aber auch spielen, buddeln, schaukeln und Kaninchen streicheln. Eine Filiale (ohne Garten) gibt's auf der Petrograder Seite: Malaja Posadskaja ul. 3

🚇 204 C4 ✉ 6. Linija 13 ☎ 812 640 16 16, www.ginza.ru 🕐 tägl. 9–1 Uhr Ⓜ Wassileostrowskaja

Suliko €

Ein kleines Keller-*Kafe* mit leckerer, authentischer georgischer Küche für geringes Geld. Auch wenn der offene Grill appetitanregend direkt im Speiseraum steht: Probieren Sie die Gerichte, die noch brutzelnd in der Tonpfanne auf den Tisch kommen! Man erkennt sie gut in der Bilder-Speisekarte. Filialen im Stadtzentrum: Kasanskaja ul. 6 und Ul. Wosstanija 7.

🚇 203 D3 ✉ Kamennoostrowskij Pr. 14 ☎ 812 232 88 07 🕐 tägl. 11–23.30 Uhr Ⓜ Gorkowskaja

Tolstyj Frajer €

Diese Petersburger Kneipenkette hat mehrere Erfolgsrezepte: ein süffiges, selbst gebrautes Hausbier, urige Lokale mit ironisch vergorener Sowjet-Propaganda – und den kostenlosen Teller Knabberzeug zum ersten bestellten Bier (das Dörrfischlein muss man ja nicht essen). Dazu gibt es solide Küche, satt und saftig. Weitere Filialen: 8. Linie 43 auf der Wassili-Insel sowie Ul. Belinskogo 13 und Dumskaja ul. 3 im Stadtzentrum.

🚇 202 C3 ✉ Ul. Mira 11 ☎ 812 232 30 56, www.tolstiy-fraer.ru 🕐 tägl. 10–1, Fr/Sa bis 3 Uhr Ⓜ Gorkowskaja

Troizky most €

Bereits vor über 20 Jahren wurde diese ruhige, alkoholfreie und fleischlose Cafeteria eröffnet. Zwar sind die Portionen klein, die Preise sind es aber auch, weshalb es sinnvoll ist, zwei Gerichte zu kombinieren und sich dazu noch etwas aus der immer frisch bestückten Salat- oder Kuchentheke auszusuchen. Hier werden auch Veganer satt! Auf der Wassili-Insel gibt es eine Filiale an der 6. Linie 27 (im Hof).

🚇 203 D3 ✉ Kamennoostrowskij Pr. 9 (Eingang von der Malaja Posadkaja ul.) ☎ 812 942 23 97, www.vegetarian-cafe.com 🕐 tägl. 9–22 Uhr Ⓜ Gorkowskaja

Restoran €€€

Lakonisch wie der Name ist sowohl das streng-elegante Interieur im Stil der Petersburger Gründerjahre als auch die Speisekarte: Die Gerichte der klassischen russischen Küche heißen hier schlicht »Lachs«, »Zander« oder »Rindfleisch«. – Gutes braucht keine blumigen Worte.

⊞ 202 C1 ✉ Tamoschennij Per. 2
☎ 812 327 89 77,
www. russkiyrestaurant-spb.ru
🕔 tägl. 12–24 Uhr
🚇 Uniwersitetskaja Nab. (Trolley 1, 10, 11; Bus 7, 24, 191 vom Newskij Pr.)

Volga-Volga €€€

Der Restaurantholding Ginza Project gehören in der Stadt über 40 verschiedene Lokale (nach Moskau, Baku, London und New York hat sie auch schon expandiert), und dies ist ihr Flaggschiff – im buchstäblichen Sinne: Denn viermal am Tag legt das modern und elegant ausgestaltete Restaurant mit seinen Gästen zu einer je einstündigen Newa-Rundfahrt ab – man sollte seinen Besuch also entsprechend timen. An Bord des einzigen Restaurant-Schiffs der Stadt liegt der Schwerpunkt des umfangreichen Menüs natürlich auf Seafood – und dies auf höchstem Niveau. Die Speisekarte eröffnet mit sündhaft teuren Delikatessen wie Austern und Kamtschatka-Krabbe. Serviet wird aber auch schlichte russische Seemannsküche, zum Beispiel »Makkaroni nach Flottenart« (Nudeln mit Hackfleisch). Angeboten werden auch italienische und asiatische Gerichte. Wenn das Wetter mitspielt, gibt es weitere, sogar relativ windgeschützte Tische auf dem offenen Oberdeck. Auf die soliden Preise kommt noch ein ortsunüblicher Service-Aufschlag von 10 Prozent. Die Mehrheit des sichtlich wohlhabenden Publikums dürfte dies nicht stören. Auch wenn man es dem Luxusliner der Petersburger Rundfahrtflotte nicht mehr ansieht: Gebaut wurde die »Dunajewskij« 1962 in Magdeburg – als schlichtes Frachtschiff namens ST-750 für die Flüsse der Sowjetunion.

⊞ 203 E3 ✉ Petrowskaja Nab. gegenüber Haus 8 ☎ 812 640 16 16, https://ginza.ru/spb/ restaurant/Volga-Volga
🕔 April–Sept. tägl. 12–2 Uhr, Abfahrten 15, 19, 22, 24 Uhr 🚇 Gorkowskaja
🚌 Ul. Tschapajewa (Bus 49, Tram 3, 6, 40)

Wohin zum …
Einkaufen?

Die Stadtteile auf den Newa-Inseln sind als Shopping-Ziele nicht sonderlich attraktiv. Ihre Geschäfte und Läden decken in erster Linie den Alltagsbedarf der Einwohner.

BOLSCHOJ PROSPEKT

Einzig der Bolschoj Prospekt auf der Petrograder Seite ist eine über den Stadtteil hinaus bedeutsame Einkaufsstraße. Allerdings gibt es hier – anders als am Newskij Prospekt – weder Kaufhäuser noch Malls noch nur wenige Filialen großer Ketten und weltbekannter Luxuslabels. Die Straße zwischen den Metrostationen Petrogradskaja und Sportiwnaja ist dafür die beste Adresse der Stadt für die Kundschaft gehobener Schuh- und Modeboutiquen, Juwelierläden oder Parfümerien.

Den Mittelpunkt dieser für einen Schaufensterbummel attraktiven Achse markiert die **Boutiquen-Galerie Apriori** (Bolschoj Pr. 58) mit kleinen Edel-Shops auf drei Etagen. Die meiste Mode kommt zwar aus Frankreich oder Italien, aber auch der sibirische Modemacher Alexander Bogdanow ist hier mit seiner Boutique **BGD** vertreten.

MÄRKTE

Etwa 500 m westlich der Metrostation Gorkowskaja liegt der **Sytnyj rynok**, Petersburgs ältester Markt. Er besteht einerseits aus einer schönen Markthalle von 1913 für das Lebensmittelangebot, andererseits aus einem Vorplatz mit bunt gemischten Verkaufsbuden und -ständen. Neben professionellen Händlern und Produzenten bieten hier auch manche Datscha-Gärtner ihre eigene Ernte an Gemüse, Obst, Beeren und Pilzen an. Gönnen Sie sich im Sommer frische Himbeeren oder Kirschen – und im Herbst die vitaminreichen Heidelbeeren und Moosbeeren, mit denen die Wälder und Sümpfe um die Stadt so reich gesegnet sind! In der Markthalle finden Sie neben üppig arrangierten Obstständen mit engagierten südländischen Verkäufern auch Anbieter von Honig, Trockenfrüchten oder Nüssen – also Produkten, die durchaus auch als Mitbringsel taugen.

Wenn Sie für Ihren Mariinskij-Besuch noch ein stilechtes russisches Opernglas suchen, lohnt sich ein Abstecher in die – für Petersburger Verhältnisse – engen Gassen hinter dem Markt: Im Optik-Fachgeschäft **Galilej** (Sablinskaja ul. 10, www.veber.ru) gibt es eine wirklich gute Auswahl.

Und schließlich gibt es einen typisch russischen **Markt** auch **auf der Wassili-Insel** am Bolschoj Prospekt 14 an der Ecke zur 5. Linie.

Wohin zum ...
Ausgehen?

BARS

Auf der Petrograder Seite ist (von Theatern und Kinos einmal abgesehen) sowohl das Kulturangebot als auch das Nachtleben ziemlich »unterbelichtet«. Die Musik spielt am anderen Ufer ...

Auf der Wassili-Insel ist es ähnlich, allerdings gibt es etwas lebhaftere Bereiche: In der Fußgängerzone auf der 6./7. Linie sowie am Südausgang der Metrostation Sportiwnaja. Dort fusioniert die **Helsinki-bar** (Kadetskaja Linija 31, tägl. ab 18 Uhr) finnisches Design mit Craft Beer und DJ-Arbeit zu Partystimmung.

Im gleichen Eckhaus, nur auf der Uferseite, findet sich mit dem Gastro-Pub **Brugge** (Nab. Makarowa 22, tägl. 12–2 Uhr) dann auch noch die stillere belgische Brauerkonkurrenz.

Im Design einer unvollendeten Altbausanierung zeigt sich einige Häuser weiter die **Buterbrodsky-Bar** (Nab. Makarowa 16, tägl. 12–24 Uhr) mit ihrer Hausspezialität Smörrebrod und einem Geheimrezept-Likör.

BIERGARTEN

Der einzige echte Biergarten der Stadt liegt im Vorfeld des nagelneuen Fußballstadions, in dem im Sommer 2018 einige WM-Spiele stattfinden werden: Brezn, Würste und Oktoberfesthendl wie auch das bei **Karl & Friedrich** selbst gebraute Bier überzeugen selbst Münchner Grantler – einzig, man sitzt hier nicht unter Kastanien, sondern unter Birken (schließlich sind wir ja in Russland!). Hinzu kommt ein schöner 🧒 Kinderspielplatz und hinter dem Brauhaus ein Mini-Zoo mit Straußen, Waschbären, Ziegen und anderem Getier, das vorne nicht auf der Speisekarte steht.

✚ 202 westlich A5 ✉ Juschnaja Doroga 15 ☎ 812 320 79 78, www.k-f.ru 🕐 So–Do 12–24, Fr/Sa bis 1, Mini-Zoo tägl. bis 21 Uhr Ⓜ Krestowskij ostrow

Admiralitätsviertel

 **Kleine Erlebnisse**

Kultur und Sport verbinden

Weil Sport ja auch Kultur ist: Leihen Sie sich auf der »Kultur-Insel« **Neu-Holland** (➤ 119) Badminton- oder Tischtennisschläger, Frisbees oder Pétanque-Kugeln.

Kaffeegenuss auf dem Dach

Beim Aufstieg über dunkle Treppen graust's einen, doch dann gibt's Licht und weite Ausblicke im **Solaris Lab** (Per. Pirogowa 18, tägl. 13–24, Sa/So bis 2 Uhr), einem Künstler-Café nahe dem Mariinskij-Theater.

Singender Service

Im **Sadko** (➤ 122) kellnern Musikstudenten und junge Chor- und Opernsänger. Samstag- und sonntagabends schmettern die Nebenjobber Arien durchs Restaurant.

Admiralitätsviertel

Erste Orientierung

Von allen Petersburger Stadtteilen ist dies der maritimste – und das nicht nur wegen der Nähe zum Hafen: Hier ist das Kanalnetz am dichtesten, denn zu den vier wie Jahresringe das Stadtzentrum umfassenden Wasserläufen Mojka, Gribojedow-Kanal, Fontanka und Obwodnyj-Kanal kommt als Querverbindung noch der Krjukow-Kanal hinzu. Und der Gribojedow-Kanal schlägt hier mit zwei Mäandern auch noch aus der in St. Petersburg sonst üblichen geradlinigen Art.

Das Admiralitätsviertel nimmt in der Petersburger Verwaltungsgliederung die Westhälfte der südlich der Newa gelegenen Innenstadtbereiche ein. Die Grenze zum Zentralen Viertel (▶ 125) verläuft entlang der Gorochowaja uliza, der mittleren der drei wie Strahlen von der goldenen Nadel der Admiralität ausgehenden städtebaulichen Achsen.

Im Nordzipfel des Viertels, am Senatsplatz, ziehen mächtige, hochrepräsentative Hauptstadtbauten Blicke und Besucher an: Die einst Russlands Streben nach Seeherrschaft verkörpernde Admiralität, die seine tiefe Religiosität unterstreichende, gigantische Isaak-Kathedrale und das Doppel-Gebäude von Senat und Synod, das die Symbiose von Staat und Kirche symbolisierte. In ihrer Mitte erhebt sich der »Eherne Reiter«, das schönste und eindrucksvollste Denkmal für den Stadtgründer Peter den Großen.

Doch die Kontraste sind in diesem Viertel auch groß: Nur wenige Straßenzüge weiter beginnt ein Gassengeflecht, in dem einst die einfachen Seeleute und Schiffbauer hausten. Bis heute gilt das westlich des Krjukow-Kanals gelegene Viertel Kolomna als von Wohlstand und Moderne vergessener, aber dafür auch romantischer Sektor der Innenstadt. Weitab von der nächsten Metrostation strahlt hier dennoch ein Juwel der Petersburger Kulturkrone: Das traditionsreiche Mariinskij-Theater ist am Theaterplatz gleich mit drei Bühnenhäusern vertreten – einem alten und zwei neuen. Und die Nikolaus-Marine-Kathedrale, die wohl schönste Kirche Petersburgs, hat es verdient, nicht nur en passant von Bord eines Kanalrundfahrt-Bootes betrachtet zu werden.

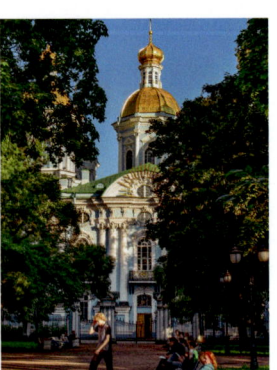

Die Nikolaus-Marine-Kathedrale ist dem Schutzpatron der Seefahrer geweiht

TOP 10

⭐ Eherner Reiter (Mednyj
   wsadnik) ➤ 104

⭐ Isaak-Kathedrale
   (Isaakiewskij sobor) ➤ 106

⭐ Mariinskij-Theater (Mariinskij
   teatr) ➤ 111

Nicht verpassen!

㉗ Nikolaus-Marine-Kathedrale
   (Nikolskij morskoj sobor)
   ➤ 114

㉘ Witebsker Bahnhof
   (Witebskij woksal) ➤ 116

Nach Lust und Laune!

㉙ Admiralität (Admiraltejstwo)
   ➤ 118

㉚ Neu-Holland (Nowaja
   Gollandija) ➤ 119

㉛ Kriegsmarine-Museum
   (Woenno-morskoj musej)
   ➤ 119

㉜ Jussupow-Palast (Jussu-
   powskij dworez) ➤ 120

㉝ Ozeanarium (Okeanarium)
   ➤ 121

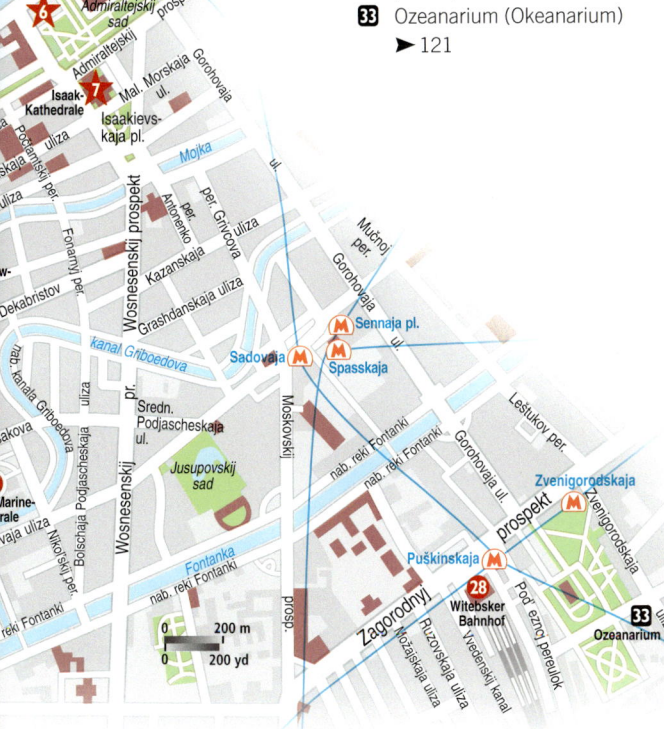

An einem Tag

Diese abwechslungsreiche Innenstadt-Tour führt Sie entlang vieler verträumter Kanäle von den imperialen Glanzstücken Petersburgs – dem Ehernen Reiter und der Isaak-Kathedrale – zum Kulturolymp am Theater-Platz und zu einem märchenhaft schönen Bahnhof. Und zum Shopping gibt's auch noch eine schöne Gelegenheit.

🌐 9:00

Das Café-Restaurant **Stschastje** im traditionsreichen Hotel Angleterre hat soeben geöffnet – und bietet Ihnen ein gutes, üppiges Frühstück mit Blick auf den Isaakplatz. Danach bummeln Sie zum ⭐ **Ehernen Reiter** (► 104), um dem Stadtgründer Peter I. ihre Reverenz zu erweisen.

🌐 10:30

Mit den ersten Besuchern des Tages betreten Sie die ⭐ **Isaak-Kathedrale** (Abb. oben; ► 106). Nach der Besichtigung geht's hinauf auf die Kolonnade unter der Kuppel. Die morgendliche Anstrengung wird mit einem wunderbaren Rundumblick über die Dachlandschaft der Stadt belohnt.

🌐 12:00

Nun gehen Sie durch die stille Potschtamtskaja Uliza und werfen dabei einen Blick in die ebenso riesige wie nostalgische Schalterhalle des **Hauptpostamts** (Abb. rechts). Je nach Wetter- und Interessenslage entscheiden Sie sich nun entweder für einen Besuch des **31** **Kriegsmarine-Museums** (► 119) oder des noch im Aufbau befindlichen Kulturzentrums **30** **Neu-Holland** (► 119).

🌐 14:00

Am Theater-Platz steht nicht nur das ehrwürdige ⭐ **Mariinskij-Theater** (► 111), sondern auch so manches Restaurant für die Mittagspause – beispiels-

weise das **Sadko** (➤ 122) oder der **Pub Shamrock**.(➤ 113). Wenn Sie keine Tickets vorab bestellt haben: Jetzt wäre eine günstige Gelegenheit, an der Theaterkasse noch Opern- oder Ballettkarten für einen der nächsten Tage zu ergattern.

🕐 16:00

Genießen Sie ausgiebig die friedliche Atmosphäre rund um die ㉗ **Nikolaus-Marine-Kathedrale** (➤ 114) und zählen Sie die Brücken, die man an der Kreuzung von Krjukow- und Gribojedow-Kanal von der nahen Pikalow-Brücke aus sehen kann!

🕐 17:00

Entlang des für Innenstadtverhältnisse vergleichsweise stillen und romantischen Gribojedow-Kanals führt der Weg zum umso turbulenteren **Heuplatz** (Sennaja ploschtschad; Abb. unten; ➤ 123). Mitten im Petersburger Alltagsleben haben Sie nun Zeit für Shopping, einen Marktbummel und eine gemütliche Kaffeepause in einem der unzähligen Lokale und Imbisse dort.

🕐 19:00

Die Uliza Jefimowa zwischen den beiden Shoppingmalls **Pik** und **Sennaja** (➤ 123) führt Sie zu einem Fußgängersteg über die Fontanka. Etwa 100 m weiter nach links geht es rechts in die Kleine Kosakengasse (Malyj kasatschij pereulok), dann wieder rechts in die Große Kosakengasse und nochmal nach rechts auf den Sagorodnyj Prospekt – und Sie erreichen durch diesen typischen, kaum sanierten Altstadtbezirk den perfekt restaurierten ㉘ **Witebsker Bahnhof** (➤ 116).

🕐 20:00

Nach einer gründlichen Entdeckungstour durch alle Winkel dieses Jugendstilbahnhofs ist es Zeit zum Abendessen: Gehen Sie zu Fuß zum relaxten **Dickens Pub** (➤ 122) oder fahren Sie von der nicht minder eleganten Metrostation Puschkinskaja aus zum Abendessen im Restaurant **Tandoor** (➤ 123) bei der ㉙ Admiralität.

Eherner Reiter
(Mednyj wsadnik)

Das berühmteste Denkmal für Stadtgründer Peter I. ist zugleich das Wahrzeichen von St. Petersburg: Auf einem sich ungestüm aufbäumenden Pferd weist der große Reformer-Zar seit 1782 seinem Land den Weg in die Zukunft. Und der gewaltige Sockel des Denkmals ist fast genauso interessant wie die Reiterskulptur.

Kaiserin Katharina II. initiierte schon kurz nach ihrer Thronbesteigung die Errichtung eines außergewöhnlichen Denkmals für ihr großes Vorbild, den Zaren Peter den Großen. Zu diesem Zweck kam der französische Bildhauer Étienne Falconet für 15 Jahre nach St. Petersburg. Ihn begleitete seine Schülerin Marie-Anne Collot, die maßgeblich den Kopf der Zarenfigur gestaltete – ein Gipsmodell befindet sich im Russischen Museum (▶ 135). Eingeweiht wurde die Skulptur 1782: Davon zeugt die lakonische Inschrift auf Latein und Russisch am Sockel: »Peter dem Ersten von Katharina der Zweiten«.

Falconet bemühte sich, den Zaren – gewandet in einer antiken Toga und mit Lorbeerkranz auf dem Haupt – weniger als Feldherrn in Siegerpose, denn als dynamischen Herrscher und visionären Neuerer darzustellen. Als Allegorie auf die Zähmung seiner eigenen Nation sitzt der Reiter nicht in einem Sattel, sondern auf einem Bärenfell. Die Schlange, die sein Ross niedertritt, steht für zerschmetterte innere wie äußere Widerstände. Freilich erfüllt das Reptil auch noch eine statische Aufgabe: Durch die Berührung von Pferdeschwanz und Schlange entstand ein dritter Punkt, der die kunstvoll-gewagte Statue im Gleichgewicht hält.

Für die Ausdrucksstärke der 10,10 m hohen Komposition ist zu einem Gutteil auch der Sockel in der Form einer sich überschlagenden Welle verantwortlich. Er wurde aus einem einzigen großen Findling gehauen – der auch die vorne und hinten angesetzten Stücke lieferte. Gefunden hatte man ihn nach einem Suchaufruf in einem Wald etwa 15 km weiter nordwestlich: Ein Bauer bekam für den Tipp die fürstliche Belohnung von 100 Rubel.

Der Transport des **Donnerstein** genannten Giganten gestaltete sich zu einer titanischen Aufgabe, die zwei Jahre dauerte: Der freigelegte Stein wurde auf eine Holzplattform gezogen, die über Kupferkugeln in Holzschienen rollte. Im Winter 1769/70 gelang es so allein mit menschlicher Muskelkraft, den Stein acht Kilometer weit über

BRONZE-DENKMAL

Der Eherne Reiter ist nicht aus Eisen, sondern aus Bronze. Aber auch der russische Name »Mednyj wsadnik« führt in die Irre, denn dies bedeutet »kupferner Reiter«. Schuld daran ist die dichterische Freiheit (und die der poetischen Übersetzung): Den Namen prägte Alexander Puschkin in seinem Gedicht »Mednyj wsadnik«, dessen tragischer Held glaubt, von dem lebendig gewordenen Denkmal durch die Stadt gejagt zu werden.

Denkmal Peters des Großen auf dem Senatsplatz

den gefrorenen Boden zur Küste zu bugsieren. Währenddessen saßen Steinmetze auf dem Koloss, um unnötiges Material abzuschlagen. Mit einem von Segelschiffen flankierten Ponton wurde der 1250 t schwere Stein zu seinem neuen Standort transportiert. Niemals zuvor – und danach – wurde in der Geschichte von Menschen ein schwererer Monolith bewegt!

Senatsplatz

Der Senatsplatz, auf dem das Denkmal steht, war im Dezember 1825 Schauplatz einer Revolte adeliger Offiziere gegen den frisch gekrönten Kaiser Nikolaus I. Dessen Truppen schlugen diesen Versuch einer ersten russischen Revolution jedoch nieder. Nach diesem Aufstand hieß der Platz lange Zeit Dekabristenplatz. Heute ist er ein Park zwischen Newa, **Admiralität** (► 118), Isaak-Kathedrale (► 106) und einem markanten Doppelgebäude des Architekten Carlo Rossi: Es wurde 1829–34 für den regierenden Senat und die im Synod organisierte Kirchenführung errichtet. Heute befinden sich darin die Boris-Jelzin-Präsidentenbibliothek sowie das **Verfassungsgericht** der Russischen Föderation.

KLEINE PAUSE

Bei schönem Wetter setzen Sie sich am besten in ein Straßencafé an der Uferpromenade vor der Admiralität – oder auf der anderen Straßenseite in die **Bridge Bar** (tägl. 12–4 Uhr, Admiraltejskaja nab. 12, www.bridgebar.ru).

✚ 205 E4

★ Isaak-Kathedrale
(Isaakiewskij sobor)

Unübersehbar thront ihre goldene Kuppel über dem Stadtzentrum: Die Isaak-Kathedrale ist mit 101,5 m zwar nicht das höchste, aber das mächtigste Bauwerk des historischen Petersburgs. Beeindruckend fällt auch der Innenraum aus – nicht nur wegen seiner schieren Größe, sondern auch der Pracht der Ausgestaltung. Zugleich ist die Kathedrale der einzige Aussichtspunkt mit 360-Grad-Panorama in der Innenstadt.

Errichtet wurden die Isaak-Kathedrale von 1818 bis 1858 – und die Aufgabe war klar: Es ging um den Bau eines einer Reichshauptstadt würdigen, repräsentativen Gotteshauses. Dieser Paraderolle waren die drei dem hl. Isaak geweihten Vorgängerkirchen nicht gerecht geworden – von denen die ersten beiden etwa an jener Stelle standen, wo sich heute der Eherne Reiter (▶ 104) aufbäumt.

Den Auftrag zur Gestaltung der Kirche hatte Zar Alexander I. dem bis dato unbekannten französischen Architekten

Einer der größten Kirchen-Kuppelbauten der Welt: die Isaak-Kathedrale

Auguste de Montferrand erteilt. Der begnadete Zeichner war erst 1816 in St. Petersburg eingetroffen. Die Kathedrale wurde sein Lebenswerk: Der Baumeister starb einen Monat nach der Weihe. Seinem Wunsch, dort auch bestattet zu werden, gab der Zar aber nicht statt, denn Montferrand war Katholik. In seiner Karriere hatte er ansonsten nur noch die **Alexandersäule** auf dem **Schlossplatz** (►63) und ein weiteres Gebäude errichtet: das dreieckige »Haus mit den Löwen«, heute das Hotel »Lion Palace« direkt neben der Kathedrale.

Bei deren Bau wurden zwar die Fundamente und Mauern des Altarraums der bestehenden Vorgängerkirche mit verwendet, doch mussten weitere 10 762 Baumstämme in den weichen Boden geschlagen werden, um die zusätzliche Last zu tragen. Um darüber ein absolut ebenes Fundament errichten zu können, griff man zu einem Trick: Die Baugrube wurde zu Winterbeginn geflutet, die Eisdecke sorgte für die exakte Nivellierung, auf deren Höhe man die Stämme absägte. Ungewöhnlich war auch der weitere Bauverlauf: Bevor die Mauern hochgezogen wurden, stellte man die Säulen aus rotem Granit auf, von denen je 16 die Portale auf der Nord- und Südseite und je 8 die West- und Ostseite schmücken. Denn um diese 17 m hohen und je 114 t schweren Monolithen aufzurichten, brauchte es ein raumgreifendes hölzernes Gerüst. Diese Konstruktion des auf der Insel Teneriffa geborenen Ingenieurs **Agustín de Betancourt** war so perfekt, dass sie nicht ein einziges Mal geknarzt habe, notierte Montferrand stolz. Dabei dauerte es nur je 45 Minuten, um einen der Giganten in die Vertikale zu bringen – einzig mit menschlicher Muskelkraft.

Die **Kuppel**, die ihrerseits vom Tambour und 24 der aus einem Steinbruch bei Wyborg stammenden polierten Granitsäulen getragen wird, ist eine Metallkonstruktion. Über eine Wendeltreppe (Achtung: An ihrem Ende kommt ein sehr enger Ausstieg aufs Dach, dann eine freischwebende Metalltreppe) kann man zu dieser **Kolonnade** in 41 m Höhe aufsteigen – und einen perfekten Rundumblick auf die Stadt genießen.

Die trotz der Strenge des klassizistischen Stils fast überbordend üppige Ausgestaltung des Innenraums benötigte weitere 16 Jahre, denn dazu wurden 150 großformatige Mosaike und Gemälde sowie 300 Skulpturen angefertigt. Die Wände sind mit beige-gelbem Marmor verkleidet. Un-

BAEDEKER TIPP

Den pastellfarbenen Nordhimmel genießen, das Hochklappen der Brücken und das Defilee der Frachtschiffe beobachten – das kann man in den Weißen Nächte von einem besonders erhabenen Aussichtspunkt: Vom 1. Juni bis 20. August (außer Mi) ist die Kolonnade der Isaak-Kathedrale auch nachts von 22.30 bis 4.30 Uhr geöffnet. Allerdings beträgt der Eintrittspreis dann 400 R. – und vom Rest der Stadt erkennt man im Halbdunkel natürlich weniger.

Gewaltige Kuppel

400 000 Arbeitskräfte – von denen ein Viertel an Krankheiten oder bei Unfällen starb – errichteten im Laufe von 40 Jahren einen gewaltigen Kuppelbau: 101 m lang, 97 m breit und 101 m hoch. Unter der Kuppel von 21,8 m Innendurchmesser bietet die prunkvolle einstige Hauptkirche der Stadt Platz für etwa 12 000 Menschen.

❶ Engelsfiguren
An den Ecken der Kathedrale stehen Fackeln tragende Engelsfiguren. Die Fackeln wurden an hohen kirchlichen Feiertagen entzündet.

❷ Portiken
Jede Fassade hat einen Portikus mit Säulen aus rotem finnischem Granit, von denen jede 114 Tonnen wiegt. Die Basen bestehen aus Bronze. An der West- und Ostfassade bestehen die Portiken aus je acht Säulen.

❸ Grundriss
Die Kathedrale hat einen kreuzförmigen Grundriss, in dessen Zentrum sich die Hauptkuppel erhebt.

❹ Nebenkuppeln
Die vier Nebenkuppeln bilden den oberen Abschluss der mächtigen in die Längswände integrierten Pfeiler.

❺ Reliefs am Tympanon
Diese Hochreliefs sind aus Bronze gefertigt; dasjenige an der Südseite stammt von dem Petersburger Bildhauer Iwan Vitali und zeigt die »Anbetung der Könige«.

❻ Bronzetüren
Auch die Reliefs der Bronzetüren stammen von Vitali. Sie zeigen Szenen aus dem Leben Christi und der Heiligen.

Ein fantastischer Ausblick von der Kolonnade der Isaak-Kathedrale ist garantiert

Isaak-Kathedrale

3

4

5

6

©BAEDEKER

Admiralitätsviertel

gewöhnliche Farbakzente im weiß-goldenen Ikonostas setzen vier giftgrüne Säulen aus Malachit und zwei blaue aus Lapislazuli. Durch die Mitteltür fällt der Blick auf ein in München als Buntglasfenster angefertigtes Christusbild – in Russland war dies damals ein Novum.

Aus allen 43 Steinsorten, die in der Kathedrale verbaut wurden, besteht eine entsprechend farbige Büste des Baumeisters Montferrand. Ausgestellt wird auch ein Modell des Gerüsts zur Aufrichtung der Portikus-Säulen – sowie ein Modell der Kathedrale, dazu maßstabsgerecht ihre drei Vorgängerbauten. Derartige Exponate sind im Kirchensaal möglich, da das Gebäude seit 1928 im Rang eines staatlichen Museums steht. 2017 wurde jedoch von der Stadtverwaltung die Übergabe an die Kirche beschlossen; das Eintrittsgeld dürfte dann entfallen. Wie schnell dies umgesetzt wird, blieb allerdings zunächst offen.

> **BLOCKADE-SPUREN**
>
> An der Westfassade der Kathedrale haben die sonst so glatten Säulen tiefe Schrammen: Dies sind Spuren von Granateinschlägen während der Blockade im Zweiten Weltkrieg. Sie wurden bewusst belassen.

KLEINE PAUSE

Das Gastronomie-Umfeld der Kathedrale dominieren Fünf-Sterne-Hotels. Dort bekommt man natürlich auch einen Kaffee, aber heimeliger ist es in der Konditorei **Bise** (tägl. 8.30–23, Sa/So ab 10 Uhr, Potschtamtskaja ul. 1), die sich nicht zu Unrecht auch Restaurant nennt.

➕ 205 E3 ✉ Isaakiewskaja pl. ☎ 812 315 97 32, www.cathedral.ru
🕐 Kathedrale Do–Di 10.30–18, Mai–Sept. bis 22.30 Uhr;
Kolonnade tägl. 10.30–18, Mai–Sept. bis 22.30 Uhr
(Nov.–April 3. Mi im Monat geschl.)
Ⓜ Admiraltejskaja 🎫 Kathedrale 250 R., abends 400 R.;
Kolonnade 150 R., abends 300 R.

BAEDEKER TIPP

Westlich der Isaak-Kathedrale erstreckt sich zwischen Mojka und dem breiten Konnogwardejski Bulwar das eher stille **Museums-Quartier** – unter diesem Begriff versucht es die Stadt zumindest zu vermarkten. In der Tat gibt es hier viel zu entdecken:

- am Konnogwardejski Bulwar 2 bzw. 4 die **Manege**, ein Ausstellungssaal für moderne Kunst (Tel. 812 611 11 00, www.manege.spb.ru, Fr–Mi 10–18, Eintrittspreise variieren je nach Ausstellung), sowie das private **Wodkamuseum** (Tel. 812 943 14 31, www.vodkamuseum.su, tägl. 12–19 Uhr, Eintritt: 170 R.)
- an der Potschtamtskaja ul. 7 bzw. 14 , das **Post- und Fernmeldemuseum** (Tel. 812 571 00 60, www.rustelecom-museum.ru, Di–Sa 10.30–18 Uhr, letzter Do im Monat geschl., Eintritt: 200 R.) sowie das **Religionsgeschichtsmuseum** (Tel. 812 315 30 80, www.gmir.ru, Do–Di 10–18, Di bis 21, Sa bis 20 Uhr, Eintritt: 400 R.)
- an der Bolschaja Morskaja ul. 47 das **Nabokow-Museum** im Geburtshaus des Romanciers (Tel. 812 315 47 13, http://nabokov.museums.spbu.ru, Di–Fr 11–18, Sa 12–17 Uhr, Eintritt frei).
- am Krjukow-Kanal das **Kriegsmarine-Museum** (➤ 119)

⭐8 Mariinskij-Theater
(Mariinskij teatr)

Was in der Kulturmetropole St. Petersburg die Eremitage für die bildende Kunst ist, das ist das Mariinskij-Theater für Oper und Ballett: der Olymp. Klassische Bühnenkunst steht hier hoch im Kurs, wenngleich der langjährige Intendant und Star-Dirigent Waleri Gergijew auch wohldosiert Platz für die Moderne und Experimente lässt. Das Mariinskij ist so erfolgreich und berühmt, dass es inzwischen mehrere Bühnen bespielt: Das klassisch-erhabene Stammhaus hat zwei zeitgemäße Dependancen gleich nebenan, eine dritte steht in Wladiwostok.

Bereits zu Sowjetzeiten war das Opern- und Ballettensemble samt seines hervorragenden Orchesters weltweit bekannt – damals als »Kirow-Theater« aus Leningrad. Seit 1992 trägt es wieder seinen historischen Namen; er bedeutet »Marientheater« – der Theaterbau von 1860 wurde nach Maria Aleksandrowna, der Gattin von Zar Alexander II., benannt. Das Theater selbst wurde aber schon 1783 gegründet. Schon damals residierte es am **Theaterplatz** zwischen Mojka, Gribojedow-Kanal und Krjukow-Kanal. Das Gebäude des Mariinskij-Theaters ist bereits Grund genug für einen Kartenkauf: Der 1625 Zuschauer fassende Saal mit vier goldglänzenden Rängen, prächtigen barocken Logen und fürstlichen Foyers macht den Theaterbesuch zu einem erhabenen Erlebnis – noch bevor sich der Vorhang hebt.

Fast alle großen russischen Opern wurden im Mariinskij-Theater uraufgeführt

1988 übernahm der Dirigent **Waleri Gergijew** als künstlerischer Leiter und bald auch Intendant das Regiment. Der kreative, energische und bis hoch in den Kreml bes-

Admiralitätsviertel

Moderner Luxus in der Lobby von Mariinskij-II

tens vernetzte Künstler hat das Theater seither zu einem echten Aushängeschild der russischen Hochkultur gemacht. Doch schnell zeigte sich, dass der prächtige und traditionsreiche Altbau den Ambitionen des Maestros – der seit 2015 auch Chefdirigent der Münchner Philharmoniker ist – zu enge Grenzen setzt.

So entstand die Idee eines Theater-Neubaus gleich hinter dem Stammhaus auf der anderen Seite des Krjukow-Kanals – auf Staatskosten. Zwar gewann der französische Stararchitekt Dominique Perrault alsbald nach der Jahrtausendwende den deshalb ausgeschriebenen ersten internationalen Architekturwettbewerb der nachsowjetischen Zeit. Doch sein gewagter Entwurf wurde nach langem Hin und Her schließlich doch nicht realisiert.

Das 2013 eröffnete **Mariinskij-II** ist ein von außen schlicht wirkender Zweckbau der kanadischen Planer Diamond & Schmitt. Im Innern wird der Betonklotz, der letztlich 550 Mio. Euro verschlang, jedoch höchsten Ansprüchen gerecht: Während in der mehrstöckigen Lobby eine hinterleuchtete Onyx-Wand und Swarowski-Leuchter coolen Luxus ausstrahlen, ist der 2000 Zuschauer fassende Saal in nordisch-lakonischem Biodesign gehalten – und planerisch geglückt: Sicht, Platzangebot und Akustik sind für alle Gäste optimal. Und hinter und unter der Bühne steckt alles an moderner Technik, was es braucht, um zeitgemäße Theatererlebnisse und einen mannigfaltigen Spielplan zu garantieren.

Damit nicht genug: Während sich die Realisierung des Mariinskij-II eine gefühlte Ewigkeit hinzog, zog Gergijew in nur vier Jahren ein Stück weiter auf der anderen Straßenseite die dritte Bühne für sein Theater hoch: An Stelle des 2003 abgebrannten Kulissenlagers entstand ein äußerlich unscheinbarer, aber für seine akustischen Qualitäten in höchsten Tönen gelobter **Konzertsaal** mit 1100 Zuhörerplätzen. Die Bühne für Sänger und Orchester befindet sich

»SCHWANENSEE«
Auch das Mariinskij hat den Tschaikowski-Klassiker »Schwanensee« im Repertoire. Die fast täglichen Fließband-Vorstellungen im eigentlich spielfreien August liefert dort aber eine andere Truppe ab – als reine Touristenkost.

Waleri Gergijew dirigiert im April 2013 das Eröffnungskonzert des Mariinskij-II

hier in der Mitte, die Zuschauerränge erheben sich auf zwei Seiten, seitlich schaffen schmale Balkone den Eindruck eines Amphitheaters. Schauspiel-Einlagen sind hier nur bedingt möglich – aber wer der Musik zuliebe ins Mariinskij-Theater geht, wird auch im kleinsten der drei Häuser nach allen Regeln der Kunst bedient.

KLEINE PAUSE

Der urig-irische **Pub Shamrock** (Ul. Dekabristow 27) direkt gegenüber dem alten Mariinskij-Theater war schon eine Szene-Bar, als es noch gar keine Bar-Szene in der Stadt gab. Hier kehren nach der Vorstellung Zuschauer wie auch Akteure auf ein Guinness ein.

✠ 205 D2 ✉ Mariinskij-I: Teatralnaja pl. 1, Mariinskij-II: Ul. Dekabristow 34, Konzertsaal: Ul. Dekabristow 37 ☎ 812 326 41 41, www.mariinsky.ru ⊕ Vorstellungsbeginn Okt.–Juli tägl. 19/20, Sa/So auch 12–14 Uhr ⊜ Sennaja Ploschtschad, Sadowaja, Spasskaja ⊟ vom Newskij Pr.: Teatralnaja pl. (Bus 3, 27), Mariinski teatr (Bus 22) ⊠ 1000–6000 R.

BAEDEKER TIPP

- Das Mariinskij verkauft seine Karten nicht über die in der Stadt allgegenwärtigen Theaterkassen, sondern nur selbst. Dennoch muss man dafür nicht eigens zum Theaterplatz fahren, denn es gibt zwei Kassen im Stadtzentrum: Die größere auf halber Treppe an der Nordwestecke des Gostinyj Dwor (Newskij Pr. 35, tägl. 11 bis 14.30, 16–21 Uhr), die kleinere im Erdgeschoss der Zentralen Eisenbahnkasse (Nab. kan. Gribojedowa 24, tägl. 10.30–13, 14–20, So bis 16 Uhr).
- Mariinskij-Tickets werden auch über die hauseigene Webseite (mit guter engl. Version) verkauft. Es ist ratsam, sie sich langfristig vorab zu besorgen – die Nachfrage ist immens, v. a. im Sommer. Dann hat man nicht nur freie Platzwahl, sondern spart – vor allem gegenüber der Kartenbeschaffung über Hotel-Concièrges oder Reisebüros – viel Geld.
- Von Oktober bis Juli geben jeden Mittwoch um 14 Uhr Musiker des Hauses im Strawinskij-Foyer (4. Stock im Mariinskij-II) ein **kostenloses Konzert**. Am Eingang werden Platzmarken ausgegeben, da die Zuhörerzahl auf 170 beschränkt ist.

㉗ Nikolaus-Marine-Kathedrale
(Nikolskij morskoj sobor)

Etwas abseits in einem ruhigen Altstadtviertel erhebt sich an der malerischen Kreuzung zweier Kanäle die wohl schönste Kirche der Stadt. Hier zeigt sich St. Petersburg seinem Etikett »Venedig des Nordens« durchaus würdig.

An der Kreuzung mit dem Krjukow-Kanal führt schon seit 1785 die von vier Obelisken geschmückte **Pikalow-Brücke** über den just hier abknickenden Gribojedow-Kanal. Die Brücke ist für Petersburger Verhältnisse nicht nur sehr alt, sie ist auch ein besonderer Platz: Wenn man sich hier umschaut, kann man bei einem 360-Grad-Schwenk acht andere Brücken sehen.

Unbestrittener Blickfang in diesem Panorama ist der **barocke Glockenturm** der Nikolaus-Marine-Kathedrale, 100 m weiter nördlich am Krjukow-Kanal. Von der Kathedrale selbst sieht man nur die fünf goldenen Kuppeln, die sich über die vorgelagerten Gemeinde-Gebäude erheben. Der Komplex wirkt wie eine stille Klosteranlage im Grünen, doch war dies immer die städtische Hauptkirche der in diesem Stadtviertel besonders stark präsenten Marinesoldaten und Schiffbauer.

Ihren seemännischen Beinamen bekam die bildhübsche Kathedrale bei der Weihe 1762 auf Weisung von Katharina II., die sich erst drei Wochen zuvor auf den Thron geputscht hatte. Fürderhin sollte in diesem zur Hauskirche der russischen Marine erhobenen Gotteshaus der Ruhmestaten der russischen Flotte – und der Seelen der ertrunkenen Seeleute – gedacht werden. Diese Tradition gilt bis heute: So gibt es hier Gedenktafeln und -gottesdienste für die umgekommenen Besatzungen der Atom-U-Boote *Komsomolez* (1989) und *Kursk* (2000).

Obwohl die Kathedrale sowohl von ihrer Bauzeit als auch dem blau-weißen Barock-Stil her ein Werk des berühmten Rastrelli sein könnte: Ihr Baumeister war der weitaus weniger bekannte **Sawwa Tschewakinskij**, der als Chef-Architekt in Diensten der Marine stand. Bei Baubeginn 1753 markierte sein Projekt die Überwindung der westlichen Einflüsse in der Epoche Peters des Großen und die Rückkehr zu den Grundprinzipien des russisch-orthodoxen Kirchenbaus: Die Kirche hat einen kreuzförmigen Grundriss, vier kleinere Kuppeln umgeben eine größere in der Mitte, der Glockenturm steht separat – und der Bau beherbergt zwei Kirchen übereinander: eine niedrige, im Winter leicht zu beheizende **Unterkirche** und eine hohe und lichte **Oberkirche**. Sie erhielt erst 1901 eine Heizung.

Rund 100 m von der Nikolaus-Marine-Kathedrale entfernt steht ihr Glockenturm

Ansonsten war der Ersatz der einstigen Holztreppen durch steinerne die einzige wesentliche Umbaumaßnahme in der Geschichte dieser Kathedrale, die in der Sowjetzeit zwar ausgeplündert wurde, aber dennoch geöffnet blieb. Die üppige Ausgestaltung der festlichen Oberkirche in Weiß, Gold und Ultramarin kann man heute nur während der Messen am Wochenende genießen. Doch keine Scheu: Eine dezente Absperrung teilt dann die Touristen von den Gläubigen.

KLEINE PAUSE

Romeo's (Pr. Rimskogo-Korsakogo 43, tägl. 9–24, Sa/So ab 10 Uhr, www.romeosbarandkitchen.ru) liegt direkt am Krjukow-Kanal und ist Konditorei, Bar und Pizzeria in einem – und dabei sehr italienisch!

✠ 205 D2 ✉ Nikolskaja pl. 1/3 ☎ 812 714 70 85, www.nikolskiysobor.ru
🕐 Unterkirche tägl. 6.45–21, Oberkirche nur zu Gottesdiensten Sa ab 18, So 9.30–12 Uhr 🚇 Sennaja Ploschtschad, Sadowaja, Spasskaja 🚌 Pr. Rimskogo-Korsakowa 39 (Bus 3, 27 vom Newskij Pr.) 🎫 frei

28 Witebsker Bahnhof
(Witebskij woksal)

Dieser »Bahnhof mit eleganten Zügen« ist sowohl für Architektur-als auch für Eisenbahnfans eine echte Attraktion. Denn das 1904 an Stelle eines Vorgänger-Steinbaus errichtete Gebäude erweist sich als ein innen wie außen in allen Details perfekt erhaltenes – und sorgsam restauriertes – Meisterwerk des Jugendstils. Dabei gehört sein Erbauer Stanislaw Brschosowskij nicht zu den anerkannten Koryphäen dieses Baustils: Er stand als Architekt in Diensten der Eisenbahn.

Typisch für Jugendstilbauten ist die asymmetrisch und mit großen Fensterflächen gestaltete Fassade mit einem Uhrenturm auf der linken Seite. Dort befindet sich heute auch der Eingang – die Türen weiter rechts, die direkt ins 20 m hohe Vestibül mit der Paradetreppe führen würden, sind verschlossen. Nicht minder sehenswert sind die Wartesäle und Schalterhallen, die Leuchter, Fußbodenfliesen und verspielten Geländer – und schließlich die durch und durch gusseisern-nostalgische Bahnsteighalle. Sie befindet sich ebenfalls im Obergeschoss, denn sonst hätten die Züge nach 600 m Fahrt nicht die Brücke über den Obwodnyj-Kanal passieren können. Vor über 100 Jahren brachten Aufzüge das Gepäck der Reisenden auf den Bahnsteig – heute müssen sie es über die Treppen schleppen. Besonders lebhaft geht es in diesem wie eine Filmkulisse für »Doktor Schiwago« wirkenden Bahnhof nicht mehr zu: Nur etwa sieben Zugpaare werden hier pro Tag in Richtung Weißrussland und Ukraine abgefertigt.

Der Witebsker ist aber nicht nur der schönste, sondern auch der **älteste Bahnhof Russlands**. Von jenen Holzbauten, mit denen am 30. Oktober 1837 die erste Eisenbahn-

Jugendstil dominiert die Halle des Witebsker Bahnhofs

Witebsker Bahnhof: Jugendstil-Juwel und ältester Bahnhof Russlands

linie Russlands in Betrieb genommen wurde, ist allerdings nichts mehr erhalten. Das Gleis führte damals 24 km weit bis in den Residenzvorort Zarskoje Selo (► 162). Der Erbauer der Strecke, der Wiener Eisenbahnpionier Franz Anton Ritter von Gerstner, steuerte den Zug selbst und brauchte 35 Minuten für die Fahrt – nur fünf Minuten länger als mit den heutigen Vorortzügen! Im Jahr darauf wurde die Strecke bis Pawlowsk (► 169) zum dortigen »Konzert-Bahnhof« – das Bahnhofsgebäude diente auch als Konzerthaus – verlängert. Ein Nachbau der ersten Lokomotive namens **Prowornyj** (»Der Flinke«) steht in einem Glas-Sarkophag auf den Bahnsteigen für den Nahverkehr. Diese sind aber nur nach dem Kauf einer Fahrkarte von der rechten Gebäudeseite her zugänglich.

KLEINE PAUSE

Natürlich gibt es an und im Bahnhof diverse Imbisse. Kultivierter wird es bei einem Besuch in der Konditorei **Sladkojeschka** (Sagorodnyj Pr. 45, tägl. 8.30–22, Sa/So ab 9.30 Uhr) schräg gegenüber.

➕ 205 F2 ✉ Sagorodnyj Pr. 52 ☎ 800 775 00 00, www.vitebskiy-vokzal.ru
🕐 tägl. 24 Std. geöffnet Ⓜ Puschkinskaja 🎫 frei

BAEDEKER TIPP

- Im Obergeschoss illustrieren **Wandgemälde** im besonders stilvollen einstigen Erste-Klasse-Wartesaal die **Geschichte des Bahnhofs** und der ersten Bahnlinie.
- Ca. 200 m rechts hinter dem Bahnhof steht – verwaist und leicht verfallen – ein 1902 errichteter **Jugendstil-Pavillon**. Er diente als exklusiver Bahnhof für den Privatzug von Zar Nikolaus II.
- Im Lauf des Jahres 2017 eröffnet ein neues **Eisenbahnmuseum** neben dem Baltischen Bahnhof (www.railway-museum.ru; Metrostation Baltijskaja). Es kombiniert einen alten Lokschuppen mit einem großzügigen Neubau. Das bisherige Freiluftmuseum auf den Gleisen hinter dem ehemaligen Warschauer Bahnhof wurde dafür aufgelöst.

Admiralitätsviertel

Nach Lust und Laune!

㉙ Admiralität (Admiraltejstwo)

Drei Prospekte, darunter der Newskij, laufen auf sie zu: Die 72 m hohe goldene Turmnadel der Admiralität markiert die Nabe der Petersburger Stadtplanung. Und auf ihrer Spitze dreht sich seit jeher als Wetterfahne ein Dreimaster, der zum Petersburger Stadtsymbol geworden ist. Das Gebäude, seit 2012 wieder Heimat des Oberkommandos der russischen Flotte, gehört zu den Giganten der Innenstadt: Es ist 407 m lang. Diese Dimensionen hatte schon die erste, ab 1704 errichtete hölzerne Admiralität. Sie umfasste wie eine eckige Klammer das Werftgelände, auf dem der Zar Peter seine neue Flotte bauen ließ, um den Schweden Paroli zu bieten. Bastionen schützten die Werft, des freien Schussfeldes zuliebe herrschte rundherum Bauverbot: So entstanden die Freiräume, die später zum Schlossplatz, Senatsplatz und Alexandergarten wurden. Die Turmnadel stammt aus dem Jahr 1738, ihr heutiges

Die Turmspitze der Admiralität gilt als Wahrzeichen von St. Petersburg

repräsentatives Erscheinungsbild im klassizistischen Stil erhielt die **Flottenzentrale** 1823. Besichtigen kann man die Admiralität nur von außen: Eindrucksvoll sind auf der Landseite die beiden Gruppen aus je drei Nymphen mit einem geschulterten Erdball zu beiden Seiten des Haupttors.

Zur Newa hin zeigt die Admiralität zwei massive Flügelbauten. Durch ihre Portale führte einst ein Kanal, über den Baumaterial auf die Werft gebracht wurde. Mitte des 19. Jhs. wurde sie wegen des Aufkommens von Dampfern und Stahlschiffen stillgelegt; ab 1880 entstanden dort hochnoble Wohnhäuser und eine hübsche Uferpromenade.

An die maritime Bedeutung dieses Ortes erinnert heute nur noch ein Denkmal (errichtet 1910, Kopie von 1996) gegenüber von Haus 6: Es zeigt den jungen Peter den Großen, wie er höchstselbst ein Boot zimmert. Die Darstellung ist durchaus realistisch, denn der ebenso wissensbegierige wie praktisch veranlagte Zar absolvierte während der »Großen Gesandtschaft« 1697

im holländischen Zaandam ein Schiffbauer-Praktikum.

✚ 205 E4
✉ Admiraltejskij Prospekt 1
Ⓜ Admiraltejskaja

30 ⚓ Neu-Holland (Nowaja Gollandija)

Die dreieckige Insel zwischen Moj-ka, Krjukow-Kanal und Admirali-tätskanal ist auch für die Peters-burger eine neue Attraktion: Das denkmalgeschützte einstige Mari-ne-Areal wird sukzessive in eine Kultur- und Freizeitlandschaft mit urbanem Bio-Touch umgebaut.

Das Moskauer Kunstmuseum **Garage** von Darja Schukowa wirkt dabei im Hintergrund, denn der Betreiber des Areals gehört zum Wirtschaftsimperium ihres Gatten, des Oligarchen Roman Abramo-witsch. Ursprünglich war Neu-Hol-land Teil der Werft in der nahen Admiralität: Hier wurde in großen Lagerhäusern das Holz für den Schiffsbau getrocknet. Der prächti-ge Torbogen, ein Entwurf Vallin de la Mothes von 1765, durch den Boote von der Südseite her in das Hafenbecken im Innern einfahren konnten, demonstriert die Bedeu-tung dieser Anlage bis heute. Spä-ter richtete die Marine hier ein Konstruktionsbüro und For-schungslabore ein, 1830 stellte man auch ein Marinegefängnis auf das Eiland, dessen Betreten fast 300 Jahre lang für Normalbürger tabu war.

Im Sommer 2016 wurden erste Abschnitte für Besucher dauerhaft freigegeben. Das Beste an Neuhol-land war zu diesem Zeitpunkt der originelle Spielplatz: die Kopie des Rumpfes einer Fregatte, bei deren Bau Peter der Große einst in Hol-land selbst mit Hand angelegt hatte. Obwohl das Schiff auf 80 Prozent seiner Originalgröße ge-schrumpft wurde, ist es immer noch 6 m hoch und 26 m lang. Die Eltern dürfen derweil den Kräuter-garten beschnuppern oder sich auf der Wiese Sessel in die Sonne rücken, einen Ausstellungspavillon besuchen oder einen Kaffee zum Imbiss schlürfen. Zudem finden parallel verschiedenste Kunst- oder Theateraktionen statt. 2017 sollen mit der alten Schmiede und dem ringförmigen Marine-Gefängnis die ersten kapitalen Gebäude ihre Nut-zung im Spektrum von Gastrono-mie, Kunst, Mode, Theater, Sport und Jugendarbeit aufnehmen. Bis auch alle drei großen, 250 Jahre alten Lagerhäuser saniert und neu belebt sind, wird es aber wohl 2025 werden.

✚ 205 D3 ✉ Nab. Admiraltejskogo kanala 2 (Eingang gegenüber Haus 31)
ℹ www.newhollandsp.ru
🕐 tägl. 11–22, Fr–So bis 23 Uhr
🚌 Pl. Truda (Bus 3, 22, 27; Trolley 5, 22)
✋ frei

31 Kriegsmarine-Museum (Woenno-morskoj musej)

2013 eröffnete in einem generalsa-nierten alten Kasernen-Bau am Krjukow-Kanal das Museum der Kriegsmarine. Zuvor war es in der Börse auf der Strelka unterge-bracht. Der Umzug hat gutgetan, denn nun verfügt das Museum über helle und großzügige Räume – und auch die technische Ausstat-tung ist up to date. Der lang gezo-gene Innenhof wurde überglast und erinnert an einen Schiffs-rumpf. Zwischen vielen beeindru-ckend großen und detaillierten Schiffsmodellen steht hier auch der

Admiralitätsviertel

»Hl. Nikolaus« – ein Boot, mit dem sich der junge Zar Peter I. ab 1688 nahe Moskau selbst das Segeln beigebracht hatte. Später wurde das als »Großvater der russischen Flotte« titulierte und aus England stammende Segelboot wie eine Reliquie verehrt: Zu seiner Aufbewahrung baute man ein Bootshaus direkt vor der Peter-Paul-Kathedrale (►83).

Mit Dioramen, Gemälden, Videodokumentationen und vielen Ausrüstungsgegenständen reanimiert das Museum die über 300-jährige Geschichte der russischen Flotte. Friedfertige Freunde der christlichen Seefahrt müssen sich allerdings bewusst sein, dass dies zugleich ein Militärmuseum ist: Kanonen als Exponate und Seeschlachten als Sujets sind dominierende Elemente in der Schau.

✚ 205 D3 ✉ Pl. Truda 5 (Eingang von der Seite des Krjukow-Kanals)
☎ 812 303 85 13, www.navalmuseum.ru
🕐 Mi–So 11–18 Uhr
🚌 Pl. Truda (Bus 3, 22, 27; Trolley 5, 22)
✋ 500 R.

32 Jussupow-Palast (Jussupowskij dworez)

Von außen präsentiert sich dieses um 1770 errichtete Stadtpalais klassizistisch, aber auch völlig unscheinbar. Doch nachdem 1830 die Jussupows, eine der wichtigsten und reichsten Adelssippen Russlands, das Palais kauften und

mehrfach umbauen ließen, war es im Innern mit dem Understatement definitiv vorbei: Kaum ein Gebäude, die Zarenpaläste eingeschlossen, verfügt über derart prächtige und zugleich stilsichere Interieurs. Auch trugen die fünf hier lebenden Generationen der Fürsten Jussupow eine umfangreiche Kunstsammlung zusammen.

Da das Palais alsbald nach der Revolution zum Museum und »Kulturpalast der Bildungsarbeiter« – sprich der Pädagogen – wurde, ist sehr viel von diesem atemberaubenden Reichtum original erhalten geblieben.

Der Höhepunkt des Innenlebens des Palais ist das um 1860 im Rokoko-Stil ausgestaltete Haustheater mit etwa 190 Plätzen. Hier finden immer wieder Theater- oder Ballettaufführungen statt, deren Besucher auch Gelegenheit zu einer Besichtigung der Parade-Räume bekommen.

Bekannt wurde das Palais jedoch durch eine historische Bluttat: In seinem Keller wurde im Dezember 1916 **Rasputin** ermordet. Der wegen seines ausschweifenden Lebensstils berühmt-berüchtigte Wunderheiler fiel einer Verschwörung von Adeligen zum Opfer, die seinen enormen Einfluss auf die Zarenfamilie fürchteten. Auch der britische Geheimdienst soll daran beteiligt gewesen sein. Eine Schlüsselrolle spielte jedenfalls Hausherr Felix Jussupow, der Rasputin in die Falle gelockt hatte. Rasputin wurde

---

JUGENDSTIL-POST

Nur ein paar Gehminuten vom Kriegsmarine-Museum entfernt steht in der Potschtamtskaja Uliza St. Petersburgs **Hauptpostamt**. Die 1903 mit einem Glasdach überspannte Schalterhalle im Jugendstil ist wunderbar antiquiert. Doch das gilt leider auch für das Servicetempo. Also besser nicht versuchen, hier Postkarten aufzugeben (Potschtamtskaja Uliza 9, tägl. 24 Std. geöffnet).

Großenteils noch original vorhanden: die Ausstattung des Jussupow-Palasts

ein mit Zyankali vergifteter Kuchen gereicht, man schoss ihm mehrfach in den Bauch. Die Leiche versenkte man in einem Newa-Arm. Im Keller des Palais ist am Originalschauplatz mit Wachsfiguren die Mordszene nachgestellt. Diese separate Ausstellung (Eintritt: 350 R.) ist aber nur Fr–Mo 17–19.15 Uhr zugänglich.

🔲 205 D3 ✉ Nab. reki Mojki 94
☎ 812 314 98 33,
www.yusupov-palace.ru
🕐 tägl.11–17 Uhr
🚏 Ploschtschad Truda (Trolley 5, 22; Bus 3, 22, 27) 💰 700 R.

🔢 👫 Ozeanarium (Okeanarium)

Planeta Neptun heißt nicht zu Unrecht das ganze Shopping- und Freizeitzentrum, in dem sich diese 2006 eröffnete, professionell gemachte Unterwasserwelt befindet. Verteilt auf 48 Aquarien – von 300 Liter bis 750 m³ Größe – tummeln sich die verschiedensten Bewohner von Seen und Meeren, von den heimischen Fischen Nordwestrusslands bis hin zu den tropischen Korallenriffen.

Highlight ist das von zwei Dutzend Haien besiedelte große Becken, durch das ein 35 Meter langer Glaskorridor führt. Di–So um 19 Uhr zeigen Taucher bei der Fütterung, inwieweit sich auch solche Raubfische dressieren lassen.

Dass dies mit Robben geht, ist ja bekannt (Show: Di–So 11.30 und 16 Uhr) – aber davon, dass man auch Stachelrochen abrichten kann, müssen sich die Besucher wohl selbst überzeugen (tägl. 13 Uhr).

In dem Gebäudekomplex gibt es noch andere 👫 Unterhaltungsmöglichkeiten für Kinder: Für die ganz Kleinen einen **Dino-Park** mit Sauriermodellen, ein ultramultimediales 7D-Kino und das sich über 13 Räume erstreckende Horror-Labyrinth **Uschasy Peterburga** (ab 12 Jahre), in dem Mythen und Schauriges aus der Petersburger Geschichte reanimiert werden.

🔲 206 B2 ✉ Ul. Marata 86
☎ 812 448 00 77, www.planeta-neptun.ru/ocean 🕐 tägl. 10–20, Juni–Aug. bis 22 Uhr
🚇 Swenigorodskaja 💰 550–750 R.

Wohin zum ...
Essen und Trinken?

Preise
für ein Hauptgericht (ohne Getränke):
€ unter 450 R.   €€ 450–900 R.   €€€ über 900 R.

Dickens Pub €€

Der schönste Pub von St. Petersburg, auch weil das sehr authentisch wirkende viktorianische Interieur nach über 15 Jahren Bestand schon Patina angesetzt hat. 40 verschiedene Biere – darunter gutes und günstiges russisches Craft Beer – eine riesige Whiskey-Auswahl und ein Menü, das weit über die Niederungen üblicher Pub-Küche mit ihren Burgern und *Fish and Chips* erhaben ist. Der Clou im Sommer: der Biergarten vor dem Eingang. Hohe Büsche schirmen ihn vom Verkehr auf der Uferstraße ab.
🚌 205 F2 ✉ Nab. reki Fontanki 108
☎ 812 380 78 88, www.dickenspubs.ru
🕐 tägl. 12–1, Fr/Sa bis 3 Uhr
Ⓜ Technologitscheskij Institut

Est!Café €

Kolomna, der Kleine-Leute-Stadtteil westlich des Krjukow-Kanals, ist nicht als gastronomisches Eldorado bekannt. In diesem mediterran angehauchten *Kafe* kann man dennoch gut speisen. Und hier sitzt man gerne leger an den Tischen auf dem Gehweg, denn die Uferstraße ist verkehrsarm und schattig!
🚌 205 D2 ✉ Nab. Krjukowa kanala 11
☎ 812 946 53 88, www.estcafe.ru
🕐 tägl. 11–23 Uhr 🚋 Pr. Rimskogo-Korsakowa 39 (Bus 3, 27 vom Newskij Pr.)

Idiot €€

Der Name soll an Dostojewskis Roman erinnern, denn dies ist vielleicht das intellektuellste Lokal der Stadt: In leicht verwohnter 19.-Jh.-Atmosphäre, bei sanfter Musik und ohne jegliches Bildschirmflimmern ergeht man sich still plaudernd an russischen Gerichten. Gedämpft ist auch der Würzegrad des Essens, wobei es ein gutes vegetarisches Angebot gibt. Weitere Pluspunkte: Die Kellnerinnen sprechen sehr gut englisch und jeder Gast bekommt einen Wodka aufs Haus. Dafür werden dann auf die ohnehin soliden Preise aber 10 Prozent Service aufgeschlagen.
🚌 205 E3 ✉ Nab. reki Mojki 82
☎ 812 315 16 75, www.idiot-spb.com
🕐 tägl. 11–1 Uhr Ⓜ Admiraltejskaja

Russkaja Rjumotschnaja No.1 €€€

Das hauseigene Wodka-Museum (100 R. Eintritt für Restaurantgäste, sonst 170 R.; ➤ 110) gibt die Richtung vor: Das im Stil eines soliden Restaurants aus der Zarenzeit gehaltene Lokal setzt auf traditionelle russische Küche und Werte: Nostalgie ja, aber ohne bäuerliche Folklore. Einfache Gerichte sind nicht teuer, aber man kann die Rechnung mit schwarzem Kaviar und *Polugar*, dem fast vergessenen Roggen-Branntwein, gewaltig in die Höhe treiben.
🚌 205 E3 ✉ Konnogwardejskij Bulwar 4
☎ 812 570 64 20, www.vodkaroom.ru
🕐 tägl. 12–24 Uhr
🚋 Potschtamtskij Per. (Trolley 5, 22)
Ⓜ Admiraltejskaja

Sadko €€

Die appetitlich bebilderte Speisekarte wirkt genauso einladend wie das elegant stahlgraue Interieur, das allerdings üppig mit russischen Blumenmotiven angereichert ist.

Das Angebot umfasst die ganze klassische kulinarische Landeskunde, von *Pelmeni* über *Boeuf Stroganow* zu vielerlei Fischgerichten. Vegetarier müssen sich allerdings auf die Vorspeisenkarte beschränken. Ideal vor oder nach dem MariinskiJ-Besuch – man muss nur den Theaterplatz überqueren.

✚ 205 D3 ✉ Ul. Glinki 2 ☎ 812 570 0831, www.sadko-rst.ru Ⓣ tägl. 12–1 Uhr

Ⓜ Teatralnaja pl. (Bus 3,27), Mariinskij Teatr (Bus 22)

Severjanin €€

Das heimelige, im Stil der Jahrhundertwende vom 19. zum 20 Jh. eingerichtete kleine Restaurant ist auf nordrussische Küche spezialisiert. Es dominieren also Fisch,

Schwein und Geflügel, aber auch das Rentier findet seinen Weg auf die Speisekarte.

✚ 205 E3 ✉ Stoljarnyj per. 18 ☎ 921 951 63 96, www.severyanin.me Ⓣ tägl. 12–24 Uhr

Ⓜ Sennaja pl./Sadowaja/Spasskaya

Tandoor €€

Bei seiner Eröffnung 1994 war dieses indische Restaurant ein echter Exot in der Stadt. Dank seiner leckeren, authentischen Küche und der entspannt-ruhigen Atmosphäre ist es auch über zwei Jahrzehnte später bei Asien-Fans noch immer beliebt. Hier freuen sich Vegetarier über eine gute Auswahl.

✚ 205 E4 ✉ Admiraltejskij Pr. 10 ☎ 812 312 38 86, www.tandoor-spb.ru Ⓣ tägl. 12–23 Uhr Ⓜ Admiraltejskaja

Wohin zum ...
Einkaufen?

Über eine Einkaufsmeile verfügt das Admiralitätsviertel nicht – aber über einen Shopping-Hotspot: den Heuplatz.

Der Heuplatz (Sennaja ploschtschad), an dem sich heute drei Metrolinien kreuzen, war schon zu Dostojewskis Zeiten als »Bauch Petersburgs« der größte Markt und Warenumschlagplatz der Stadt.

Zum **Sennoi rynok**, dem großen Lebensmittelmarkt (tägl. 8–20 Uhr), geht's am Moskowskij Prospekt zwischen den Häusern 4 und 6 hindurch in eine Hofeinfahrt, die Markthalle findet sich dann rechterhand. Die Stände für Obst und Gemüse sind appetitlich arrangiert. Viele Früchte kommen aus dem Kaukasus und Zentralasien, sodass Melonen und Granatäpfel, Pfirsiche, Kaki und Litschi durchaus etwas anders aussehen können als gewohnt. Und russischer Honig –

die charmanten Verkäuferinnen animieren zum Kosten! – gibt statt zweckfreier Souvenirs ein leckeres Mitbringsel ab.

Hinter dem Markt erhebt sich die große dreistöckige Shopping-Mall **Sennaja**, deren Haupteingang an der Ul. Jefimowa 3 liegt. Am gleichen Sträßchen gegenüber gibt es mit dem **Pik** noch ein zweites großes Einkaufscenter mit Fachgeschäften und Boutiquen (beide tägl. 10–22 Uhr).

Die Gorochowaja uliza hat den Ruf, die kommende Szene-Meile zu sein. Vorreiter auf der »Erbsenstraße« sind gleich mehrere der in Russland noch sehr seltenen **Bio-Läden**, die sich hier angesiedelt haben. Frischgemüse ist zwar kaum zu finden, aber dafür versuchen sich russische Hersteller erfolgreich mit haltbaren Waren – vegetarische Würste, veganes Konfekt oder Obst-Chips –, die es in großer Auswahl gibt: Direkt an der Gorochowaja liegen die Läden **Adi** (Nr. 36) und **Organica** (Nr. 45), während man das hübsch eingerichtete Geschäft **Dshagannat** (Nab. reki Fontanki 83) wenige Schritte weiter findet.

Wohin zum ...
Ausgehen?

Im Westteil der Innenstadt gibt es verstreut viele Bars und Kneipen. Das einzige Ausgehviertel dieses Stadtteils ist aber weder so turbulent wie das hinter dem Gostinyj Dwor (▶ 148), noch so dicht »bestuhlt« wie die Uliza Rubinstejna (▶ 134) im Zentralen Viertel. Dafür ist der Mittelabschnitt der Gorochowaja Uliza das Viertel der dynamischen und experimentierfreudigen Gastro-Unternehmer!

Also los zur Brücke, an der diese durch die Zentralperspektive auf die Admiralität geadelte Straße den Gribojedow-Kanal kreuzt. Direkt am Kanal stehen sommers die Fenster von zwei Szene-Lokalen offen: Rechts das kleine, immer proppenvolle Café **I'm thankful for today** (Hausnr. 24; Mo–Do 10–1, Fr/Sa 10–2, So 11–1 Uhr), links **Mickey & Monkeys** (Hausnr. 27; So–Do 10–23, Fr/Sa bis 1 Uhr) – bedeutend größer und übrigens in der Hand derselben kaffeekundigen Betreiber. Dieses von Anfang an bei St. Petersburgs Hipstern als Kult etablierte Lokal bietet zwar ein restaurantmäßig umfangreiches Menü, man kann es aber genauso als Bar zum Verbummeln des Abends ansteuern: Nackte Holzdecken und Ziegelwände im Kolonialstil, Loft-Design bei Möbeln und Lampen, trotz Obergeschoss bis zum Boden offene Rundbogenfenster, Räume mit mehr oder weniger Musik und sommers Frischluft von gleich drei Seiten.

Das ist cool, aber Sie wünschen es ein bisschen trashiger? Kein Problem, um die Ecke gibt es mit der **Stirka 40°** (Kasanskaja ul. 26, http://40gradusov.ru, So–Do 11 bis 24, Fr/Sa bis 4 Uhr) den einzigen Waschsalon Petersburgs – und der ist zugleich eine schräge DJ-Bar. Die überaus beliebte **Borodabar** (Kasanskaja ul. 11, tägl. 17–15 Uhr) in der gleichen Querstraße ist hingegen eher ein cooler Hangout für hungrige Rockfans. Anschließend folgen Sie der Gorochowaja aufs andere Ufer des Gribojedow-Kanals: Bei **Rocket & Bishop** (Hausnr. 26; www.bakuningroup.com; Mo–Fr 13–24, Sa/So bis 2 Uhr) gibt es Craft Beer und Bioburger, ein Haus weiter bei **Cuba Space** (Hausnr. 28; tägl. 12–3 Uhr) karibisches Lebensgefühl samt der dafür nötigen Rhythmen und Drinks. Ziemlich schräg präsentiert sich gegenüber die Bar **Laboratoria 31** (Hausnr. 31; tägl. 15–8 Uhr): Passend zum grellen Chemie-Neon-Design werden die Drinks in Reagenzgläsern und Erlenmeyerkolben serviert!

Genug der Experimente, Lust auf einen elitär-soliden »Ort für Liebhaber des Bar-Handwerks und der handgemachten Getränke«? Dann ist die **Moonshine Bar** (Nab. reki Mojki 56; Tel. 931 964 82 46; So–Do 18–2, Fr/Sa bis 6 Uhr) das Richtige. Die Crux dabei: Um von den Theken-Profis eingelassen zu werden, muss man sich kurz telefonisch anmelden.

Natürlich gibt es in jedem der feinen Hotels rund um den Isaak-Platz auch eine Bar. Aus deren Gediegenheit und Langeweile hebt sich die **Wine Terrace** (geöffnet Mai–Sept.) im wahrsten Sinne des Wortes heraus – auf der Dachterrasse im 9. Stock des Design-Hotels **W** (▶ 43). Das Publikum ist jung, schick und international, die Musik laut und die Preise sind hoch. Dafür scheint die riesige Isaak-Kathedrale (▶ 106) zum Greifen nah. Und seitlich schweift der Blick über den Rand des Weinglases auf Admiralität (▶ 118) und Isaak-Platz. An lauen Sommerabenden ist dies ein eindrucksvoller Platz!

Zentrales Viertel

 ## Kleine Erlebnisse

Stadtrundfahrt mit der Harley

Einmal mit V2-Sound über den **Newskij Prospekt** (▶ 130) cruisen: Vor der Petrikirche stehen oft Biker mit schweren Maschinen – und vermieten ihren Soziussitz.

Ungestörter Durchblick

Kaum eine Menschenseele verirrt sich ins Obergeschoss der 400 m langen Arkaden des **Gostinyj Dwor** (▶ 148) – und das mitten im Stadtzentrum!

Wilder Westen im Orientbasar

Im **Apraxin Dwor** (▶ 148) rechnet man ja mit Exotischem – aber nicht mit dem Rock'n'Roll-Club **Money Honey** (Sadowaja ul. 28/30, korp.13; tägl. 9–5.30 Uhr) im Stil eines Western-Saloons.

Erste Orientierung

Kathedralen, Paläste und große Museen – das allein macht noch kein Stadtzentrum. Doch in diesem Stadtteil kommt die Geschäftigkeit einer modernen City hinzu. Aber keine Angst vor gesichtslosen Glaspalästen und Betonburgen – St. Petersburgs Stadtzentrum pulsiert ausnahmslos zwischen historischen Fassaden!

Das Zentrale Viertel – so heißt es auch in der Verwaltungsgliederung der Stadt – umfasst weit mehr als das eigentliche Stadtzentrum: Die gesamte Osthälfte der südlich der Newa gelegenen Altbau-Viertel gehört dazu, insgesamt 17 km²! Das Rückgrat dieser Maxi-Altstadt ist der endlos scheinende Newskij Prospekt, der nicht nur eine grandiose Flaniermeile, sondern leider auch eine Tag und Nacht stark befahrene Verkehrsachse darstellt. Gleich vier Kreuzungsstationen im Metro-Netz machen aber fast jeden Punkt des Stadtteils auch bei den notorischen Staus nicht erreichbar.

Besonders dicht mit historischen Sehenswürdigkeiten gepflastert ist der Newskij-Sektor zwischen den Flussläufen Mojka und Fontanka: Hier finden sich das Russische Museum und die Kasaner Kathedrale, das riesige Kaufhaus-Karree Gostinyj Dwor und der Feinkost-Tempel der Brüder Jelissejew – und in einem frisch restaurierten, hochnoblen Adelspalais auch das neue Fabergé-Museum.

Einerseits ist dieses Areal Petersburgs gewachsenes, lebhaftes Stadtzentrum, andererseits prägen es wohl durchdachte architektonische Ensembles wie der Platz der Künste, die elegante Rossi-Straße und der Vorplatz der Kasaner Kathedrale, die mit ihren Kolonnaden dem Petersdom zu Rom nacheifert.

Doch trotz all der hochrepräsentativen Bauten muss man mancherorts nur ein, zwei Ecken biegen, um in Bereiche zu kommen, die wohl noch Generationen von Stadtsanierern Arbeit geben werden – seien es weitläufige Hinterhof-Geflechte, der Lagerhaus-Komplex am Ligowskij Prospekt 50 oder das riesige Basar-Areal Apraxin Dwor mit seinen Kopfsteinpflastergassen.

TOP 10

 Newskij Prospekt ➤ 130

Nicht verpassen!

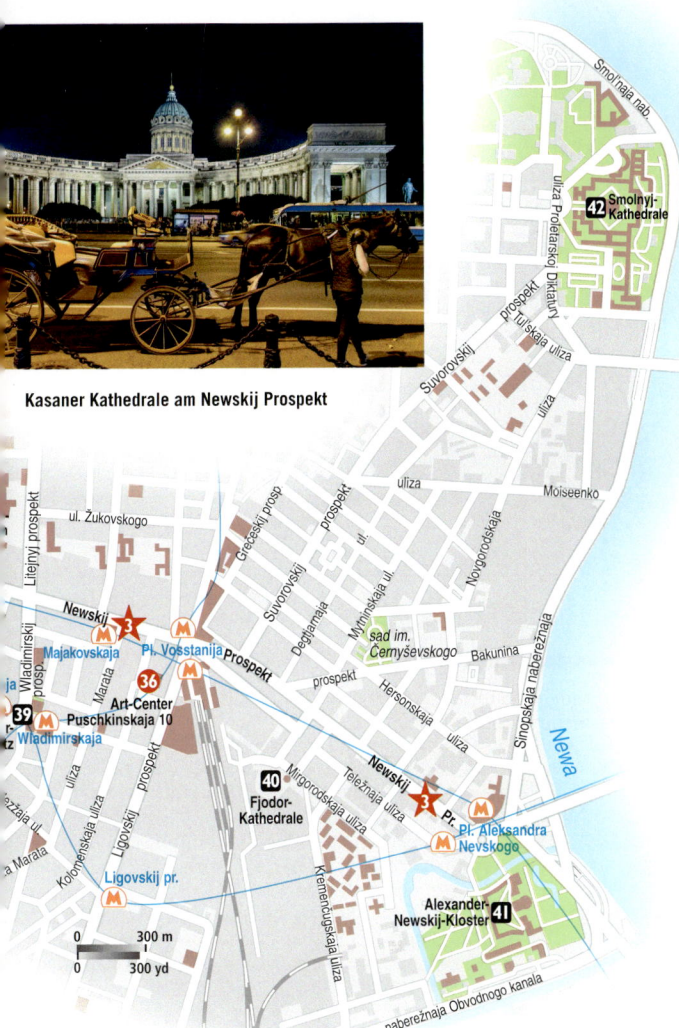

Kasaner Kathedrale am Newskij Prospekt

Nach Lust und Laune!

An einem Tag

Dieser City-Bummel kreuz und quer durch den lebhaftesten Teil der Innenstadt macht Sie mit architektonischen wie musealen Höhepunkten bekannt. Zeit zum Shopping, Einblicke ins Alltagsleben und eine Bootsfahrt über die Kanäle dürfen dabei nicht fehlen.

◷ 9:30

Am ★ **Newskij Prospekt** (▶ 130) gibt es im Bereich der Metrostation Majakowskaja viele Cafés, wo Sie sich mit einem kräftigen Frühstück stärken können – denn der Tag wird lang! Gehen Sie dann den Prospekt entlang zur **Anitschkow-Brücke** (▶ 133) über die Fontanka. Nach der Brücke rechts ist ein Anleger für Bootsfahrten. Buchen Sie (Kasse ab 10 Uhr) eine Rundfahrt mit englischsprachiger Führung oder Live-Musik für den Abend! Wenige Schritte weiter besichtigen Sie dann das famose ㉟ **Fabergé-Museum** (▶ 138).

◷ 12:00

Auf der rechten Newskij-Seite machen Sie eine Stippvisite im Feinkostladen **Jelissejew** (▶ 148). Dann geht es gegenüber am **Katharinen-Denkmal** (Abb. oben; ▶ 133) vorbei und um das mächtige **Alexandra-Theater** herum, um dahinter in die grandiose ㊳ **Rossi-Straße** (▶ 142) einzubiegen. Jenseits des runden Lomonossow-Platzes führt Sie der Torgowyj Pereulok unvermittelt in eine ganz andere Welt: Mit Kurs halbrechts durchqueren Sie das Basar-Gassengewirr des **Apraxin Dwor** (▶ 148). An der Sadowaja Uliza halten Sie sich rechts, bis das **Gostinyj Dwor** (▶ 148) erreicht ist. Mit einem Abstecher über dessen urigen Laubengang im Obergeschoss (Abb. unten) folgen Sie der Uliza Lomonossowa zum Gribojedow-Kanal, den Sie über die romantische ㊲ **Bankbrücke** (▶ 142) queren. Danach besichtigen Sie die **Kasaner Kathedrale** (▶ 131) und werfen – auf der anderen Newskij-Seite – einen Blick in die Buchhandlung im **Singer-Haus** (▶ 148).

◷ 14:00

Am Gribojedow-Kanal entlang geht es in Richtung Auferstehungskirche (▶ 61). An der Ecke zur Italianskaja Uliza ist es Zeit zur Mittagsrast – etwa im georgischen Restaurant **Tschatscha**, der Cafeteria **Frikadelki** oder dem coolen **Café Berlin**.

Gestärkt besuchen Sie das **34** **Russische Museum** (► 135) am Platz der Künste.

⊕ 16:30
Ist nicht billig – aber auf dem kurzen Weg zum Newskij haben Sie sich jetzt einen Kaffee in der edel-antiken Lobby-Bar des **Grand Hotel Europe** (Abb. unten; ► 42) verdient!

⊕ 17:00
Shopping im **Gostinyj Dwor** (► 148). Im Kaufhaus ist auch der Eingang zur Metrolinie 3 – zwei Stationen weiter steigen Sie am Pl. Aleksandra Newskogo wieder aus.

⊕ 18:00
Die Stille im **41** **Alexander-Newskij-Kloster** (► 143) tut gut nach der City-Hektik. Danach steigen Sie ganz am Ende des Newskij in Trolleybus 1, 22, Bus 24, 27 oder 191 und fahren bis zum »Platz des Aufstands« (Pl. Wosstanija). Dort werfen Sie einen Blick in die Künstlerkommune **36** **Puschkinskaja 10** (► 140).

⊕ 20:00
Von der Haltestelle, an der Sie ausgestiegen sind, fahren Sie – egal mit welcher Linie – eine Station den Newskij hinunter, denn nun steht Ihre am Morgen gebuchte **Bootsfahrt** an!

⊕ 22:00
Es ist noch nicht zu spät für ein Abendessen, etwa im **Aragvi** (► 146) oder in einem der vielen Lokale in der Uliza Rubinstejna (► 134).

⊕ 24:00
Wenn Sie während der Weißen Nächte hier sind: Spazieren Sie an der Fontanka entlang. Sollte es jedoch dunkel sein: Genießen Sie den illuminierten Newskij Prospekt!

Zentrales Viertel

⭐3 Newskij Prospekt

Der Newskij Prospekt ist die Schlagader des St. Petersburger Stadtzentrums. 4,5 km lang zieht er sich durch die Innenstadt – schnurgerade, nur einmal macht die City-Magistrale einen leichten Knick. Den besonders breiten Mittelabschnitt zwischen Mojka und Fontanka dominieren Kirchen, Kultur und Kommerz in der gewachsenen Balance eines geschichtsträchtigen Stadtraums.

Er ist nicht nur die wichtigste und bekannteste Straße von St. Petersburg, der Newskij Prospekt ist auch eine der ältesten: Bereits 1711 wurde beschlossen, die beiden damals wichtigsten Institutionen auf dem südlichen Newa-Ufer miteinander zu verbinden. Von der **Admiralität** (▶ 118) und vom **Alexander-Newskij-Kloster** (▶ 143) aus begann man gleichzeitig mit dem Bau der Straße. Allerdings kamen beide Bautrupps von der direkten Linie ab – so kam es zu dem Knick in der »Großen Perspektivischen Straße«, wie der Newskij Prospekt zunächst hieß.

Auf dem drei Kilometer langen und durchgehend von historischen Gebäuden flankierten geraden Hauptabschnitt der Magistrale hat man die »goldene Nadel« der Admiralität als Orientierungspunkt immer im Blick. Das andere Ende des Boulevards markiert ein 34 m hoher Obelisk, der 1985 zur Feier des 40. Jahrestags des Sieges im Zweiten Weltkrieg auf dem **Platz des Aufstands** (Pl. Wosstanija) aufgestellt wurde.

In den »Weißen Nächten« reißt der Strom der Passanten selbst in den frühen Morgenstunden nicht ab

DURCHBLICK
Prospekte nennt man in Russland schnurgerade breite Straßen, denn das Wort heißt so viel wie »Durchblick, Perspektive«. St. Petersburgs Hauptstraße ist also die »Newa-Perspektive«. Das trifft sogar doppelt zu, denn die City-Magistrale führt an beiden Enden fast bis ans Newa-Ufer, während der Fluss zwischen Alexander-Newskij-Brücke und Schlossbrücke eine 9 km lange Schleife schlägt.

Beginnen Sie Ihren Newskij-Bummel am besten an der **Grünen Brücke**, wo der Prospekt den ersten der drei ringförmigen Wasserläufe der Innenstadt, die **Mojka**, quert. Ab hier entfaltet der Prospekt seine ganze Pracht. Das barocke, blassrosa **Stroganow-Palais** (Stroganowskij dworez, Haus 17) wurde 1754 von Bartolomeo Rastrelli errichtet. Es ist heute eine **Dependance des Russischen Museums** mit einer historischen Mineraliensammlung und einer Ausstellung zu edlem Kunsthandwerk.

Kirchen aller Konfessionen

Das Gebäude gegenüber (Haus 20) ist die einstige holländische Kirche, wovon aber nur die Kuppel zeugt. Hingegen lohnt es sich, einen Blick in die 1838 im neoromanischen Stil erbaute lutherische **Petrikirche** (Zerkow Sw. Petra) – zwischen Haus 22 und 24 – zu werfen, denn in dem Gotteshaus der einst sehr wohlhabenden deutschen Gemeinde sind die launischen Spuren der Geschichte offensichtlich: 1962 baute man ein Schwimmbad in das Kirchenschiff, anstelle des Altars erhob sich ein Sprungturm. 30 Jahre später bekam die Gemeinde das Gebäude zurück, doch stellte sich heraus, dass bei einer Demontage des Betonbeckens die Kirche einstürzen würde. Deshalb zog man darüber einen neuen Fußboden ein, die Kirchenbänke stehen nun eine Etage höher als früher.

Auf der gleichen Straßenseite liegen noch die **katholische** (Haus 32–34) und die **armenische Kirche** (Haus 40–42) – nicht umsonst bezeichnete Alexandre Dumas den Newskij als »Straße der religiösen Toleranz«.

Ein großes russisch-orthodoxes Gotteshaus darf da natürlich nicht fehlen: Vor der nächsten Brücke, diesmal über den Gribojedow-Kanal, erhebt sich die **Kasaner Kathedrale** (Kasanskij sobor; 1801–1811), flankiert von einer Kolonnade aus 96 korinthischen Säulen. Damit kaschierte Baumeister Andrej Woronichin den Umstand, dass die Kathedrale dem Newskij nur einen Seiteneingang zuwendet. Denn traditionell liegt bei orthodoxen Kirchen der Altar im Osten – und der Haupteingang im Westen. Ursprünglich war die Kathedrale als Heimstatt der als wundertätig anerkannten Petersburger Kopie der Kasaner Gottesmutter-Ikone gedacht – sie hängt rechts im Ikonostas und ist

KUNST-KRYPTA IM SCHWIMMBECKEN
Einer der seltsamsten Orte der Stadt ist die **Krypta der Petrikirche**: Das Schwimmbecken unter dem Kirchenboden sowie die von den Künstlern Matt Lamb (USA) und Adam Schmidt (Russland) ausgemalten Katakomben werden gelegentlich für Ausstellungen und Veranstaltungen geöffnet.

Zentrales Viertel

der Mittelpunkt des intensiven religiösen Lebens in dieser Kirche. Doch da 1812 Russland über Napoleons Armeen triumphierte, mutierte der Neubau zu einer militärischen Ruhmeshalle mit allerlei Trophäen: Gleich rechts hinter dem Eingang hängen Stadtschlüssel, darunter auch jene von Lübeck und Bremen. Und vor der Kathedrale stehen zwei Denkmäler für die Feldherren dieses Krieges: Links Michail Ku-

tusow, rechts Michail Barclay de Tolly, der Eroberer von Paris.

Das **Singer-Haus** (Dom Singera, Haus 28) direkt gegenüber ist der Blickfang schlechthin am zentralen Newskij. Die Peters-

Newskij Prospekt mit dem Singer-Haus samt auffallender Glaskuppel

burger kennen das Gebäude mit der extravaganten hohen Glaskuppel seit bald 100 Jahren als **Haus des Buches** – hier residiert eine große Buchhandlung. Ihr Besuch lohnt schon allein wegen des eleganten Jugendstil-Interieurs. Aber warum hat die jeweils rechte Dame der drei Walkürenpaare hoch oben an der Fassade eine Nähmaschine unterm Arm? Das Gebäude war ursprünglich die Russland-Zentrale der US-Firma Singer, damals Weltmarktführer bei Nähmaschinen, und passte zum innovativen Image des Konzerns: Als erstes Haus Petersburgs bekam es 1904 – wie ein Wolkenkratzer - ein tragendes Eisenskelett. Auch fehlen die für Petersburger Häuser so typischen dicken Regenrohre: Sie sind in die Fassade integriert.

An der nächsten Kreuzung lohnt es sich, einen Blick in das legendäre **Grand Hotel Europe** (▶ 42) zu werfen: Auch hier verströmen die noble Lobby-Bar und der Speisesaal mit ihrer Jugendstil-Deko die Aura der »guten alten Zeit«. Direkt gegenüber steht der markante fünfeckige **Turm der Stadtduma** (Haus 33), errichtet 1804. Die seltsame Metallkonstruktion auf der Spitze ist ein optischer Telegraf aus den 1830er-Jahren: Bei gutem Wetter konnten damit innerhalb von 15 Min. Nachrichten 1200 Kilometer weit nach Warschau übermittelt werden!

Nostalgisches Shopping

Daneben erstreckt sich das **Gostinyj Dwor** (▶ 148) mit seinen frei zugänglichen, schier endlosen, zweistöckigen Laubengängen. Das ist ungewöhnlich für ein großes Kaufhaus,

aber schließlich ist das einen ganzen Häuserblock einneh-
mende Gebäude des Architekten Jean-Baptiste de la Mothe schon 250 Jahre alt. Einst hatten in den einzelnen Sek-
tionen etwa 170 Kaufleute ihre Geschäfte. Nach der
Revolution verödete diese Frühversion einer Shopping-Mall
– bis man in den 1950er-Jahren begann, die Zwischen-
wände herauszubrechen, um das größte Kaufhaus der
Stadt zu schaffen.

Schön nostalgisch ist auf der gegenüberliegenden
Newskij-Seite die Shopping-Galerie **Passasch** (▶ 148): Mit
ihrem langen Glasdach erinnert sie an das ebenfalls Ende
des 19. Jhs. gebaute Moskauer Kaufhaus GUM.

Einige Häuser weiter erreicht man das markante Feinkostgeschäft der Gebrüder **Jelissejew** (▶ 148). 1903
eröffneten sie ihren Gourmet-Tempel mit einem fünf Stockwerke hohen Schaufenster und üppigstem Jugendstil-
Dekor. Das prachtvolle, schon ins Kitschige abgleitende
Interieur mit riesigen floralen Lampenkompositionen wurde
sorgfältig restauriert und zieht heute wohl mehr Menschen
in das Geschäft als das Angebot an Delikatessen.

Direkt gegenüber gibt eine im Volksmund *Katkin sad*
(»Käthchen-Garten«) genannte Grünanlage den Blick frei

auf das
1832 gebau-
te, mächtige
**Alexandra-
Theater**. Bei
Käthchen
handelt es
sich um nie-
mand weni-
ger als **Ka-
tharina die
Große**, der
hier 1873
ein 15 m ho-
hes **Denkmal**
gesetzt wur-
de. Der als
Prinzessin
Sophia von

**Feinkost gibt
es schon seit
1903 bei
Jelissejew**

Anhalt-Zerbst geborenen Kaiserin zu Füßen sitzt eine Run-
de aus acht Herren (eine illustre Auswahl ihrer angeblich
21 Favoriten) und – offenbar als Anstandswauwau – eine
Dame.

Nach weiteren 250 m ist die **Anitschkow-Brücke** über die
Fontanka erreicht. Zwischen 1840 und 1850 schuf der auf
Pferdeskulpturen spezialisierte deutschbaltische Bildhauer
Peter Klodt für sie eine berühmte Komposition: Die vier
Bronzestatuen zeigen, wie ein entblößter junger Mann ein
Pferd bändigt – eine Allegorie auf das Niederringen der
Naturgewalten durch den Menschen. Während der Bela-
gerung Leningrads waren die Meisterwerke in der Nähe
vergraben, doch der nordwestliche Sockel bekam einige

Zentrales Viertel

Schrammen durch Artille-
riegeschosse ab. Man hat
ihn so belassen.

Jenseits der Fontanka
nimmt dann die Geschäfts-
welt den schicken Prospekt
ganz in Anspruch: Geschäfte, Cafés und Hotels stehen
bis zum turbulenten **Platz
des Aufstands** vor dem **Moskauer Bahnhof** dicht an
dicht.

KLEINE PAUSE

Biegen Sie am Duma-Turm
in die Dumskaja Uliza ein:
In Haus 3 erwartet Sie die
originelle Kneipe **Tolstyj Fra-
jer** (tägl. 10–1, Fr/Sa bis 3
Uhr, www.tolstiy-fraer.ru), in
Haus 5 die Jugendstil-Tee-
stube **Tschainy Dom**
(tägl.12–3, Fr/Sa bis 5 Uhr,
www.modern-cafe.ru).

Ihre Berühmt-
heit verdankt
die Anitsch-
kow-Brücke
den »Rosse-
bändigern«

🚇 205 E/F4, 206 A4–C3, 207 D3/E2
Ⓜ Admiraltejskaja, Newskij Prospekt, Gostinyj Dwor

Stroganow-Palais
✉ Newskij Pr. 17
☎ 812 595 42 48, www.rusmuseum.ru
🕐 Mi, Fr–Mo 10–18, Do 13–21 Uhr
Ⓜ Admiraltejskaja 💵 300 R.

Kasaner Kathedrale
✉ Newskij Pr. 25/27 🌐 www.kazansky-sobor.ru
🕐 Gottesdienst tägl. 7, 10 und 18 Uhr
Ⓜ Gostinyj Dwor 💵 frei

BAEDEKER TIPP

- Nachts bekommt die Prachtstraße durch die üppige Beleuchtung eine andere
  Aura: Die Fassaden wirken plastischer, die Architekturdetails springen viel besser
  ins Auge.
- Am Newskij gibt es viele Lokale – und im Sommer expandieren die Wirte mit Stüh-
  len und Tischen aufs Trottoir. Doch so richtig entspannt sitzt es sich hier wegen
  des Lärms und des Gedränges nicht. Biegen Sie für eine Freiluft-Rast besser in
  eine Seitenstraße ein – am besten in die Malaja Sadowaja uliza (Fußgängerzone)
  oder die Uliza Rubinstejna.
- Der Newskij zieht sich mächtig in die Länge – schonen Sie ihre Füße: Zwischen
  der Admiralität und dem Moskauer Bahnhof fahren alle Busse (außer Linie 22)
  und alle Trolleybusse (außer Linie 17) immer nur geradeaus!

34 Russisches Museum
(Russkij Musej)

Nach der Eremitage ist das Russische Museum die unbestrittene Nummer zwei unter den Kunstmuseen der Stadt. Seine Sammlungen beschränken sich auf russische Kunst – und die war zu gewissen Zeiten internationaler Schrittmacher. Man denke nur an die Werke von Chagall, Malewitsch und Kandinskij.

Das Russische Museum wurde 1895 auf Weisung von Zar Nikolaus II. gegründet – gerade zur rechten Zeit, denn zu Beginn des 20. Jhs. entfaltete die russische Kunst mit der Avantgarde und dem Übergang zur abstrakten Kunst ihre wohl kreativste Phase. Das Museum hatte die Aufgabe, neben Kunstwerken zurückliegender Epochen auch Zeugnisse der aktuellen künstlerischen Entwicklungen im Land zu sammeln – dies auch in der Sowjetzeit, als viele Künstler und Stile offiziell verfemt waren.

Das Hauptgebäude des Russischen Museums ist der mondäne **Michaelspalast**, 1819–1825 errichtet als Stadtresidenz des Zarensohnes Großfürst Michail Pawlowitsch. Der Prunkbau ist zugleich Mittelpunkt eines grandiosen Ensembles des klassizistischen Städtebaus: Der ganze **Platz der Künste** wurde von Carlo Rossi in einem Guss geplant – wobei einige der Gebäude erst Jahrzehnte später nach seinen Entwürfen gebaut wurden.

Bei der Umgestaltung zum Museum ging jedoch, von vielen Stuckdecken einmal abgesehen, fast das gesamte historische Interieur verloren. Nur noch der eindrucksvolle **Weiße Saal** (Raum 11) und die Eingangshalle mit einer Paradetreppe zeigen die überschwängliche Pracht der Romanow-Residenz. Über diese Treppe gehen Sie am besten auch gleich in die obere Etage, um eine chronologisch aufgebaute Reise durch 1000 Jahre russischer Kunstgeschichte anzutreten.

Die Ausstellung

Deren ersten Zeugnisse sind ausschließlich **Ikonen** und **Fresken**, denn bis zur Zeit Peters des Großen beschränkte sich Malerei in Russland auf kirchliche Motive. Die älteste Ikone – sie stammt aus dem 12. Jh., Schöpfer und Herkunftsort sind unbekannt – ist dabei vielleicht sogar die schönste: Sie zeigt das gütige Gesicht des Erzengels Gabriel. Ab Raum 5 beginnt mit der Wende zum 18. Jh. die weltliche **Porträtmalerei**. Beliebt war in Russland aber immer auch eine andere Technik: Einige filigran »gezeichnete« Porträts entpuppen sich bei genauerem Hinsehen als **Mosaike**.

Zentrales Viertel

Im 19. Jh. befreit sich die russische Malerei aus ihrem bisherigen engen Rahmen – thematisch, aber auch im buchstäblichen Sinne, denn die Gemälde erreichen gigantische Ausmaße. Davon kann man sich in den Sälen 14 und 15 überzeugen: Hier hängen dramatische Monumentalwerke von Fjodor Bruni (»Die kupferne Schlange«, 1841 – mit 48 m² das größte Bild des Museums) und Karl Brjullow (»Die letzten Tage von Pompeji«, 1833). Internationalen Ruhm erlangte **Iwan Ajwasowskij** (»Die neunte Woge«, 1850) der als »Maler des Marinestabs« Häfen, Seeschlachten und überhaupt das Meer in romantischen Farbspielen verklärte.

In der zweiten Hälfte des 19. Jhs. gaben *Peredwishniki* genannte sozialkritische Wandermaler in der russischen Malerei den Ton an. Zu ihrem berühmtesten Vertreter wurde **Ilja Repin** durch sein Bild der »Wolgatreidler« (1873) – eine drastische Anklage gegen Ausbeutung und Rechtlosigkeit der einfachen Menschen. Doch Repin konnte auch der herrschenden Schicht gerecht werden – wie man nach der Rückkehr ins Erdgeschoss erfährt: Seine monumentale »Festsitzung des Staatsrates von 1901« füllt mit seiner Größe von 4 × 9 m einen eigenen Raum.

Das 20. Jahrhundert

Hier beginnt, treppauf-treppab, auch der Übergang ins Obergeschoss des sog. **Benois-Flügels** mit der Kunst des 20. Jhs. Wie in der realen russischen Geschichte verläuft er verwirrend: Werke von Wrubel, Serow, Bakst, Chagall und Petrow-Wodkin leiten zur russischen Avantgarde, dem Futurismus und der damals jungen abstrakten Kunst über. Diese besonders kreative Phase einige Jahre vor und nach der Oktoberrevolution ist sehr gut dokumentiert: Von **Was-**

Puschkin-Denkmal vor dem Russischen Museum

Der Weiße Saal sieht weitgehend noch so aus wie zu seiner Entstehungszeit sili **Kandinskij** besitzt das Museum über 20, von dem großen Minimalisten **Kasimir Malewitsch** sogar über 100 Gemälde. Das Lebenswerk des erst verfemten, dann vergessenen **Pawel Filonow** befindet sich sogar fast vollständig hier – auch wenn die Ausstellung leider immer nur einen kleinen Teil dieser Sammlungen zeigt. Den Abschluss der Schau bilden Werke des propagandistisch durchwirkten **Sozialistischen Realismus** und einige Beispiele für das Schaffen zeitgenössischer russischer Künstler.

KLEINE PAUSE

Anders als die Eremitage verfügt das Russische Museum über ein ansprechendes **Museumscafé** im frei zugänglichen Atrium des Benois-Flügels. Museumsbesucher können mit ihrer Eintrittskarte anschließend wieder in die Ausstellung zurückkehren.

➕ 206 A4 ✉ Inschenernaja ul. 4, ☎ 812 595 42 48, www.rusmuseum.ru
🕐 Mi, Fr–So 10–18, Mo 10–20, Do 13–21 Uhr 🚇 Newskij Pr. 🎟 450 R.

BAEDEKER TIPP

■ Wer sich im Russischen Museum nur für die **Meisterwerke des 20. Jhs.** interessiert, benutzt besser den Seiteneingang am Gribojedow-Kanal: Dann ist man eine Treppe höher schon am Ziel. **Sonderausstellungen** werden immer im Erdgeschoss des Benois-Flügels gezeigt.

■ Der rechte Seitenflügel des Michaelspalastes – mit einem bombastischen Marmor-Atrium – beherbergt das **Ethnografische Museum**. Hier werden Kunst und Brauchtum all jener Völker dokumentiert, die einst in den Grenzen des Russischen Reichs lebten (www.ethnomuseum.ru, Di 10–21, Mi–So 10–18 Uhr, Eintritt: 250 R.).

🔴35 Fabergé-Museum
(Musej Fabersche)

Nur 150 m vom Newskij Prospekt entfernt wartet eine im wahrsten Sinne des Wortes hochkarätige museale Attraktion: Eine private Stiftung zeigt die größte Sammlung von Arbeiten des russischen Hofjuweliers Fabergé – darunter gleich 15 der berühmten Fabergé-Eier.

Fabergé-Eier sind die teuersten Überraschungseier der Welt – und der Inbegriff für höchste Goldschmiedekunst. Es gibt nur 71 Stück davon. 54 der einmaligen Pretiosen wurden zwischen 1885 und 1917 im Auftrag der beiden letzten russischen Zaren von dem deutschstämmigen Hofjuwelier **Peter Carl Fabergé** (1846–1920) angefertigt, der Rest ging an Privatkunden. Jedes Jahr an Karfreitag übergab Fabergé ein oder zwei der filigran ausgearbeiteten Eier aus seiner Werkstatt dem Herrscher, der sie an Ostern seiner Gattin und seiner Mutter schenkte. Zehn Eier befinden sich heute im Moskauer Kreml, der Rest wurde nach dem Sturz der Zaren in alle Welt zerstreut, acht Eier gingen verloren.

Die mit 15 Stück (darunter elf »Zaren-Eier«) größte Kollektion an Fabergé-Eiern kann im 2014 gegründeten Fabergé-Museum bewundert werden. Ihre Existenz ist das Verdienst zweier Multimilliardäre: Die Erben des US-Medienmoguls Malcolm Forbes wollten 2004 dessen über Jahrzehnte zusammengetragene Fabergé-Sammlung versteigern lassen – inklusive neun »Zaren-Eier«. Dem russischen Oligarchen Viktor Wechselberg gelang der Coup, die komplette Sammlung vor der Auktion aufzukaufen, was ihn etwa 100 Mio. Dollar gekostet haben soll. In Russland feierte man dies als vorbildlichen patriotischen Akt, denn Wechselberg versprach, die Schmuckstücke zurückzubringen und öffentlich zugänglich zu machen. Auf diese Weise sollte partiell der enorme kulturelle Schaden getilgt werden, den die Plünderung und der Ausverkauf von Kulturschätzen durch die devisenhungrige junge Sowjetmacht verur-

Im Schuwalow-Palais führt eine prachtvolle Treppe in den Blauen Salon ...

sacht hatte. Und Wechselberg griff erneut zu, als ihm von der Stadt St. Petersburg das **Schuwalow-Palais** am Ufer der Fontanka angeboten wurde, ein im Stil der Neorenaissance überreich ausgestatte-

... zu den filigranen Ostergeschenken der Zaren Alexander III. und Nikolaus II.

ter Adelspalast aus der Mitte des 19. Jahrhunderts. 27 Mio. Euro ließ sich seine Kulturstiftung die siebenjährige Renovierung des Palais kosten. Dafür strahlt es nun wie aus dem Fabergé-Ei gepellt. Auch kaufte die Stiftung weitere Werke von Fabergé und anderen russischen Juwelieren auf, darunter eine große Sammlung von Emaillen von Fjodor Rückert.

Insgesamt 4000 Exponate umfasst die Ausstellung heute, darunter wertvolle Ikonen und Goldschmiedearbeiten. Sie verteilen sich auf zwölf, zum Teil höchst prächtige Räume im Obergeschoss des Palais. Die »Zaren-Eier« finden sich, jedes in einer separaten Vitrine, im **Blauen Salon** (Raum 4).

KLEINE PAUSE

Pelmeni sind bei den Russen so populär wie Pizza bei den Italienern, ähneln aber eher deren Ravioli. Und man kann daraus einen Kult daraus machen und nichts anderes auf die Speisekarte setzen – so wie das modern eingerichtete **Pelmenia** (Nab. Reki Fontanki 25, Tel. 812 415 41 85, tägl. 11 –23 Uhr). Kredenzt werden auch Pelmeni-Pendants aus anderen Ländern: *Manty* aus Mittelasien, *Chinkali* aus Georgien, *Wareniki* aus der Ukraine ...

✛ 206 B3 ✉ Nab. Reki Fontanki 21
☎ 812 333 26 55, www.fabergemuseum.ru
🕐 Sa –Do 10 –20.30 Uhr
Ⓜ Gostinyj Dwor ✋ 450 R.

BAEDEKER TIPP

Im Fabergé-Museum gibt es in der Regel einmal am Tag auch eine **englischsprachige Führung**. Karten dafür (600 R. inkl. Eintritt) bestellt man am besten auf der Webseite, da die Teilnehmerzahl begrenzt ist.

🅴 Art-Center Puschkinskaja 10
(Art-Zentr Puschkinskaja 10)

Der Ligowskij Prospekt ist trotz Innenstadtlage eher unattraktiv. Aber dafür verfügt er über alternative Szene-Hotspots – zum Beispiel das selbstverwaltete »Art-Center Puschkinskaja 10«, in dessen Ateliers, Galerien und Museen noch der unangepasste kulturelle Underground der Sowjetzeit nachwirkt.

Der Name »Puschkinskaja 10« klingt zwar wie die Adresse, aber Zugang findet man nur über den parallel zur Puschkinskaja uliza verlaufenden Ligowskij Prospekt – bei Haus 53 durch eine marode Toreinfahrt, die sich allein durch wild geklebte Plakate auszeichnet. In einem zweiten Hof beginnt dann der alternative Mikrokosmos mit zwei Szene-Kneipen, die beide **Fish Fabrique** heißen. Erst im dritten Hof erreicht man einen großen Wegweiser zu den einzelnen Galerien und Museen.

Das »kunstvolle« Treppenhaus des Art-Centers

Das Kunst-Biotop geht auf eine Hausbesetzung zurück: Künstler und Musiker hatten 1989 das leer stehende Wohnhaus Puschkinskaja Uliza 10 besetzt. Die freigeistige Subkultur-Kommune wurde zum Petersburger Markenzeichen für den post-sowjetischen Aufbruch – weshalb die Stadt sich kompromissbereit zeigte: Während die Wohnungen im Vorderhaus teuer saniert wurden, gingen 1998 zwei Hofflügel und zwei Nebengebäude an eine Stiftung der etwa 40 Künstler – aber eben mit Eingang von der Rückseite.

Die Ateliers und Galerien sind über zwei Treppenhäuser erreichbar, die schon für sich sehenswert sind: Sie sind voller Installationen, Gemälden, Skulpturen. Über die Treppe im Flügel C (rechts) erreichen Sie

WELCHE ETAGE?
In russischen Häusern (und Aufzügen) gibt es kein Erdgeschoss – denn die Zählung der Stockwerke beginnt schon zu ebener Erde mit der 1. Etage.

Ihr Bühnen-Outfit ist nicht nur für die Musiker gewöhnungsbedürftig: Konzert-Performance im Innenhof des Kunstzentrums

im vierten Stock das **Museum der nonkonformistischen Kunst** mit wechselnden Ausstellungen. Dessen Eintrittskarte gilt auch gegenüber für die interessante Galerie **Brücke über den Styx** mit *Funktiocollagen* von Wadim Wojnow (1940–2015): Er verwandelte alte Alltagsgegenstände in Zeitzeugen. Eine halbe Treppe höher befindet sich die Mini-Galerie **Dwer**. Sie besteht, wie es der Name sagt, nur aus einer Tür – dahinter ist kein Raum, nur die Wand samt Exponat(en).

Das **Museum des Samisdat**, der Untergrundpublizistik zu Sowjetzeiten, fungiert im 2. Stock als Verbindungsgang zur Treppe von Flügel B. Dort organisieren die Galerien **2,04** (2. Stock), **Navicula Artis** (4. Stock) und **Art-Liga** (7. Stock) interessante Ausstellungen.

Kunst hören kann man dann noch im experimentierfreudigen **Geräuschmuseum** (Musej swuka) unter dem Dach von Flügel D im graffitireichen Nachbarhof. Es präsentiert seltsame Eigenbau-Instrumente und frühe Synthesizer, einen interaktiven Geräusch-Stadtplan und grafische Partituren.

KLEINE PAUSE

In der Mansarde von Flügel D versteckt sich das winzige, aber bunte **Art-Buffet** (tägl. 15–23.15 Uhr), in dem man die vielen frischen Eindrücke mit Hilfe eines Kaffees verdauen kann.

✚ 206 C3 ✉ Ligowskij Pr. 53 ☎ 812 764 53 71, www.p-10.ru
🕐 Mi–So 16–20 Uhr 🚇 Ploschtschad Wosstanija
🎫 frei; einzelne Museen jeweils ca. 100 R.

Fish Fabrique
🕐 beide Mo–Fr ab 18, Sa/So ab 15, Do–Sa Live-Musik ab 21 Uhr
ℹ www.fishfabrique.ru

Nach Lust und Laune!

37 Bankbrücke (Bankowskij most)

Ca. 300 m südlich des Newskij Prospekts quert die hübscheste Brücke der Stadt just in einer Biegung den Gribojedow-Kanal: Vier mystisch wirkende Greifen mit goldenen Flügeln halten das Tragwerk des pittoresken Fußgängerstegs (1826) in ihren Mäulern. Wie die Löwenbrücke beim Mariinskij-Theater (➤ 111) wurde die Bankbrücke von **Wilhelm von Traitteur** konstruiert. Dank seiner filigranen Brücken brachte es der aus Mannheim gebürtige Militäringenieur in Russland zum General.

✚ 206 A3 ✉ Nab. kanala Gribojedowa, bei Haus 29 bzw. 30 Ⓜ Gostinyj Dwor

38 Rossi-Straße (Uliza Sodtschego Rossi)

Hinter dem Alexandra-Theater (➤ 133) versteckt sich – neben dem Schlossplatz (➤ 63) und dem Platz der Künste (➤ 135) – das dritte meisterhafte Ensemble des Architekten **Carlo Rossi** (1775–1849) aus der Zeit um 1830: Die Straße, die heute seinen Namen trägt, verblüfft mit ihren spiegelbildlichen und aus einem Guss gestalteten klassizistischen Fassaden – die mit 22 m genauso hoch sind wie die (220 m lange) Straße breit.

Die dahinter liegende **Lomonossow-Brücke** über die Fontanka

(1787) zeigt, dass man auch schon vor Rossi auf ein perfektes Stadtbild Wert legte: Die vier Pavillons auf der Brücke haben völlig schiefe Grundrisse. Aber weil die Brücke schräg über den Fluss führt, stimmt aus der Entfernung betrachtet die Symmetrie!

✚ 206 A3 ✉ zwischen Pl. Ostrowskogo und Pl. Lomonossowa Ⓜ Gostinyj Dwor

39 Wladimirplatz (Wladimirskaja ploschtschad)

An diesem Platz hat sich ein besonders »petersburgisches« Viertel erhalten mit engen Gassen, bodenständiger Frömmigkeit, fleißigen Markthändlern – und dem Andenken an Fjodor Dostojewskij (1821–1881): Am Rande des Platzes steht nicht nur ein markantes Denkmal für den wohl berühmtesten Petersburger Schriftsteller, einige Schritte weiter findet man auch das ihm gewidmete **Dostojewskij-Museum**. Es präsentiert zum einen die rekonstruierte letzte Wohnung des unruhigen Genies, zum anderen eine modern gemachte Ausstellung zu dessen Schaffen. Für Literatur Fans ein echtes Muss!

Zwischen Dostojewskij-Denkmal und -Museum liegt der **Kusnetschnyj rynok** – Petersburgs schönste Markthalle mit einem picobello arrangierten bunt-üppigen Angebot. Die Markthändler freuen sich über (unbedarfte) Touristen und preisen lautstark und gestenreich ihre Waren und Probierhäppchen an. Lassen Sie sich verführen – warum nicht, wenn es um proviant- oder mitbringseltaugliche Dinge wie Obst, Nüsse, Trockenfrüchte, Gewürze oder Honig geht.

Das markanteste Gebäude am Platz ist die **Wladimir-Kathedrale** (1761–1783). Trotz ihrer hübschen Barock-Optik zeichnen sie ganz typische Eigenarten des russischen

Vier Greifenfiguren mit vergoldeten Flügeln zieren die Bankbrücke

Kirchenbaus aus: Der 64 m hohe Glockenturm steht separat, die hohe Hauptkuppel wird von vier Eckkuppeln umrahmt – und die Kirche ist zweistöckig: Über einer niedrigen, im Winter leichter zu beheizenden Unterkirche erhebt sich die helle Oberkirche mit vielen goldgefassten Ikonen. Sie wird von Gläubigen intensiv frequentiert.
✚ **206 B3** ✉ Wladimirskaja pl.
Ⓜ Wladimirskaja/Dostojewskaja

Dostojewskij-Museum
✉ Kusnetschnyj Per. 5 ℹ www.md.spb.ru
Ⓒ Di, Do–So 11–18, Mi 13–20 Uhr ♿ 200 R.

Kusnetschnyj rynok
✉ Kusnetschnyj Per. 3 Ⓒ tägl. 9–20, So bis 19 Uhr

Wladimir-Kathedrale
✉ Wladimirskij Pr. 20 ℹ www.vladimirsobor. spb.ru Ⓒ Gottesdienste Mo–Sa 9 u. 18, So 7, 10 u. 18 Uhr

④⓪ Fjodor-Kathedrale (Feodorowskij sobor)

Wie eine Fata Morgana erhebt sich im wenig attraktiven »Hinterland« des Moskauer Bahnhofs eine schneeweiße Kirche mit zierlichen goldenen Kuppeln. Stilistisch würde sie samt ihrer uralt wirkenden Anbauten ins Moskau zu Zeiten Iwans des Schrecklichen passen. Doch dieses Gotteshaus wurde erst 1913 eingeweiht – und man fertigte es aus Stahlbeton! In der Sowjetzeit zog hier alsbald eine Molkerei ein, erst 2005 bekam die Kirche das Gebäude völlig entstellt zurück. Genau 100 Jahre nach der ersten Weihe wurde die aufwendige Rekonstruktion abgeschlossen – wobei man einige gewerbliche Artefakte wie die Stechuhr erhielt. Auch dokumentiert eine kleine Ausstellung die Wirren der Baugeschichte.

Die Kirche ist zweistöckig: eine eher düstere Unterkirche und eine lichte, hohe Oberkirche mit einem riesigen Ikonostas. Der Kronleuchter der Oberkirche hat nicht von ungefähr die Form einer alten Zarenkrone: Das Gotteshaus war zur 300-Jahr-Feier der Romanow-Dynastie errichtet worden. Das angrenzende Stück einer Kremlmauer kaschierte früher die Haupteinfahrt zum inzwischen aufgelösten Güterbahnhof.
✚ **207 D2** ✉ Mirgorodskaja ul. 1
ℹ www.feosobor.ru Ⓒ tägl. 6.30–19 Uhr
Ⓜ Ploschtschad Wosstanija ♿ frei

④① Alexander-Newskij-Kloster (Aleksandro-Newskaja lawra)

Nur zwei Klöster der orthodoxen Kirche in Russland (und drei in der Ukraine) führen den Ehrentitel »Lawra«. Und den Namen des Nationalhelden **Alexander Newskij** (um 1220–1263), der 1240 die Schweden besiegte und zwei Jahre später auch noch die deutschen Kreuzritter, trägt hier neben dem Kloster auch noch der Platz davor und die angrenzende Newa-Brücke. Das Reiterstandbild des 1547 heilig gesprochenen Nowgoroder Heerführers in der Platzmitte wurde 2002 aufgestellt.

Nach Passieren der Torkirche führt der Weg zwischen Mauern hindurch, hinter denen sich zwei sehenswerte Friedhöfe verbergen. Sie gelten offiziell als Museen, wes-

Zentrales Viertel

halb Eintrittsgeld erhoben wird. Zur Linken liegt der **Lazarus-Friedhof**, auch »Nekropole des 18. Jahrhunderts« genannt. Der älteste Friedhof der Stadt war privilegierten Kreisen vorbehalten und präsentiert sich heute als verzaubert wirkendes Labyrinth aus über 1000 teils verfallenen Grabmälern – in Russland gelten Gräber schließlich auf ewig als unantastbar. So liegen hier das Universalgenie Michail Lomonossow, Puschkins Witwe Natalia Lanskaja oder der Baumeister Carlo Rossi begraben.

Auf der rechten Seite erstreckt sich der **Tichwiner Friedhof**, die »Nekropole der Meister der Künste«. Hier geht es geordnet zu, denn der Friedhof wurde in den 1930er-Jahren nach sowjetischer Ideologie umgestaltet: Viele für nicht erhaltenswert erachtete Gräber wurden zerstört, dafür brachte man von aufgelösten Friedhöfen als besonders wertvoll geltende Grabmäler hierher – wobei der Verstorbene nicht unbedingt mitkam. Hier ruht der Schriftsteller Fjodor Dostojewskij in der Nachbarschaft der Komponisten Rubinstein, Tschaikowskij, Rimskij-Korsakow und Glinka.

BAEDEKER TIPP

Wer am Monastyrka-Kanal entlang ein kleines Stück nach Westen geht, stößt auf die Bäckerei des Alexander-Newskij-Klosters: Das ofenfrische Klosterbrot ist eine Offenbarung! (Sa–Mi ab 10 Uhr, so lange der Vorrat reicht)

Mittelpunkt des 1710 von Peter dem Großen zu Ehren des städtischen Schutzpatrons begründeten Klosters ist die klassizistische **Dreifaltigkeitskathedrale** (1776–1790) von Iwan Starow. Vorne im rechten Kirchenschiff steht der Reliquienschrein mit den Gebeinen Alexander Newskijs – ein stetiges Ziel von Gläubigen und Pilgern. Zwischen der Kathedrale und dem Metropolitenhaus, der Residenz des Erzbischofs, befindet sich im Klosterhof ein weiteres Gräberfeld, das nicht so recht zur orthodoxen Umgebung passt: Hier wurden in der frühen Sowjetzeit »verdiente Genossen« beerdigt und bekamen teils avantgardistische Grabmäler.

Achten Sie beim Verlassen des Klosters auch auf die ein wie ein Palais wirkende **Mariä-Verkündigungs-Kirche** neben dem Tor. Sie wurde 1724 geweiht und ist damit die älteste erhaltene Kirche der Stadt.

✚ 207 E2 ✉ Pl. Aleksandra Newskogo 1 🏠 www.lavra.spb.ru 🕐 tägl. 6–23, Kathedrale 6–19, Museumsfriedhöfe 10–18 Uhr 🚇 Pl. Aleksandra Newskogo 💰 Spende erbeten, Museumsfriedhöfe 250 R.

⓸⓶ Smolnyj-Kathedrale (Smolnyj sobor)

Mitte des 18. Jhs. plante »Ober-Architekt« **Bartolomeo Rastrelli** für die ebenso bauwütige wie fromme Zaren Elisabeth ein hochelegantes Kloster. Es sollte ihre Altersresidenz werden. Zweigeschossige barocke Zellentrakte umgeben eine prächtige Kathedrale. Beide Bauten im typischen Blau-Weiß Rastrellis haben den Grundriss eines griechischen Kreuzes. Geldmangel während des Siebenjährigen Krieges bremste das Projekt jedoch aus: Als die Kaiserin 1762 starb, war die Kathedrale, ein lebhaft gestalteter Kuppelbau mit fünf Turmzwiebeln, nur im Rohbau fertig. Sie wurde erst 1835 geweiht. Das reich ausgestattete Gotteshaus wurde nach der Oktoberrevolution geplündert, später

Namensgeber des Klosters am Monastyr-ka-Kanal war der russische Nationalheld Alexander Newskij

nutzte man es als Ausstellungs- und Konzertsaal. Die russisch-orthodoxe Kirche erhielt es 2016 zurück und reanimiert nun das kirchliche Leben. Die Wände sind schlicht weiß getüncht, der Teppichboden und der Ikonostas noch Provisorien.

Ob auch nach der laufenden Sanierung aller Außenfassaden der Aufstieg auf eine Aussichtsplattform in einem der Glockentürme der 94 m hohen Kathedrale wieder möglich sein wird, ist bislang noch unklar. Das Areal des schon 1764 aufgegebenen Klosters ist jedoch frei zugänglich. Hier befinden sich Universitätsinstitute und Behörden.

Einen Kilometer westlich der Kathedrale erhebt sich ein alter Wasserturm mit dem **Wassermuseum**, das die Wasserver- und -entsorgung im Wandel der Zeit zeigt, einschließlich einer Sammlung alter Sanitärmöbel. Gegenüber steht das **Taurische Palais** (1783–89), ein Geschenk Katharinas II. an ihren Favoriten Fürst Potjomkin, der für Russland die Südukraine und die Krim erobert hatte. Der ihm verliehene Ehrenname Tauritscheskij (»von der Krim«) ging auch auf dessen Vorstadtresidenz über. Von 1906 bis 1917 tagte hier das erste Parlament Russlands, die Staats-

duma. Das Palais beherbergt heute die (politisch bedeutungslose) Parlamentarische Versammlung der GUS-Staaten, weshalb es nicht zugänglich ist. Anders der dahinter liegende Landschaftspark, der gepflegte **Taurische Garten**: Er ist heute der größte öffentliche Park der Innenstadt.

✚ 207 E/F5 ✉ Ploschtschad Rastrelli 1
🕐 Gottesdienste tägl. 7, 10 und 18 Uhr
🚎 Trolley 5, 7, 11 oder Bus 22 vom Newskij Pr.
✋ frei

Wassermuseum
✚ 207 D5 ✉ Schpalernaja ul. 56
ℹ www.vodokanal-museum.ru
🕐 Mi–So 10–19 Uhr
✋ 150 R.

DER »SMOLNYJ«

Das südlich an das Kloster angrenzende, 1806 errichtete Smolnyj Institut war einst eine Lehranstalt für höhere Töchter. Hier richteten im Revolutionsjahr 1917 die Arbeiter- und Soldatenräte ihr Hauptquartier ein. Bis zum Umzug der Hauptstadt nach Moskau 1918 war der repräsentative Bau die Schaltzentrale des jungen Sowjetstaats. Das rechtfertigt bis heute die Lenin-Statue vor dem Eingang und die Büsten von Marx und Engels im Park davor. Heute ist der »Smolnyj« Amtssitz des Gouverneurs – des Stadtoberhaupts – von St. Petersburg.

Wohin zum ...
Essen und Trinken?

Preise
für ein Hauptgericht (ohne Getränke):
€ unter 450 R.   €€ 450–900 R.   €€€ über 900 R.

RESTAURANTS

Aragvi €€
Georgisches Essen – allein bei diesen Worten läuft Russen das Wasser im Mund zusammen. Die Küche des südlichen Nachbarn mit ihren Grillspezialitäten, der Gewürzvielfalt und den schweren Weinen wird in diesem rustikal-eleganten Minilokal von Chefköchin Marina Tur originell zelebriert.
✚ 206 B4 ✉ Nab. reki Fontanki 9 ☎ 812 570 56 43 🕐 Mo–Fr 11–23, Sa/So ab 12 Uhr Ⓜ Newskij Prospekt/Gostinyj Dwor

Biblioteka €€
Zentral gelegen und schick gemacht: In einer früheren Buchhandlung erstreckt sich an einer Newskij-Ecke über drei Etagen dieses Lokal. Im Erdgeschoss gibt es eine Konditorei und einen Imbiss für die Eiligen, eine Etage höher ein Restaurant mit offener Küche für die Hungrigen, im obersten Stock öffnet abends eine Bar für die Durstigen und Entspannten.
✚ 203 D1 ✉ Newskij Pr. 20 ☎ 812 244 15 94, www.ilovenevsky.ru 🕐 tägl. 8–2 Uhr Ⓜ Newskij Prospekt/Gostinyj Dwor

Bufet €€
Dem Aushang nach ein Café, der Optik nach ein Antiquitätenlädchen, doch weit gefehlt: In dem Mini-Restaurant mit nur fünf Tischen fühlt man sich, als sei man privat zu Gast in der guten Stube Petersburger Intellektueller – und wird dabei von Wirtin Tatjana aufs Feinste bekocht und bemuttert. Eine Oase der Individualität zwi-

schen all den durchgestylten Großrestaurants in Newskij-Nähe!
✚ 206 C3 ✉ Ul. Puschkinskaja 7 ☎ 812 764 78 88 🕐 tägl. 11–23 Uhr Ⓜ Majakowskaja/Pl. Wosstanija

Kaschmir €
Vegetarier haben es noch immer schwer in Russlands Gastro-Landschaft. Umso mehr ist dieses kleine indische Lokal zu schätzen, in dem die fleischlose Küche wahre Geschmacksfeuerwerke produziert. Die Atmosphäre ist ruhig, dazu passend gibt es feine Tees.
✚ 206 B2 ✉ Bolschaja Moskowskaja ul. 7 ☎ 812 575 63 69, www.cafe-kashmir.ru 🕐 tägl. 11–ca. 24 Uhr Ⓜ Wladimirskaja

Kwartirka €
Sowjetisch-nostalgische Lokale liegen im Trend – aber bitte ohne rote Sterne und CCCP-Logos: Beim einheimischen Publikum gefragt sind Rekonstruktionen der Wohnküchen- oder Datscha-Atmosphäre der 1960er- und 1970er-Jahre. Dazu gehören Omas gute Rezepte, viel Eingemachtes und traditionelle Süßspeisen. Weitere Filialen: Newskij Pr. 20 (unter dem Namen »Datschniki«), Newskij Pr. 51 und auf der Wassili-Insel (6. Linie 25).
✚ 206 B3 ✉ Malaja Sadowaja ul. 1 ☎ 812 900 65 50, www.reca.su 🕐 tägl. 12–1, Fr/Sa bis 3 Uhr Ⓜ Newskij Prospekt/Gostinyj Dwor

O! Cuba €€
Das Kellerlokal in der Ausgehmeile Ul. Rubinschtejna generiert nicht nur dank seiner Polit-Antiquitäten-Deko mit Fidel und Che kubanische Atmosphäre: Der Eingangsbe-

reich gleicht einer Beachbar in Varadero, hinten wähnt man sich in den Altstadtgassen von Havanna – und staunt über das hier parkende Buick-Cabrio von 1956. Die grillstarke Küche ist kubanisch-kreolisch. Zur Abrundung gibt's ein breites Cocktail-Angebot – oder wie wäre es mit einer Rum-Probe?

✚ 206 B3 ✉ Ul. Rubinschteijna 36 ☎ 812 312 88 92, www.o-cuba.ru ⏰ tägl. 11–23, Mi–Sa bis 1 Uhr 🚇 Wladimirskaja/Dostojewskaja

Shinok €€

Die ukrainische Küche ist bei den Russen trotz aller politischen Spannungen sehr beliebt. In dem Kellerlokal wird sie in rustikaler Atmosphäre zelebriert – samt Kellnern in Pluderhosen und allabendlichem Folklore-Duo. Probieren Sie die Kohlsuppe *Kapustnjak*, serviert in einem Topf aus Brotteig!

✚ 206 B3 ✉ Sagorodnyj Prospekt 13 ☎ 812 571 82 62, www.spbshinok.ru ⏰ tägl. 11–1 Uhr 🚇 Wladimirskaja/Dostojewskaja

Terrassa €€€

Wenn schon die Speisekarte Umfang und Erscheinungsbild einer Lifestyle-Zeitschrift hat, kann das Restaurant dem nicht nachstehen. Hierher kommt man zum Sehen und Gesehen werden – und wegen der großen Terrasse: Sie befindet sich auf Augenhöhe mit der Kuppel der Kasaner Kathedrale schräg gegenüber. Innen zieht sich hinter einer Glaswand die Küche (mit russisch-italienisch-asiatischem Repertoire) durchs ganze Lokal. Bonus: 👫 Für Kinder gibt's eine schöne Spielecke.

✚ 205 E3 ✉ Kasanskaja ul. 3 ☎ 812 640 16 16, www.ginza.ru/spb ⏰ Mo–Fr ab 11, Sa/So ab 12 Uhr bis zum letzten Gast 🚇 Gostinyj Dwor

CAFÉS

Coffeeshop Company €

Drei große Kaffeehaus-Ketten kämpfen um die Vorherrschaft auf dem offenbar notorisch koffeinunterversorgten Petersburger Markt. Bei »Coffee House« und »Idealnaja Tschaschka« mangelt es aber immer wieder mal an Kaffee-Knowhow und Servicekultur. Bei den Läden dieser Café-Kette spürt man jedoch: Der Gründer kommt aus Wien! Die schönste aller Filialen erreicht man über eine pompöse Empfangstreppe, denn sie logiert in palastartigen Sälen. Im Sommer hat sie die einzige Terrasse am Newskij, die sich nicht auf, sondern ein Stockwerk über dem Gehweg befindet: Etwas laut – aber erhaben und fotogen!

✚ 206 B3 ✉ Newskij Pr. 47 ☎ 981 381 08 09, www.coffeeshopcompany.ru ⏰ tägl. 10–23, Fr/Sa bis 24 Uhr 🚇 Majakowskaja

Du Nord €

Ein Tresen mit Baguettes und eine feine Konditoreitheke locken in das Bistro-Café gegenüber dem Moskauer Bahnhof, verraten aber noch nicht den Clou des Etablissements: Man kann hier volksnah, aber dennoch auf gehobene französische Art dinieren – ideal vor einer Weiterreise per Nachtzug nach Moskau.

✚ 206 C3 ✉ Ligowskij Pr. 41 ☎ 812 578 12 45, www.dunord.spb.ru ⏰ tägl. rund um die Uhr 🚇 Ploschtschad Wosstanija

Pyschki €

Im einfachsten Café der Stadt frittieren seit 60 Jahren resolute Damen mit einer geheimnisvollen Maschine *pyschki*: unverschämt leckere Hefeteigkringel. Mit viel Puderzucker gehen sie über die Theke – meist im halben Dutzend pro Person. Die Warteschlange der »Süchtigen« reicht oft bis auf die Straße. Dazu trinkt man dünnen Kaffee vom Fass, mit klebriger Kondensmilch vorgesüßt. Das Interieur stammt aus der Zeit, als Gorbatschow noch Jung-Reformer war. Kurzum: Kult!

✚ 205 F4 ✉ Bolschaja Konjuschennaja ul. 25 ☎ 812 314 08 68 ⏰ tägl. 9–20 Uhr 🚇 Gostinyj Dwor/Newskij Prospekt

Wohin zum …
Einkaufen?

Am Mittelabschnitt des Newskij Prospekts kombiniert sich Shopping mit Sightseeing – manche Geschäfte sind ja selbst eindrucksvolle Sehenswürdigkeiten. Tolle Einkaufserlebnisse warten auch in den Seitenstraßen.

Auch zwischen der Fontanka und dem Moskauer Bahnhof sollte man sich gelegentlich für einen Schaufensterbummel in die Seitenstraßen schlagen.

MITTLERER NEWSKIJ PROSPEKT

Auch wenn es ein wenig altmodisch wirkt – das Kaufhaus-Karree **Gostinyj Dwor** (Newskij Pr. 35, www.bgd.ru, Metro: Gostinyj Dwor/Newskij Prospekt) ist das Epizentrum der Petersburger Einkaufswelt. Denn was man hier nicht findet, gibt es sicher ganz in der Nähe! Qualitätvolle und nicht allzu kitschige Souvenirs finden sich im Erdgeschoss in der Mitte der Newskij-Seite. Dort hat auch **Caviar**, Russlands erstes Fachgeschäft für schwarzen Kaviar, eröffnet.

Auf der Westseite des Gostinyj Dwor erstrecken sich die **Perinniye Rjadi** (Dumskaja ul. 4). mit vielen kleinen, auf drei Stockwerke verteilten Shops für Antiquitäten, Accessoires und Kunst.

Schräg hinter dem Gostinyj Dwor beginnt das etwas abenteuerliche Marktareal **Apraxin Dwor** (Sadowaja ul. 28–30): 40 alte Lagerhäuser, teils desolat, teils saniert, bilden eine Stadt in der Stadt. In der wuseligen *Aprakscha* mit ihren engen Kopfsteinpflastergassen wird mit allem gehandelt, was nicht essbar ist, vorrangig mit Textilien und Schuhen. So bunt und orientalisch dieser riesige Basar auch er-

scheint, das Fotografieren sollte man hier besser bleiben lassen, um Ärger zu vermeiden – mimen Sie den Einheimischen!

Auf der nördlichen Newskij-Seite lohnt ein Abstecher zum noblen Kaufhaus **DLT** (Bolschaja Konjuschennaja ul. 21–23), wo sich Luxuslabels perfekt in ein hochelegantes Jugendstil-Interieur integrieren.

Stilvoll ist auch das **Dom knigi** im **Singer-Haus** (Newskij Pr. 28, www.spbdk.ru), wo man bis Mitternacht in den Buchregalen stöbern kann. Ein weiterer großer Buchladen ist **Bukwojed** (Newskij Pr. 46). Umrahmt wird dieser 24-Stunden-Laden von zwei Shoppingcentern: **Grand Palace** (Newskij Pr. 44) ist hochmodern und höchst elitär, während im nostalgischen **Passasch** (Newskij Pr. 48) vor allem Schmuck und Parfümerie an die Dame gebracht werden.

Ein Pflichtstopp ist das Feinkostgeschäft **Jelissejew** (Magasin kupzow Jelisejewych, Newskij Pr. 56, www.kupetzeliseevs.ru). Wer hier unter Pralinen und Alkoholika kein geeignetes Mitbringsel findet, ist reif für den **Generator nastrojenija**, den »Gute-Laune-Generator« (Karawannaja ul.9): Keine Idee scheint zu absurd, dass sie nicht von Designern und Bastlern als Gag materialisiert werden könnte.

OBERER NEWSKIJ PROSPEKT

Auch zwischen der Fontanka und dem Moskauer Bahnhof sollte man sich gelegentlich in die Seitenstraßen begeben – z.B. zu **Art Lebedev** (Ul. Schukowskogo 2, www.art lebedev.ru). Der Laden des erfolgreichsten russischen Designers versteckt sich im Hinterzimmer eines netten Cafés und bietet jede Menge cleverer Kleinigkeiten für Nerds, Hipster und Spaßvögel.

Die Petersburger Top-Modeschöpferin **Tatjana Parfionowa** bietet in ihrer Atelier-Boutique (Newskij Pr. 51, www.parfionova.ru) neben kunstvoll eleganten Gewändern auch Objekte für das Home-Design an.

Am Wladimirskij Prospekt stößt man bei Haus 7 auf **Imperatorskij Farfor** (www.ipm.ru), die beste Filiale der Kaiserlichen Porzellanfabrik aus St. Petersburg. Die einstigen Hoflieferanten der Zaren produzieren auch heute noch feinstes Tischservice.

Traditionell – aber nur was das Material angeht – ist das Sortiment bei **Russkij Ljon** (Puschkinskaja ul. 3, www.linorusso.ru, Metro: Majakowskaja): Der Modeladen mit viel russischer Ware ist auf Textilien aus Leinen spezialisiert, für Sie, Ihn und es – das Bett.

Ein paar Häuser weiter gibt es bei **Prjalka** (Puschkinskaja ul. 10, www.prialka.ru) mollig warme, aber federleichte Sachen aus *kosje puch* (Ziegenflaum) – im Rest der Welt nennt man das Material stolz Kaschmirwolle.

Ein Shopping-Erlebnis ganz anderer Art bekommt man in der mit viel Goldfarbe aufgetakelten Mall **Galereja** (Ligowskij Pr. 30, www.galeria.spb.ru) neben dem Moskauer Bahnhof: 300 Geschäfte und 30 Gastro-Betriebe verteilen sich auf vier Etagen. Und darüber erstreckt sich noch die 👫 Kinder-Erlebniswelt **Happylon**.

Dezenter ist das zweite Shopping-Center am Platz: **Newskij Zentr** mit 80 Geschäften (Newskij Pr. 116, www.nevskycentre.ru). Hier ist mit **Stockmann** das einzige Warenhaus westlichen Stils in der Stadt integriert.

Wohin zum …
Ausgehen?

KLASSIK

Der **Platz der Künste** (► 135) ist neben dem Theaterplatz (► 111) der zweite Hotspot der klassischen Musikkultur der Stadt: Als Konzertbühne von Weltrang gilt die **Schostakowitsch-Philharmonie** (Ul. Michajlowskaja 2, Tel. 812 240 01 00, www.philharmonia.spb.ru), die in den prächtigen Festsaal der einstigen Adelsversammlung mit Platz für 1450 Zuhörer eingezogen ist. Hausherr und Chefdirigent Jurij Temirkanow sorgt für ein hochkarätiges Programm mit Darbietungen russischer und internationaler Musiker. Allerdings: Von Anfang Juli bis Ende September ist hier spielfrei.

Ebenfalls hinter einer der klassizistischen Rossi-Einheitsfassaden am Platz versteckt sich mit dem **Michajlowskij-Theater** (Pl. Isskusstw 1, Tel. 812 595 43 05, www.mikhailovsky.ru) das nach dem Mariinskij-Theater (► 111) zweite große, renommierte Haus für Oper und Ballett der Stadt.

Und schließlich steht nur zwei Häuser neben der Philharmonie das **Musikkomödientheater** (Italianskaja ul. 13, Tel. 812 570 53 16, www.muzcomedy.ru) als Heim der leichten Muse, in dem Operetten und Musicals inszeniert werden.

JAZZ

Eine staatliche Philharmonie gibt es in Petersburg seit 1989 auch für den Jazz: Die Konzerte sind ein tolles Retro-Erlebnis, erst recht wenn der 1944 geborene Philharmonie-Gründer David Goloschtschjokin selbst auftritt. Im Großen Saal für 180 Gäste stehen Tische, denn während der Konzerte werden Speisen und Getränke serviert. Im Stock darüber gibt es mit der **Ellington Hall** in der **Philharmonie der Jazz-Musik** noch eine Piano-Bar (Sagorodnyj Pr. 27, Tel. 812 764 85 65, www.jazz-hall.ru).

Zentrales Viertel

BARS

St. Petersburgs bekanntestes, weil ungezügeltes Ausgeh-Areal liegt an der Ecke **Dumskaja uliza/Uliza Lomonossowa**. Unter den Arkaden des **Kleinen Gostinyj Dwor** – ein Baudenkmal von 1790, dessen letzte Generalsanierung schon 130 Jahre her ist – haben sich ein gutes Dutzend Bars, Kneipen und Clubs eingenistet. Schickimicki ist keine einzige davon. Eher gilt: je trashiger, lauter und finsterer, desto besser. Das passt auch viel besser zu den alten hölzernen Ladentüren und den unter der Last der Jahre schief gewordenen Gehwegplatten des urigen Laubengangs, wo viele Gäste mit ihren Drinks lieber draußen stehen oder sitzen. Die Initialzündung für dieses täglich zwischen 18 und 6 Uhr auflebende Kneipen-Konglomerat gab 2006 die Hamburger Jungwirtin Anne-Christin Albers. Ihre legendäre DJ-Bar »Datscha« wurde 2016 aber unter dem Namen **Datschniki** relauncht – nun mit dem Bestreben, zu einem LGBT-Treffpunkt zu werden.

Wie die »Datscha« einst war, kann man aber noch immer bei den Nachbarn und Nachahmern **Belgrad**, **Duma Bar** und **Fidel** erahnen. Um die Ecke auf der Seite der Lomonossowaja gibt es mit der kleinen Rock'n'Roll-Karaoke-Bar **Poison** eine 100 Prozent russenpop-freie weitere Albers-Gründung.

Sowjetisch-punkig ist dafür hier die Disco-Bar **SSSR**. Und die Retro-Bar **Tschert poberi!** (»Hol's der Teufel!«) ist ein Rocker-Treffpunkt (von denen manche mit dem Custom-Fahrrad kommen). Etwas zu essen bekommt man in diesen Szenetreffs meist nicht. Aber dafür gibt es in ihrer Mitte **U Dshamala**, ein spottbilliger orientalischer *Shawerma*-Imbiss (wie *Döner* in Petersburg heißt) mit guten Tellergerichten – und Freiluft-Tischen im ansonsten unzugänglichen Innenhof des Kleinen Gostinyj Dwor!

Auch auf der gegenüberliegenden Straßenseite (Nab. kan. Gribojedowa 28/Ul. Lomonossowa 1) haben sich in einer Ladenzeile etwa zehn Bars, Discos und Clubs etabliert. Darunter das **Central Station**, die bekannteste Schwulen-Bar der Stadt, und die **Rhino-Bar**, eines der wenigen mit Rotlicht werbenden Striplokale in der City.

Wer den Kneipen-Corso fortsetzen will, sollte zum anderen Ende der Ul. Lomonossowa gehen: Nach 1 km Durststrecke sind mit der schnieken Gastro-Bar **Buddy** (Haus 14) und der »Absturz-Kneipe« **Na browjach** (Haus 22) die Vorboten der links um die Ecke beginnenden zentralen Ausgehmeile, der **Ul. Rubinschtejna**, erreicht: Auf den 750 Metern bis zum Newskij Prospekt pulsiert das Nachtleben erst seit wenigen Jahren. Inzwischen gibt es hier ca. 50 Lokale. Die Masse sind Bars und Cafés – und fast alle Gastronomen rücken sommers Tische und Barhocker auf den Gehweg.

Bei Hipstern besonders beliebt ist das israelische **Bekizer** (Haus 40). Ein schickes Publikum belagert nebenan die Gastro-Bar **Vino-Studia** (Haus 38). Immer gut besucht sind auch das vom Berlin-Style inspirierte **Café Mitte** (Haus 27; hier gibt es sogar »Karriwurst«) sowie die Cocktail-Bars **Zwetotschki** (Haus 23) und **Tesla Bar** (Haus 30). Doch am größten ist das Gedränge vor der Craft-Beer-Oase **Punk Brew** (Haus 9) und direkt gegenüber am **Café Rubinstein** (Haus 20), ein beliebter Treffpunkt von bekannten Künstlern und Schauspielern – und denjenigen, die sich dafür halten oder welche kennenlernen wollen.

Noch nicht genug? Petersburgs drittes Gastro-Viertel ist die kurze **Uliza Belinskogo** zwischen Fontanka und Litejnyj Prospekt. Die Highlights hier sind die Jazz-Bar **The Hat** (Haus 9) und die lange Theke der legendären **Terminal Bar** (Haus 11).

Zarenschlösser vor der Stadt

 ## Kleine Erlebnisse

Im Tiefflug über die Ostsee

In den Tragflügelbooten nach **Peterhof** (► 156) sitzt man wie im Flugzeug – oder man lässt sich am Ausguck bei 60 km/h die Frisur zerzausen.

Historische Duschen

Einige Fontänen im **Schlosspark von Peterhof** (► 158) sind unscheinbar und hinterlistig: Man naht nichtsahnend – und wird nass gespritzt.

Ein Park wie gemalt

Der **Schlosspark von Pawlowsk** (► 170) in Herbstfarben ist eine Augenweide – und das Blätterrascheln macht jeden Spaziergang besonders sinnlich.

Erste Orientierung

Die luxuriösen Landresidenzen der russischen Kaiser in Peterhof, Zarskoje Selo und Pawlowsk samt ihrer nicht minder sehenswerten Parks befinden sich administrativ noch auf St. Petersburger Boden, doch um sie zu besichtigen, muss man die Stadt verlassen. Mindestens eine Stunde dauert die Fahrt zu den Schlössern; man durchquert auf dem Weg hinaus riesige Neubauviertel. Die Petersburger Zarenschlösser liegen dabei nicht verstreut im Umland, sie bilden zwei Gruppen: die eine im Südwesten, die andere im Süden.

Die Große Kaskade vor dem Palast von Peterhof ist eine der beeindruckendsten Brunnenanlagen der Welt

Eine ganze Kette anmutiger Barockschlösser entwickelte sich bereits zu Zeiten Peters des Großen am Südufer des Finnischen Meerbusens: Dort zieht sich über viele Kilometer eine 10 bis 20 m hohe Geländestufe parallel zur Küstenlinie hin. Auf dieser Anhöhe entstanden, im Abstand von je etwa zehn Kilometern, die Residenzen von Strelna (Konstantinpalast), Peterhof und Oranienbaum. Zentrale Bedeutung erlangte Peterhof mit seinen berühmten Wasserspielen. Einerseits ist dies der prächtigste Palast und Park in dieser Richtung; andererseits entstanden in dem Residenzvorort im 19. Jh. auch noch weitere Zaren-Domizile: Das Cottage und der Farmer-Palast im Park Alexandria sowie die pittoresken Pavillons im Olga-Teich sollte man ebenfalls gesehen haben.

Der zweite Palast-Komplex liegt etwa zehn Kilometer südlich des heutigen Stadtrands: Im Vorort Puschkin, ehemals Zarskoje Selo, ist dies zunächst der riesige Katharinenpalast. Er beherbergt das weltberühmte Bernsteinzimmer und ist von einem wunderschönen Schlosspark umgeben. Und in seiner unmittelbaren

TOP 10

 Peterhof (Petergof) ➤ 156

Katharinenpalast
(Jekaterinskij dworez)
➤ 162

Nicht verpassen!

43 Alexandra-Park
(Park Aleksandrija) ➤ 167

44 Pawlowsk ➤ 169

Nach Lust und Laune!

45 Kongresspalast (Dworez
kongressow) ➤ 171

46 Die Kurzweil der Herrscher
(Gosudarewy potechi) ➤ 171

47 Peter-Paul-Kathedrale
(Petropawlowskij sobor) ➤ 171

48 Zarinnen- und Olga-Pavillon
(Zarizyn i Olgin pawiljony) ➤ 172

49 Museum Lyzeum (Musej-Lizej)
➤ 172

50 Höfische Kutschen (Pridwornyj
ekipasch) ➤ 173

51 Alexanderpark (Aleksandrowskij
park) ➤ 173

Nachbarschaft gibt es mit
dem Alexanderpalast noch eine
weitere Zarenresidenz samt gro-
ßem Park – sowie interessante Museen
und Bauten von Beginn des 20. Jahrhunderts. Flankiert wird dieses Ensemble durch das elegante Schloss von
Pawlowsk. Es liegt in einem außer-
ordentlich weitläufigen Landschaftspark
etwa fünf Kilometer weiter stadtauswärts.

**Pawlowsk –
jüngste der
ehemaligen
Sommerresi-
denzen der
Zaren**

In zwei Tagen

Die vielfach von Reiseveranstaltern angebotenen Halbtages-Ausflüge nach Peterhof oder Zarskoje Selo erlauben nur kurze Einblicke. Möchten Sie die Zarenschlösser wirklich kennenlernen und die Aura der Residenzvororte spüren, braucht es mehr Zeit. Denn es wäre schade, nur schnelle Schlossbesichtigungen zu machen, ohne die Parks in Ruhe zu genießen. Wenn Sie diesen Routenvorschlägen für zwei Tage folgen, sehen Sie neben den wichtigsten Schlössern auch noch die Highlights in deren Umfeld – wie den eleganten Park Alexandria in Peterhof und die wunderschöne Residenz von Pawlowsk.

Erster Tag

Vormittags

Die ersten Tragflügelboote nach **Peterhof** (▶ 156) starten um 10 Uhr an der Schlossbrücke. So sind sie rechtzeitig im Park (Abb. rechts oben: Eremitage), wenn an der **Großen Kaskade** mit klassischer Musik das tägliche Springbrunnen-Aufdrehen zelebriert wird. In der Hauptsaison ist die Warteschlange vor dem **Großen Palast** allerdings unangenehm lang. Spazieren Sie dann besser in Ruhe durch den großen Park mit seinen Wasserspielen (Abb. unten) und besichtigen Sie **Monplaisir**, das originelle Gartenhaus von Peter dem Großen.

Mittags

Statt in den überlaufenen Garten-Lokalen im Park essen Sie im Städtchen zu Mittag, etwa im **Duck & Drake** (▶ 175). Anschließend besichtigen Sie am Olga-Teich noch die **47** **Peter-Paul-Kathedrale** (▶ 171) und die **48** **Insel-Pavillons** (▶ 172).

Nachmittags

Etwa 1 km weiter östlich betreten Sie am **Telegrafen-Museum** (▶ 168) den **43** **Alexandra-Park** (▶ 167) und schauen sich die Zaren-Villen **Farmer-Palast** und **Cottage** an.

Abends

Am östlichen Parkausgang essen Sie im winzigen Gasthaus **Old Kitchen** – oder, wenn dort besetzt ist, ein paar Schritte weiter im großen **Krasny kabatschok**. Auch wenn es dabei etwas später wird: Der Busverkehr von hier zu verschiedenen Metrostationen in der Stadt bleibt intensiv. Unterwegs sehen Sie linkerhand noch den **45** **Konstantinpalast** (▶ 171).

Zweiter Tag

Vormittags

Die Anfahrt mit Metro und Bus führt Sie direkt zum Palast von 44 **Pawlowsk** (▶ 169). Wenn er um 10 Uhr zur Besichtigung öffnet, ist es hier noch angenehm ruhig. Danach leihen Sie sich für eine Stunde Fahrräder aus, um das Tal der Slawijanka und den malerischen Ostteil des Parks zu erkunden (Abb. links).

Mittags

Nach einem Mittagessen im Restaurant **Podworje** (▶ 175) steigen Sie gegenüber dem Bahnhof Pawlowsk in einen Bus der Linien 370, 545, K-286 oder K-545 und fahren in wenigen Minuten nach Puschkin (Haltestelle Oranscherejnaja ul. 7).

Nachmittags

Im Katharinenpark steuern Sie zunächst den **Katharinenpalast** (Abb. unten: Spiegelsaal; ▶ 162) an, um sicherzustellen, dass Sie bei einer Palastbesichtigung das Bernsteinzimmer zu sehen bekommen. Danach unternehmen Sie einen Parkspaziergang: vom Schloss abwärts zur Eremitage und dann im Uhrzeigersinn um den Großen Teich. Verlassen Sie den Park noch vor Erreichen des Palasts, den Sie dann, des neuen Anblicks zuliebe, auf der Rückseite passieren. Hier bietet sich noch ein Abstecher in den 51 **Alexanderpark** an (▶ 173).

Abends

Nach einem Essen im witzigen Café **Bakenbardy** (▶ 175) oder im Wasserturm-Restaurant **Sotschi** (▶ 176) spazieren Sie am **Alexanderpalast** (▶ 173) vorbei und genießen den Anblick des **Fjodor-Städtchens** und der **Fjodor-Kirche** (▶ 174) im Abendlicht. Vom nahen Ägyptischen Tor kann man dann mit dem Bus zu einer Metrostation im Süden der Stadt fahren.

⭐ 2 Peterhof
(Petergof)

Wasser und Gold sind hier dank Gartenarchitektur eine einmalige Synthese eingegangen: Das riesige Barockschloss Peterhof mit seinem Park voller Fontänen und Kaskaden war im 18. Jahrhundert das perfekte Landschloss prunksüchtiger Zaren. Lustwandeln Sie auf ihren Spuren, eine frische Brise von der Ostsee ist dabei fast garantiert!

Stadtgründer Peter der Große war beeindruckt von der modischen Prachtentfaltung an Europas Höfen – ebenso wie von der Seefahrt. Bei der Wahl und Gestaltung seiner Landresidenz sollten diese Leidenschaften verbunden werden: Die Lage am Meer war obligatorisch, ebenso die Anlage von Wasserspielen. Dank einer 16 m hohen Geländestufe 400 m hinter der Küste und umleitbarer Wasserressourcen im Hinterland ließ sich in Peterhof verwirklichen, was der russische Herrscher im Jahr 1717 in Versailles und Marly-le-Roi so bewundert hatte: eine Fontänenlandschaft und eine große Kaskade direkt vor dem Schloss. Und besser noch: Ein Stichkanal ermöglichte es dem Zaren, auf dem Wasserweg aus der Hauptstadt bis vor seinen Palast zu fahren.

**Der Große
Palast und die
Große Kaskade
von Peterhof –
Russlands
Antwort auf
Versailles**

Der Große Palast

Im Jahr 1725 war das erste Schloss-Ensemble vollendet.
Der heutige Große Palast mit seiner 286 m langen Barockfassade ist jedoch das Resultat von An- und Umbauten
durch Bartolomeo Rastrelli, den viel beschäftigten »Ober-
Architektor« von Zarin Elisabeth, in der Zeit um 1750. Im
Obergeschoss des Palasts können 27 Räume besichtigt
werden. Besonders prächtig sind der Tanz- und der kleine,
vom Goldzierrat fast erdrückte Audienzsaal im Westflügel.
Der Ostflügel beherbergt vorrangig private kaiserliche Ge-
mächer. Im Mittelteil sind aus der Zeit Peters des Großen
ein in Eiche gefasstes Kabinett und eine Treppe erhalten
geblieben. Die zentralen Räume, der mit 368 Mädchen-
porträts ausgehängte Bildersaal sowie zwei flankierende
chinesische Kabinette, stammen hingegen aus den
1760er-Jahren: Sie gestaltete Jean-Baptiste Vallin de la
Mothe bereits nach dem Geschmack von
Katharina der Großen.

Vor dem Palast

Am Schloss und im Park stehen eine Vielzahl von Pavillons und Museen den Besuchern offen. So können die durch einen
achteckigen Grundriss gekennzeichnete
golden-barocke **Palastkirche** im Ostflügel
und im Westflügel die Ausstellung **»Besondere Schatzkammer«** mit herausragenden
Handwerks- und Juwelierarbeiten besich-

⛉⛉ FÜR KINDER GRATIS

Ein Peterhof-Besuch geht
mit der Tragflügelboot-Fahrt
und den diversen, relativ
teuren Eintritten ins Geld.
Ein Lichtblick für Familien
ist jedoch, dass Kinder bis
16 J. überall kostenlosen
Zutritt erhalten.

tigt werden. Auch unter den Palast kann man gelangen, wenn man die künstlichen **Grotten** (jeweils 500 R. Eintritt) hinter der **Großen Kaskade** aufsucht.

Die Große Kaskade ist die Hauptattraktion des Peterhofs: Aus 138 Düsen spritzt Wasser über eine hochherrschaftliche Komposition aus Marmor, Gold und Tuffstein. Dabei bilden diese Wasserspiele nur den Hintergrund für die 1735 als zentrales Element im bisherigen Hafenbecken installierte **Samson-Fontäne**: Der biblische Held reißt einem Löwen das Maul auf.

Gedacht war dies als allegorische Darstellung auf den rund 25 Jahre zurückliegenden Sieg über die Schweden bei Poltawa. Bei der Skulptur handelt es sich um eine Nachbildung von 1947 – das Original ging im Zweiten Weltkrieg verloren. Damals wurde das an der Front liegende Schloss samt seinem Park völlig verwüstet.

Der Schlosspark

Links und rechts des Kanals zieht sich der linear angelegte **Untere Park** je einen Kilometer weit die Küste entlang. Viel Platz für ausgiebige Spaziergänge! Im Ostteil ist es dabei wegen hoher Bäume schattiger, im Westteil spürt man die Lage am Meer deutlicher. Langweilig wird es dabei nie, denn 25 historische Springbrunnenanlagen sorgen für Abwechslung. Am elegantesten ist wohl die 1855 installierte **Löwenkaskade** im Westen, am originellsten der von drei drolligen wasserspeienden Drachen gespeiste **Schachbrettberg** (1739) am Hang im Osten. Und Kinder sind verzückt von den 👥 **Spaßfontänen** im darunter liegenden Parkteil, mit denen bereits die Zaren ihre Gäste neckten und durchnässten.

BAEDEKER TIPP

- Die **Anfahrt** mit den *Meteor* genannten großen **Tragflügelbooten** über die Ostsee ist nicht nur schnell (ca. 30 Min.), sie ist auch die komfortabelste. Gleich drei Firmen bieten von Mai bis Sept. diese Pendeldienste an, ihre Anleger befinden sich vor der Eremitage bzw. der Admiralität. In Peterhof liegt der Pier direkt im Park – ohne Eintritt zu bezahlen, kommt man hier nicht weiter! Das Ticket kostet ca. 750 R. einfach. Eine Vorbestellung über die Webseiten (citycruises.ru, neva-shipping.ru, peterhof-express.ru) gibt eine Platzgarantie für die gewählte Uhrzeit und wird meist mit einem Preisnachlass belohnt. Möchte man auf dem gleichen Weg zurückfahren, sollte man den Unteren Park nicht verlassen, denn sonst gilt es, erneut Eintritt zu zahlen! Wer auch noch das Städtchen Peterhof oder weitere Sehenswürdigkeiten außerhalb des Parks besuchen möchte, fährt deshalb besser per Bus retour. So gut wie jede Linie an der Hauptstraße durch Peterhof führt stadteinwärts zu einer Metrostation.

- Peterhof ist mit ca. 5 Mio. Besuchern pro Jahr die populärste Sehenswürdigkeit der Stadt – und fast alle kommen im Sommer. Legen Sie in der Hochsaison Ihren Besuch besser auf einen Werktag, dann ist es weniger voll als an den Wochenenden. Wer den Großen Palast besichtigen möchte, nutze besser das Zeitfenster am Nachmittag. Die Warteschlange ist dann kürzer.

Monplaisir: das hübsche »Gartenhäuschen« Peters des Großen

Ein historisches wie architektonisches Kleinod stellt das Schlösschen **Monplaisir** dar. Es liegt im Ostteil, direkt am Strand. Die Lieblings-Datscha von Peter dem Großen, 1714–1723 gebaut, ist das älteste Gebäude Peterhofs; die Einrichtung zeigt sich puritanisch schlicht, aber hochelegant, blau-weiße holländische Kacheln sind ein durchgehendes Gestaltungselement. In zwei lichtdurchfluteten Galerien ließ der Zar seine Sammlung westeuropäischer Meister aufhängen, ein Lackkabinett beherbergte seine Chinoiserien.

KLEINE PAUSE

Im Park gibt es einige teure, aber nicht unbedingt gute Imbisse und ein Großrestaurant. Stilvoller kehrt man in der alten **Orangerie** ein (östliche Parkhälfte, rechts unterhalb des Haupteingangs, Mai–Sept. tägl. 11–19 Uhr). Vor dem Lokal stehen wunderbar sonnige Kaffeetische mit Blick auf die Triton-Fontäne.

DER NEPTUN-BRUNNEN

Im Oberen Park auf der Landseite des Palastes steht der große Neptun-Brunnen. Er wurde bereits 1668 in Nürnberg angefertigt, aber dort nie installiert. 1797 wurde er nach Russland verkauft. 1902 stellte man in Nürnberg einen Abguss auf. 1942 gelangte auch das Original als Kriegsbeute erneut dorthin, bis die Alliierten 1945 seine Rückgabe an die Sowjetunion veranlassten.

🕀 208 B2 ✉ Petergof, Sankt-Peterburgskij Pr. 45–47 ☎ 812 450 52 87, www.peterhofmuseum.ru 🕐 Unterer Park: Mitte April–20. Okt. tägl. 9–20, Sa bis 21, im Winter 9–17.45 Uhr; Palast: Di–So 10.30–18 Uhr, im Sommer für Individualbesucher: Di–Fr, So 12–14, 16.15–17.45, Sa bis 19.45 Uhr (letzter Di im Monat geschl.); Große Kaskade: in Betrieb Mitte April–Ende Okt. tägl. 11–18, Sa bis 20.50 Uhr; Monplaisir: tägl. außer letzter Mo im Monat 10.30–18 Uhr (bei Regen geschl.) 🚌 Prawlenskaja ul. (ab Metro Awtowo Linien 200, 210, K-224, K-300, K-404, K-424) 💰 Unterer Park: 700 R. (im Winter frei), Palast: 600 R., Monplaisir: 500 R.

Russlands Versailles

Peterhof, die Sommerresidenz am Meer, gilt mit dem Großen Palast, den prächtigen Parkanlagen und den grandiosen Wasserspielen als »russisches Versailles«. Wer per Schiff anreist, dem bietet sich von der Anlegestelle ein überwältigendes Panorama des Schlosses und der Samson-Fontäne davor.

❶ Großer Palast

Der Große Palast, 1714–1725 errichtet, erscheint als relativ schlichter, dreigeschossiger Bau; ausgestattet ist er aber mit kostbarem Mobiliar und wertvollen Kunstgegenständen.

❷ Oberer Park

Den Mittelpunkt des als französischer Garten angelegten Oberen Parks bildet der Neptun-Brunnen.

❸ Unterer Park

In dem regelmäßig gestalteten Barockgarten sorgen neben der Großen Kaskade, der Löwenkaskade und der von wasserspeienden Drachen gespeiste Schachbrettberg über 20 Springbrunnenanlagen für Abwechslung.

❹ Große Kaskade

Die 1714–1724 angelegte Große Kaskade ist eine der beeindruckendsten Brunnenanlagen der Welt.

Von wuchtiger Eleganz: die Löwenkaskade mit ihren 8 m hohen Säulen aus Granit und Marmor

❺ Samson-Fontäne

Die Fontäne vor der Großen Kaskade erinnert an den Sieg der Russen über die Schweden in der Schlacht bei Poltawa 1709. Aus dem Maul des Löwen, der von Samson bezwungen wird, schießt ein 22 m hoher Wasserstrahl.

❻ Meereskanal

Peter der Große reiste normalerweise mit dem Schiff nach Peterhof und ließ sich über den Meereskanal direkt vor das Schloss fahren.

Historische Parade vor dem Palast mit Blick auf die Große Kaskade und den Meereskanal

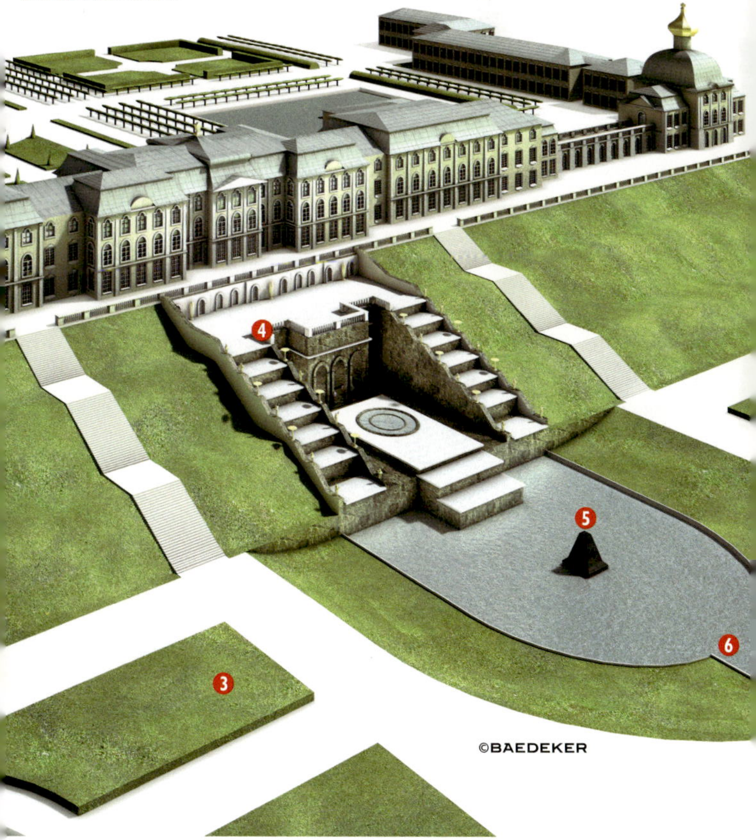

©BAEDEKER

5 Katharinenpalast
(Jekaterinskij dworez)

Wenn Peterhof das »Versailles Russlands« ist, dann ist der Schloss-Vorort Puschkin dessen »Potsdam« – zumal im Katharinenpalast mit dem (rekonstruierten) Bernsteinzimmer ein ursprünglich aus Berlin stammendes Weltwunder die Besucher anzieht. Zarskoje Selo, das »Zarendorf«, ist ein Monarchensitz wie aus dem Märchenbuch. Deshalb sollte man auch Zeit für einen Bummel durch den abwechslungsreich gestalteten Schlosspark mitbringen.

Der Palastname geht nicht etwa auf Katharina II., die Große, zurück, sondern auf Katharina I., die Ehefrau Peters des Großen und als dessen Nachfolgerin die erste Frau auf dem russischen Thron. Für sie wurde eine Tagesreise südlich der Hauptstadt ab 1718 ein kleines Landschloss errichtet. Der Abhang davor wurde terrassiert und ein geometrisch strukturierter Park mit zwei Teichen angelegt. Dieser Garten ist heute im Prinzip noch vorhanden – anders als das Schloss, das Mitte des 18. Jh. unter der bauwütigen Zarin Elisabeth gleich zweimal abgerissen und jeweils größer und prächtiger neu erbaut wurde.

Der Palast mit seiner fensterreichen blau-weiß-goldenen Barockfassade von 308 m Länge trägt weitgehend noch die Züge dieses 1756 vollendeten Werks des Hofarchitekten Bartolomeo Rastrelli.

Während Reisegruppen den Palast über den weiten Paradehof von der Nordwestseite her betreten, stehen Individualbesucher auf der Parkseite Schlange, bis sie zu den Kassen vorgelassen werden; in der Hochsaison können nen die Wartezeiten durchaus zwei Stunden betragen!

Das Schloss

Die Besichtigung des Schlosses beginnt mit dem Aufstieg über eine Marmor-Treppe, die allerdings erst 1860 ihr verschnörkeltes Rokoko-Dekor erhielt. Durch zwei Vorzimmer gelangt man in den **Großen Saal**. Seine Fläche beträgt 860 m², doch wirkt er größer, da er auf beiden Längsseiten neben üppig vergoldetem Schnitzwerk viele Fenster und Spiegel aufweist. Auch erhöht das riesige Deckengemälde mit allegorischen Darstellungen von Frieden, Sieg und Russland (in der Mitte) den Saal optisch um eine weitere Etage.

Am Ende des Saals geht es in drei sehr prächtige Vorzimmer, über die Gäste einst in den Festsaal gelangten. Dahinter folgt der erst vor wenigen Jahren wieder herge-

DAS ZARENDORF
Der gesamte Museumskomplex mit Schlössern, Parks und Museen firmiert heute als **Zarskoje Selo** (»Zarendorf«). Diesen Namen trug ursprünglich auch das angrenzende Residenz-Städtchen. 1918 wurde es in Detskoje Selo (»Kinderdorf«) umbenannt. 1937 erhielt die Stadt dann den Namen **Puschkin** – anlässlich des 100. Todestags des hier zur Schule gegangenen großen Poeten. Puschkin hat heute knapp über 100 000 Einwohner.

Der Katharinenpalast birgt das legendäre Bernsteinzimmer

stellte **Arabeskensaal**. Er ist der Wendepunkt auf der Besichtigungstour, denn nun geht es in der Gegenrichtung 300 m schnurgerade durch die **Goldene Enfilade**: 22 Räume bilden eine reich ausdekorierte Zimmerflucht.

Der sechste Raum hinter dem Großen Saal ist das 96 m² große **Bernsteinzimmer** (▶ 165): Besucher sehen sich von etwa 500 000 passgenau aneinander geklebten Bernsteinplättchen umgeben. Die Vielfalt und Kunstfertigkeit der Ornamente und filigranen Gravuren ist überwältigend. Wie fast alle Palasträume ist auch das Bernsteinzimmer eine Rekonstruktion des ursprünglichen, im Zweiten Weltkrieg zerstörten oder geraubten Interieurs. 2003 wurde die Rekonstruktion fertiggestellt. Original sind in dem Raum nur eine Kommode und ein Florentinisches Mosaik. Beides war Ende der 1990er-Jahre in Deutschland auf dem Kunstmarkt aufgetaucht.

Mit dem folgenden Raum, dem großen und dicht an dicht behängten **Bildersaal**, enden die barocken Interieure, die folgenden Zimmer wurden klassizistisch gestaltet.

Die **Palastkirche** am Ende der Enfilade ist bis heute unrenoviert und deshalb nicht zugänglich. Ihre Pracht lässt sich aber erahnen, wenn man von außen die fünf goldenen Zwiebeltürme betrachtet.

Auch Katharina die Große schätzte diese Residenz sehr: Ihr Lieblingsarchitekt Charles Cameron gestaltete nicht nur viele Räume neu, er ergänzte den Palast auch im nun aktuellen klassizistischen Stil: Der Komplex der **Cameron-Galerie** schiebt sich als hocheleganter Riegel zwischen den

Zarenschlösser vor der Stadt

älteren Barockgarten und den jüngeren englischen Landschaftspark. Im Obergeschoss der sog. Kalten Bäder,
die ab 1780 entstanden und einen eigenen Eingang
haben, gestaltete Cameron unter Einsatz von 25 Tonnen
Schmucksteinen ein Tages-Apartment mit Dachgarten für
die Kaiserin, die **Achatzimmer**. Zwar wurde nur in zwei der
sieben Räume dunkelroter Achat verbaut, doch prägten sie
den Namen dieses weiteren Palast-Highlights.

Ungeklärt bis heute – der Verbleib des Bernsteinzimmers; die Rekonstruktion ist seit 2003 zu besichtigen

Der Park

Den Park erschließt man sich am besten im Uhrzeigersinn
um den **Großen Teich**, da man so der Chronologie der
Parkentstehung folgt (bei Regenwetter bleiben allerdings
die diversen Park-Pavillons geschlossen).

BAEDEKER TIPP

Die **Anfahrt** nach Zarskoje Selo gestaltet sich etwas schwierig. Zusammen mit den langen Warteschlangen für Individualbesucher in der Hauptsaison ist dies ein Argument,
den Katharinenpalast im Rahmen eines organisierten Ausflugs zu besuchen. Wer dennoch auf eigenen Faust aufbricht, hat verschiedene Optionen:

■ ab dem Witebsker Bahnhof (▶ 116) oder der Metrostation Kuptschino mit jedem
Vorortzug bis zum Bahnhof Zarskoje Selo (30 bzw. 15 Min. Fahrt). Von dort sind es
2,5 km zu Fuß durch das Städtchen Puschkin; oder man nimmt einen Bus der
Linien 371, 382, 385, K-377 bis zur Haltestelle Parki.

■ von der Metrostation Kuptschino (Bahnsteig entgegen der Fahrtrichtung verlassen,
durch den Fußgängertunnel nach links unter der Straße durchgehen) mit den Bussen 186, K-342, K-286, K-287, K-342, K-347. Diese Linien fahren meist zunächst zum Bahnhof Zarskoje Selo, dann weiter in Richtung Park.

Zeitgleich mit dem Palast und im gleichen Fassaden-
design errichtete Rastrelli in den 1750er-Jahren die Pavillons **Grotte** (am See) und **Eremitage** (weiter hinten im
Wald), ein verspieltes Lustschloss, bei dem die höfische
Gesellschaft im Obergeschoss auch vor den Bediensteten
unbeobachtet blieb. Daher wurden in die Tische Aufzüge
für die Gedecke eingebaut, die bei Führungen in Gang gesetzt werden.

Näher zum Schloss stehen zwei Badehäuser (1770er-
Jahre), wobei im **Unteren Bad** der historische Badebetrieb
detailreich rekonstruiert wurde.

Am Großen Teich befindet sich die **Admiralität** (1770er-
Jahre) im gotischen Stil, die einst ein Bootshaus, flankiert
von zwei Vogelvolieren, darstellte. Auf einer Insel im See
steht ein Festsaal, daneben im Wasser die **Çeşme-Säule**.
Sie wurde zu Ehren eines russischen Siegs über die türkische Flotte anno 1770 aufgestellt. Deshalb zerpflückt auf
ihrer Spitze ein (russischer) Adler einen (türkischen) Halb-
mond.

An einen weiteren militärischen Triumph über die Türkei
im Jahr 1829 sollte das 1850 gebaute jüngste Park-Instal-
lation erinnern: das **Türkische Bad**. Der Pavillon in der Optik einer Moschee ist auch im Innern im orientalischen Stil
gehalten. Das Westende des Sees markiert dann die idylli-
sche **Marmorbrücke** (1774). Ihr Kolonaden-Aufbau im Stil
der italienischen Renaissance wurde in Jekaterinburg vorgefertigt und zerlegt aus dem Ural angeliefert.

Zur Symbolfigur Zarskoje Selos wurde das traurige
Milchmädchen (1816) am Nordufer – ein rührend romantischer Brunnen, rinnt das Wasser doch aus seinem zerbro-
chenen Krug.

Über die figurenbestandene Granitterrasse (1810) geht
es dann in den oberen Parkbereich, wo auf einer Insel der
streng klassizistische **Konzertsaal** von 1784 steht. In seinen
Fußboden wurde ein 1800 Jahre altes römisches Mosaik

DAS BERNSTEINZIMMER

Das verschwundene Bernsteinzimmer ist nicht nur ein Mythos, sondern auch ein
Symbol für die historischen Höhen und Tiefen im deutsch-russischen Verhältnis:
1716 hatte Friedrich Wilhelm I. von Preußen ein in seinem Stadtschloss verbautes
kunstvolles Bernsteinkabinett Peter dem Großen geschenkt – im Gegenzug bekam
er 55 »lange Kerls« aus Russland. Zunächst befand es sich im Winterpalast, 1755
wurden die Berliner Wandvertäfelungen nach Zarskoje Selo überstellt. Da die Wand-
flächen dort bedeutend größer waren, nahm man Ergänzungen in Form von Sockeln,
Spiegeln und Holzverzierungen vor. Auch wurden vier florentinische Steinmosaike mit
allegorischen Darstellungen der menschlichen Sinne integriert. 1770 war das Bernsteinzimmer vollendet. 1941 demontierten die deutschen Besatzer das schon stark
renovierungsbedürftige Großkunstwerk als Beutestück; vorübergehend wurde es im
Königsberger Schloss ausgestellt. Dort verliert sich seine Spur bei Kriegsende. Die
Vollendung der 1979 begonnenen Rekonstruktion im Jahr 2003 ermöglichte u.a. eine
3,5 Mio.-Dollar-Spende der Ruhrgas AG an die damals unter notorischem Geldmangel
leidende Bernsteinwerkstatt.

eingelassen. Auch bei der Ruinen-Küche daneben wurden Fragmente antiker Skulpturen verbaut.

Nach einem Abstecher zum farbenfrohen **Knarzenden Pavillon** (um 1780, der Name verweist auf die nicht geräuschfreie Wetterfahne) im chinesischen Stil verlässt man den Park am besten über den dortigen Ausgang. So hat man Gelegenheit, den Katharinenpalast durch das **Paradetor** auf der Rückseite zu betrachten.

KLEINE PAUSE

Für eine Kaffee-und-Kuchen-Pause gibt es im linken Gebäude der Admiralität eine Filiale der hervorragenden Konditorei-Kette **Wolkonski** (tägl. 11–23 Uhr).

Cameron-Galerie im Katharinenpark

✚ 208 C3 ✉ Puschkin, Sadowaja ul. 7 ☎ 812 415 76 67, www.tzar.ru
Anfahrt: Baedeker Tipp ➤ 164
Park: 🕐 tägl. ab 7 Uhr, Sept–April bis 21, Mai–Juli bis 23, August bis 22 Uhr; ✋ 120 R. (Mai–Okt. 9–19 Uhr, ansonsten frei)
Palast: 🕐 Di Ruhetag; Juni–Aug. 12–20, Mai u. Sept. 12–19, Okt.–April 10–18 Uhr (außer 1. Mo im Monat) ✋ 1000 R.
Achatzimmer: 🕐 Fr–Mi 11–19 Uhr ✋ 300 R.
Eremitage: 🕐 Juni–Sept. Di–So 11–19 Uhr, Führungen: 12, 12.30, 15, 15.30 Uhr ✋ 300 R.
Unteres Bad: 🕐 Do–Di 11–19 Uhr ✋ 150 R.
Türkisches Bad: 🕐 Juni–Sept. Do–Di 11–19 Uhr ✋ 200 R.
Konzertsaal: 🕐 Juni–Sept. Mi–So 11–18 Uhr ✋ frei

BAEDEKER TIPP

■ Mit langfristiger Planung ist die Warteschlange vor dem Katharinenpalast zu umgehen. Auf www.tkt.tzar.ru kann man **Eintrittskarten** für konkrete Tage online kaufen. Allerdings sind auch diese Tickets oft viele Tage im Voraus ausverkauft! Im Sommer darf den Katharinenpalast nur besichtigen, wer auch eine Eintrittskarte für den Park vorlegen kann. Wer sie weggeworfen oder den Park vor Kassenöffnung betreten hat, muss nachlösen!

■ An der Admiralität werden einstündige **Park-Rundfahrten** mit Elektromobilen angeboten (250 R. pro Person). Man sieht dabei bedeutend mehr vom Park als bei den Kutschrundfahrten, die an den Teichen vor dem Schloss beginnen (25 Min, 400 R.).

43 Alexandra-Park
(Park Aleksandrija)

Die absolutistische Prachtentfaltung des Schlosses Peterhof ist nicht jedermanns Sache – das spürte man im 19. Jh. auch innerhalb der russischen Kaiserfamilie. Zar Nikolaus I. wünschte für sich und seine Gattin Aleksandra Fjodorowna, eine gebürtige Preußen-Prinzessin, einen weitaus dezenteren Sommersitz.

Die Idee von der intimen Zaren-Datscha wurde auf einem 110 ha großen Areal, das im Osten an Peterhof angrenzt, in die Tat umgesetzt: Auf der Geländestufe über der Ostseeküste entstand 1826 –1829 im damals in England aufkommenden neogotischen Stil zunächst das **Cottage** als romantische Sommerresidenz. Architekt war der Schotte Adam Menelaws, in den 1840er-Jahren erweiterte Andrej Stackenschneider den mit Abstand gemütlichsten Zarenpalast Petersburgs um einen Speisesaal mit Marmor-Terrasse. Die Villa verzaubert mit Spitzgiebelmotiven, fein ziselierten Holzarbeiten und zahlreichen Balkonen – heute nostalgisch, damals zeitgeistig und very british: Nikolaus I. titulierte sich zum Spaß selbst als »Lord Cottage«.

Da die Zarenfamilie sechs Kinder zählte, wurde vor dem Haus neben einem Rosengarten auch ein (heute rekonstruierter) 👫 Sport- und Spielplatz angelegt. Ein Bauernhof im Park, 700 m weiter westlich, versorgte die Großfamilie mit frischer Milch und Eiern: Dort gefiel es dem Thronfolger, dem späteren Kaiser Alexander II., schon als Kind so gut, dass er ihn bis 1860 sukzessive zu seinem eigenen Landsitz ausbauen ließ. So entstand der großzügig geschnittene **Farmer-Palast** im damals auf den britischen Inseln populären viktorianischen Stil. Mit einem Aufzug, fließend Wasser, Bädern und Toiletten war das elegante Anwesen auch technisch up to date. Im mondänen Arbeitszimmer, dem Blauen Kabinett, unterzeichnete Alexander II. 1861 das Dekret über die Abschaffung der Leibeigenschaft. Auch durch dieses Haus tobten Zarenkinder, darunter sechs

Die Gotische Kapelle im Alexandra-Park von Peterhof entwarf der Berliner Baumeister Karl Friedrich Schinkel

Jungen – im Garten verfügten sie unter anderem über eine Spielfestung und eine Mini-Feuerwache.

Rund 200 m weiter westlich steht die kleine, aber sehr originelle **Gotische Kapelle**, die 1834 nach einem Entwurf des Berliner Baumeisters Karl Friedrich Schinkel als Privat-kirche der Romanows geweiht wurde. Den steilen Weg hin-unter zur schilfbestandenen Küste sollten nur Besucher mit viel Zeit oder den im Park Alexandria erlaubten Fahrrä-dern einschlagen. Denn das einzige dortige Bauwerk, die **Untere Datscha** des letzten Zaren Nikolaus II, wurde im Zweiten Weltkrieg zerschossen und 1961 gesprengt: Ein überwucherter Trümmerhaufen zeugt heute noch davon.

Landeinwärts zur Straße hin stößt man auf das sehr an-schauliche **Telegrafen-Museum**: 1858 errichtete man hier ein Telegrafenamt, das sowohl die Residenz, wie auch die Öffentlichkeit bediente. Im Erdgeschoss des kleinen Hau-ses sind Technik und Alltag einer solchen Station bis hin zum Vorratskeller liebevoll nachgebildet. Unterm Dach er-klärt eine Ausstellung die Funktionsweise eines zuvor zwi-schen Petersburg und Kronstadt benutzten optischen Tele-grafen.

Überschaubare Dimensionen: Im Cottage fühlte sich Nikolaus I. recht wohl

KLEINE PAUSE

Am Osteingang des Parks steht auf der anderen Straßen-seite ein putziges Wachhäuschen. Es beherbergt das Lokal **Old Kitchen** (Sankt Peterburgskij Pr. 2, tägl. 12–23 Uhr, nur im Sommer) mit italienischer Küche, urgemütlichen Plät-zen unterm Dach und Tischen im Freien.

🚇 208 B2 ✉ Peterhof, Sankt Peterburgskij Pr. 1–7 ☎ 812 450 52 87, www.peterhofmuseum.ru 🕐 Park tägl. 9–22 Uhr, alle Gebäude/Museen im Sommer Di–So 10.30–18 Uhr (Cottage und Gotische Kapelle nur bei trockenem Wetter); Winteröffnungszeiten: siehe Webseite 🚌 Alexandria (Linien wie nach Peterhof) 💵 300 R., ab 17 Uhr frei; Cottage 500 R.; Farmer-Palast 400 R.; Gotische Kapelle 250 R.; Telegrafen-Museum 250 R.

🔴44 Pawlowsk

Einfach ein weiteres Zarenschloss vor den Toren der Stadt? Jein – denn die vergleichsweise zierlich geratene Residenz im Vorort Pawlowsk ist ein besonders kunstsinnig gestalteter Herrschersitz. Feingeist statt Prunk war auch die Devise bei der Gestaltung des umliegenden Landschaftsparks. Er beeindruckt aber auch durch schiere Größe.

Das **Schloss von Pawlowsk** liegt etwa 5 km südöstlich des Katharinenpalastes im gleichnamigen Vorort mit etwa 16 000 Einwohnern. Für die bei allem Sightseeing-Interesse auch Ruhebedürftigen macht sich angenehm bemerkbar, dass im Vergleich zu Zarskoje Selo weitaus weniger Touristen den Weg hierher finden. Zudem erstreckt sich der Schlosspark über gewaltige 5,5 km²; er (wie auch mancher Besucher!) verläuft sich geradewegs in der Natur.

Der Große Palast von Pawlowsk hat eine einheitlich klassizistische Ausstattung

Bauherr des Anwesens war der spätere Zar **Paul I.** Mit der Errichtung eines Palasts auf dem hohen rechten Ufer des Flüsschens Slawjanka beauftragte er Charles Cameron. Der englische Baumeister war Spezialist für italienische Architektur, weshalb das dreistöckige Hauptgebäude die Grundzüge einer Renaissancevilla im Stile Palladios erhielt. Seitlich schließen sich niedrigere halbrunde Galerien

an, die einen ovalen Vorplatz formen. Er verleiht der Residenz auf der Ostseite einen herrschaftlichen Anblick, während sie von Westen her eher wie eine noble Landvilla wirkt.

Während der Bauzeit 1782–1784 waren Paul und seine Gattin Maria Fjodorowna, eine gebürtige württembergische Prinzessin, auf Europareise und kauften im großen Stil Möbel, Kunst, Porzellan und feine Stoffe ein. Zusammen mit nicht minder noblen Gastgeschenken für das russische Thronfolgerpaar dienten diese Erwerbungen den Innenarchitekten als Inspiration und Stilvorlage. Pawlowsk zeichnet sich deshalb durch eine besonders stilsichere Synthese von Dekor und Einrichtung aus. Nach Pauls Ermordung 1801 wurde der Palast Hauptwohnsitz von dessen Witwe – die sich mit Hingabe um die weitere Ausgestaltung des Palasts kümmerte.

Zarenschlösser vor der Stadt

Mit dem gleichen Perfektionismus gingen Cameron und Kollegen an die Gestaltung des **Parks**: Im Tal der Slawjanka schufen sie mit Pavillons, Tempeln und Brückchen ideale Idyllen.

Tempel der Freundschaft – auch ein Bau von Charles Cameron

Der italienische Theatermaler Paolo Gonzaga bewies schließlich im weiten Ostteil des Parks, dass er auch mit Rodungen und Baumpflanzungen wechselnde Szenenbilder und ganze Landschaften zu malen verstand.

KLEINE PAUSE

Zwar ist die Küche des **Restaurants im Großen Säulen-Saal** des Palasts (tägl. 10–18 Uhr) eher durchschnittlich – aber man speist in einem Zarenschloss!

✚ 208 C3 ✉ Pawlowsk, Ul. Sadowaja 20 ☎ 812 452 15 36, www.pavlovsk museum.ru 🕐 Park tägl. 6–24, Palast tägl. 10–18 Uhr (erster Mo im Monat und im Winter Fr geschl.; Di und Fr sind nur die Paradesäle im 1. Stock zugänglich) 🚌 Pawlowsk, Dworez (K-299 ab Metro Moskowskaja; K-286, K-521 ab Metro Kuptschino 🚆 Pawlowsk (Vorortzug ab Witebsker Bhf. oder Metro Kuptschino) ✋ Park 10–18 Uhr 100 R. (sonst frei); Palast 500 R. (Di, Fr 400 R.); Sonderausstellungen je 150 R.

BAEDEKER TIPP

- Der **Schlosspark** von Pawlowsk ist so weitläufig, dass man ihn am besten mit dem **Fahrrad** erkundet. An gleich drei Parkeingängen (am Bahnhof, gegenüber der Stadt und am Parkplatz östlich des Schlosses) sowie beim Café Slawjanka gibt es einen Verleih. Eine Stunde kostet 300 R., ein Tandem 500 R. Größere Gruppen sollten sich Räder vorab reservieren (tägl. 10–20 Uhr, www.velopark.spb.ru). Im Winter werden auch Langlaufski und finnische Schlitten (eine Person schiebt auf den Kufen stehend, eine sitzt) angeboten. Auch gibt es zwei Bootsverleihe an den größten Teichen des Parks.

- Im nördlichen Halbrund der Hofflügel versteckt sich ein **Kostüm-Museum**, in dem edle Originalkleidung verschiedener russischer KaiserInnen ausgestellt wird. Das Museum hat nur am Wochenende 11–18 Uhr geöffnet, und an jenen Tagen, an denen der Palast selbst Ruhetag hat. Eintritt: 150 R.

- Im obersten Stock des Palasts befindet sich ein »begehbares Stil-Lehrbuch« für Antiquitätenfreunde: 16 Wohnräume wurden in den schnell wechselnden Möbelmoden des 19. Jhs. eingerichtet.

Nach Lust und Laune!

45 Kongresspalast (Dworez kongressow)

Hinter dieser amtlichen Bezeichnung verbirgt sich der mächtige **Konstantinpalast** im St. Petersburger Vorort **Strelna**; man passiert ihn auf halbem Weg aus der Stadt nach Peterhof (▶ 156). Hier ließ sich schon Peter der Große einen Palast am Meeresufer bauen, doch verwirklichte er seine Ambitionen von »Russlands Versailles« dann 9 km weiter östlich – das Relief im Hinterland machte es unmöglich, genug Wasserdruck für die gewünschten Fontänen aufzubauen.

Im 19. Jh. diente das Strelnaer Schloss als Vorstadt-Residenz gleich dreier Romanow-Großfürsten – und da alle drei Konstantin hießen, wurde auch ein neuer Name geläufig. Während der Belagerung schwer beschädigt, wurde der Palast nach dem Zweiten Weltkrieg als Schulgebäude genutzt. Ab 1990 stand er leer und verfiel. Es war dann Wladimir Putin, der den Palast aus dem Dornröschen-Schlaf weckte: In nur anderthalb Jahren Bauzeit entstand aus der Ruine ein staatliches Repräsentationsobjekt erster Klasse: Zum 300. Stadtjubiläum 2003 weihte man das Schloss als Luxus-Konferenzzentrum samt Fünfsterne-Hotel und einer pompösen Villenkolonie für Staatsgäste ein.

Sofern nicht gerade ein Polit-Event stattfindet, können die Paradesäle des Palasts im Rahmen von stündlich startenden (russischsprachigen) Führungen besichtigt werden. Angeboten werden vier verschieden zugeschnittene Touren, eine davon führt nur durch den Park. Da die Teilnehmerzahl streng limitiert ist, empfiehlt sich v.a. in der Hochsaison, ein Ticket über die Webseite zu reservieren.

✚ 208 B2 ✉ Strelna, Berjosowaja alleja 3 ☎ 812 438 53 60, www.konstantinpalace.ru 🕐 Do–Di 10–18 Uhr 🚌 Konstaninowskij dworez (Linien wie nach Peterhof) 🚆 Strelna (Linie 36) 💵 250–400 R.

46 🚲 Die Kurzweil der Herrscher (Gosudarewy potechi)

In dieser erst 2014 eröffneten Ausstellung in **Peterhof** (▶ 156) wird mit Original-Exponaten und Multimedia-Animationen vermittelt, was einst das Leben in einem Lustschloss ausmachte: Die Reise führt über das Hoftheater, die Gartenfeste und Feuerwerke zum fröhlichen Landleben im 19. Jhs. – und endet mit dem vielfältigen Fahrrad-Fuhrpark der Zarenfamilie Romanow. Die Schau befindet sich in einem einstöckigen Gebäude direkt gegenüber dom Haupteingang in den Unteren Park.

✚ 208 B2 ✉ Ul. Prawlenskaja 1 ☎ 812 450 52 87, www.peterhofmuseum.ru 🕐 Di–So 10.30–18 Uhr 🚌 Prawlenskaja ul. (von Metrostation Awtowo: Linien 200, 210, K-224, K-300, K-404, K-424) 💵 500 R.

47 Peter-Paul-Kathedrale (Petropawlowskij sobor)

Wer mit einem Tragflügelboot nach **Peterhof** fährt (▶ 158), sieht ihre spitze Silhouette schon von Weitem, denn mit ihrer 70m hohen Kuppel ist das farbenfrohe Gotteshaus am Ufer des Olga-Teichs das höchste historische Gebäude des Residenzvororts. Errichtet wurde die Kathedrale 1895 bis 1905 im damals populären neorussischen Stil, also mit architektonischen Mustern des Kirchenbaus des 16. und 17. Jhs., was sie heute zu einem (im Raum St. Petersburg seltenen) Stück Bilderbuch-Russland macht. Ihre bis in die Kuppel hochgezogene traditionelle Ausmalung ist sehr filigran. Gegen einen kleinen Obolus kann man zu einem Rundgang in halber Höhe des Bauwerks aufsteigen. Durch seine Fenster hat man von hier oben einen weiten Blick über den Finnischen Meerbusen – und die »Skyline« von St. Petersburg grüßt am Horizont.

🚩 208 B2 ✉ Petergof, Sankt-Peterburgskij Pr. 32 ☎ 812 450 62 68, www.spp-petergof.ru 🕐 Gottesdienste tägl. 9.30 und 17 Uhr 🚇 Torgowaja pl. (von Metrostation Awtowo: Linien 200, 210, K-224, K-300, K-404, K-424) 🎫 frei

48 Zarinnen- und Olga-Pavillon (Zarizyn i Olgin pawiljony)

Auf Geheiß von Kaiser Nikolaus I. war 1837 ein Sumpf mitten im Residenzvorort Peterhof zum veritablen **Olga-Teich** vertieft und mit dem Aushub zwei Inseln aufgeworfen worden. In den 1840er-Jahren erhielt der deutschstämmige Hofarchitekt Andrej Stackenschneider den Auftrag, auf diesen Eilanden zwei höchst individuelle Häuser zu bauen: Zunächst entstand, als Rückzugsort für die Zarengattin **Aleksandra Fjodorowna**, ein Refugium im Stil einer römischen Villa; v. a. das Atrium mit Bassin und Springbrunnen verströmt mit seinem farbenfrohen Marmordesign die Aura von antikem Wohnluxus. Auch das Mobiliar war nach römischem Vorbild gestaltet.

Die Insel ist über einen Damm zugänglich; auf die zweite Insel führt von hier ein Steg. Der dortige **Olga-Pavillon** war ein Hochzeitsgeschenk für die Kaisertochter Olga, die 1846 den späteren württembergischen König Karl I. heiratete. Das dreistöckige turmartige Gebäude wirkt von außen schmucklos, zeigt es sich doch im strengen Stil sizilianischer Wohnbauten: Es sollte eine Reminiszenz an Palermo darstellen, wo sich das Hochzeitspaar

kennengelernt hatte. Im Innern gibt es auf jeder Etage nur ein Zimmer: einen Speiseraum und je ein Kabinett für die Zarentochter und den Herrscher selbst.

🚩 208 B2 ✉ Petergof, Olgin prud ☎ 812 450 52 87, www.peterhofmuseum.ru 🕐 tägl. 10.30–18 Uhr 🚇 Torgowaja pl. (von Metrostation Awtowo: Linien 200, 210, K-224, K-300, K-404, K-424) 🎫 600 R.

49 Museum Lyzeum (Musej-Lizej)

Untergebracht im Nordflügel des **Katharinenpalasts** (▶ 162), war das kaiserliche Zarskoselsker Lyzeum die erste, adeligen Sprösslingen vorbehaltene Eliteschule Russlands. Für die heutige **Dependance des Puschkin-Museums** (Nab. reki Mojki 12, www.museumpushkin.ru, Mi–Mo 10.30–18 UHr, 120 R.) – zum ersten Schülerjahrgang 1811 zählte der damals zwölfjährige Alexander Puschkin, der während seiner sechsjährigen Schulzeit hier mit ersten Werken brillierte – sind historische Unterrichtsräume, die Bibliothek, eine Lehrerwohnung und die winzigen, nur mit dem Nötigsten eingerichteten Kammern der

Die Peter-Paul-Kathedrale wurde um 1900 im altrussischen Stil errichtet

Schüler rekonstruiert worden. Eine separate Ausstellung im 2. Stock (Eintritt 100 R.) erzählt die Geschichte der Lehranstalt und dokumentiert das Wirken weiterer prominenter Abgänger des Instituts.

✚ 208 C3 ✉ Puschkin, Sadowaja ul. 2 ☎ 812 476 64 11, www.museumpushkin.ru 🕐 Mi–Mo 10.30–18 Uhr 🚌 Srednaja ul. (Linie 382, 385, K-377 ab Bhf. Zarskoje Selo) 🎫 120 R.

50 🚶 Höfische Kutschen (Pridwornyj ekipasch)

Vis-à-vis vom Haupteingang des **Katharinenparks** (► 164) liegen die ehemaligen Stallungen des Palasts. Sie beherbergen heute eine Kollektion von Kutschen und Schlitten, in denen sich Russlands Herrscher chauffieren ließen: Atemberaubend aufwendige, riesige Prunk-Equipagen aus der Epoche Katharinas II. sind ebenso ausgestellt wie die zur Krönung von Alexander II. gefertigten Nobelkarossen. Unter den gut zwei Dutzend Exponaten dürfte jüngere Besucher eher jene Zaren-

An alles gedacht: Kutsche mit Plumpsklo

kutsche faszinieren, in deren Sitzbank sich ein Plumpsklo versteckt.

✚ 208 C3 ✉ Puschkin, Sadowaja ul. 8 ☎ 812 415 76 67, www.tzar.ru 🕐 Do–Di 10–18 Uhr (letzter Do im Monat geschl.) 🚌 Srednaja ul. (Linie 382, 385, K-377 ab Bhf. Zarskoje Selo) 🎫 200 R.

51 🚶 Alexanderpark (Aleksandrowskij park)

Auf der Rückseite des **Katharinenpalasts** (eigentlich dessen Paradeseite, denn hier befindet sich das überaus prachtvolle Haupttor), erstreckt sich der gut 2 km² große, waldreiche Alexanderpark, der selbst in der Hochsaison nur wenig frequentiert ist. Und wie es sich für eine rechte Wildnis gehört, steckt sie voller Überraschungen – angefangen bei der exotischen **Chinesischen Brücke**, die vom Schloss in den Park führt. Etwa 300 m weiter steht das **Chinesische Theater** bzw. dessen Überreste, denn seit dem Zweiten Weltkrieg liegt das Hoftheater in Ruinen. Wer tiefer in das einstige zaristische Jagdrevier vordringt, stößt auf Kurioses wie den Turm einer verfallenen gotischen Kathedrale oder jenen einer Spiel-Ritterburg für Zarenkinder, einen ehemaligen Stall für Lamas oder den Friedhof der Lieblingspferde der russischen Herrscher.

In der Nordostecke des Parks steht der stattliche **Alexanderpalast** (Dworzowaja ul. 2a). Russlands letzter Zar **Nikolaus II.** wählte das 1796 von Baumeister Giacomo Quarenghi fertiggestellte klassizistische Schloss 1904 zu seinem Hauptwohnsitz. Von hier aus trat die entmachtete Zarenfamilie im August 1917 ihre Reise in die Verbannung an – die ein knappes Jahr später mit ihrer Ermordung endete.

Der Palast wird gegenwärtig restauriert und ist voraussichtlich ab Mitte 2018 wieder zugänglich. Ungewöhnlich ist ein Areal 400 m nördlich der Zarenresidenz, das kurz vor und während des Ersten Weltkriegs entstand: Geradezu

Zarenschlösser vor der Stadt

Alexanderpark: Im 19. Jh. waren Bauten im Chinoiserie-Stil in Mode

mystisch wirkt das **Fjodor-Städtchen** (Fjodorowskij gorodok, Akademitscheskij Pr. 14–18), denn das Erscheinungsbild dieses Miniatur-Kremls wurde an Nowgoroder und Pskower Bauten des 16. Jhs. angelehnt. Dabei handelte es sich nur um (heute halb verfallene) Unterkünfte für Palastpersonal und Wachmannschaften.

Wie frisch aus dem Ei gepellt strahlt dafür die **Fjodor-Kirche** (Akademitscheskij Pr. 34) mit ihrem goldenen Turmhelm: Das 1912 geweihte Gotteshaus wurde ebenfalls im Stil der Zeit Iwans des Schrecklichen errichtet. Ursprünglich war es für die Leibgarde bestimmt, doch ab 1914 trug es den offiziellen Titel einer Herrscher-Kirche: Hierher kam die Zarenfamilie zum Gottesdienst.

Abschluss und Höhepunkt dieses pittoresken Ensembles bildet die **Ratnaja palata**, etwa 250 m westlich der Kirche: Mit dem Bau dieses ansehnlichen Komplexes im Altnowgoroder Stil hatte man 1913 begonnen, um eine Militaria-Sammlung unterzubringen. Der Bau wurde erst gegen Ende des Ersten Weltkriegs fertiggestellt, beherbergte aber bereits ein Museum über den laufenden Krieg. Nach der Oktoberrevolution wurde dessen Sammlung zerstreut, das Gebäude im Zweiten Weltkrieg zerschossen. Bei seinem Wiederaufbau beschloss man, hier erneut ein Museum zu Russlands Rolle im Ersten Weltkrieg einzurichten – und so hängt heute im mittelalterlich wirkenden Gewölbe der Haupthalle ein hundert Jahre alter Doppeldecker vom Typ *Nieuport 17*.

✚ 208 C3 ✉ Puschkin, Eingänge westlich und nördlich des Katharinenpalasts 🔗 www.tzar.ru ⏱ tägl. 24 Std. geöffnet 🎫 frei

Ratnaja palata
✉ Fermskaja doroga 5 ☎ Tel. 812 415 76 92, www.tzar.ru ⏱ Do–Di 10–18 Uhr (außer letzter Do im Monat) 🎫 300 R.

BAEDEKER TIPP

Angesichts der großen Distanzen darf man im Alexanderpark Rad fahren. Alternativ kann man auch eine **Rundfahrt mit Elektro-Wagen** machen, die an der Nordseite des Katharinenpalasts am Rastrelli-Denkmal abfahren (tägl. 11–18 Uhr; 150 R.)

Wohin zum …
Essen und Trinken?

Preise
für ein Hauptgericht (ohne Getränke):
€ unter 450 R.   €€ 450–900 R.   €€€ über 900 R.

PETERHOF

Brynsa €
Es lohnt sich, den georgischen Begriff *Tschebureki* zu lernen: So heißen verschiedenartig gefüllte Teigtaschen, die in diesem Restaurant (acht weitere Filialen in der Stadt) auf der Westseite des Palasts den Schwerpunkt des Menüs bilden.

🖽 208 B2 ✉ Peterhof, Ul. Morskogo desanta 3 ☎ 812 944 44 90, www.cafebrynza.ru 🕐 tägl. 10–23, Sa bis 1 Uhr 🚊 Raswodnaja ul. (von Metrostation Awtowo: Linien 200, 210, K-224, K-300, K-404, K-424)

CoffeeLove €
Das kleine Café punktet nicht nur mit seinem erfrischenden Design, einer Mischung aus Pop-Art und Antiquariat, sondern auch mit einem persönlich-freundlichen, flotten Service und guter Küche mit mexikanischen und asiatischen Akzenten.

🖽 208 B2 ✉ Peterhof, Sankt-Peterburgskij Pr. 41 ☎ 812 925 0 043 🕐 tägl. 10–23 Uhr 🚊 Torgowaja pl. (von Metrostation Awtowo: Linien 200, 210, K-224, K-300, K-404, K-424)

Duck & Drake €€
Solider Gastro-Pub im schicken Neubau-Hotel Nowyj Petergof (➤ 42), ideal gelegen zwischen Schlosspark und Olga-Teich. Trotz des touristischen Umfelds: Werktags gibt es hier mittags einen günstigen Business-Lunch. Und ungeachtet seiner Grundorientierung in Richtung »deftig«, nimmt das Menü Rücksicht auf Vegetarier, Allergiker und Anti-Alkoholiker.

🖽 208 B2 ✉ Peterhof, Sankt-Peterburgskij Pr. 34 ☎ 812 319 26 99, www.new-peterhof. com 🕐 tägl. 11–23 Uhr 🚊 Torgowaja pl. (von Metrostation Awtowo: Linien 200, 210, K-300, K-404, K-424)

PAWLOWSK

Podworje €€€
Was sich ganz unbescheiden das »russischste Restaurant Russlands« nennt, muss schon etwas bieten: Das am Rand des Pawlowsker Parks gelegene Gasthaus ist in einem riesigen Blockhaus untergebracht. Auch drinnen sieht es aus wie in einem Folklore-Bilderbuch, inklusive ausgestopftem Bär. Zu den üppigen russischen Küchenklassikern fließt Wodka aus eigener Brennerei.

🖽 208 C3 ✉ Pawlowsk, Filtrowskoje chaussee 16 ☎ 812 454 54 64, www.podvorye. ru 🕐 tägl. 12–23 Uhr 🚊 Bahnhof Pawlowsk

PUSCHKIN / ZARSKOJE SELO

Bakenbardy €
Für ein Lokal, das am verkitschten Souvenirmarkt direkt vor dem Katharinenpalast steht, eine angenehme Überraschung: Puschkins Backenbart zieht sich als Running Gag durch ein witzig umdesigntes altes Haus. Das Restaurant ist klein, das Menü eher auch – aber die Atmosphäre dafür urgemütlich. Im Erdgeschoss gibt es eine Cafeteria mit Blini-Verkauf.

🖽 208 C3 ✉ Puschkin, Lizejskij per. 1 ☎ 921 996 02 35, www.bakenbards.ru 🕐 Mo–Do 11–20, Fr–So 11–22 Uhr 🚊 Baedeker Tipp ➤ 164

Zarenschlösser vor der Stadt

Sotschi € / Odessa €€

Ein sanierter alter Wasserturm gleich neben dem Katharinenpalast beherbergt zwei Restaurants: Sotschi im Erdgeschoss nimmt eine großzügige, helle Halle ein. Hier dürfen sich die Gäste mittags an der umfangreichen Cafeteria-Theke ihr Menü selbst zusammenstellen. Mittwoch- bis sonntagabends gibt es Livemusik. Das »Odessa«, eine Etage höher, ist ein schickes Restaurant mit Fischspezialitäten aus dem Schwarzen Meer. Höher im Hause gibt es auch eine Wodka-Bar und eine Dachterrasse.

🔲 208 C3 ✉ Puschkin, Lizejskij per. 7 (im Hof) ☎ 812 901 08 08, www.bashnya-pushkin.ru 🕐 tägl. 12–23 Uhr 🚪 Baedeker Tipp ➤ 164

Moch €

Das absolute Kontrastprogramm zu den vielen Lokalen für Reisegruppen und Hochzeitsgesellschaften in Palastnähe: In einem innerstädtischen Hinterhof nahe dem Puschkiner Gostinyj Dwor versteckt sich dieses kleine, freakige Vegetarier-Café. Zu den hochgelobten Falafel gibt es guten Kaffee, Smoothies, Wein oder Craft Beer. Und vielleicht auch Livemusik, falls jemand Lust hat zu spielen.

🔲 208 C3 ✉ Puschkin, Oranscherejnaja ul. 15a (im Hof) ☎ 981 958 39 90, www.vk.com/pushkinmox 🕐 Mi–Mo 14–22 Uhr 🚪 Baedeker Tipp ➤ 164

Wohin zum … Einkaufen?

Sowohl Puschkin als auch Peterhof sind vergleichsweise provinzielle Vororte. In unmittelbarer Nähe der Zarenresidenzen gibt es jeweils einige Souvenirshops, etwas weiter dann nur noch Geschäfte für den Alltagsbedarf der Einwohner.

Wer etwas frisches Obst kaufen möchte, findet in etwa 800 m Entfernung vom Katharinenpalast den Markt von Puschkin im Innenhof des schönen, alten Zarskoselsker **Gostinyj Dwor** (Ul. Moskowskaja 25, Mo–Sa 8–19, So bis 17 Uhr). In Peterhof liegt der **Markt** direkt am Olga-Teich (Zaryzinskaja ul., tägl. 8–20 Uhr).

Amberroom

Die hoch professionelle **Bernsteinwerkstatt des Katharinenpalastes** wurde nach der Fertigstellung der Rekonstruktion des Bernsteinzimmers nicht aufgelöst, sondern verdient sich nun ihr Geld u.a. mit der

Herstellung exquisiter Bernsteinobjekte, teils nach historischen Vorlagen. Ihr Laden hat auch musealen Charakter, so wird hier eine Kollektion alter Bernstein-Tabakpfeifen ausgestellt. Das Preisniveau ist hoch – aber dafür ist eben auch die Herkunft der Arbeiten von Adel.

🔲 208 C3 ✉ Puschkin, Sadowaja ul. 7 (im Katharinenpalast unter der Palastkirche; Shop im Kassenbereich) ☎ 812 476 99 18, www.amberroom.ru 🕐 Mi–Mo 10–17 Uhr (letzter Mo im Monat geschl.) 🚪 Baedeker Tipp ➤ 164

Wohin zum … Ausgehen?

Ein nennenswertes Nachtleben gibt es in den Vororten nicht, Kneipen und Restaurants schließen im Lauf des Abends eher früh als spät. Und die Einheimischen gehen ins Bett – oder fahren zum Ausgehen in die Petersburger Innenstadt. Wer sich nach den Schloss- und Parkbesichtigungen abends noch amüsieren möchte, sollte es genauso machen.

Ausflüge

Ausflüge

Eine Fünf-Millionen-Stadt kann schon anstrengend werden – dagegen hilft nichts besser als eine kleine Landflucht. Wohl fast jeder Petersburg-Besucher unternimmt mit einem Besuch der Zarenresidenzen Peterhof oder Zarskoje Selo zwar schon einen Ausflug vor die Stadt, aber dabei sieht man weder viel Natur noch »flaches Land«. Die beiden folgenden Ausflugsrouten führen etwas weiter hinaus und erlauben kräftig durchzuatmen: St. Petersburg ist schließlich eine Hafenstadt »zwischen zwei Meeren« – denn Europas größter Binnensee, der Ladogasee, nur 30km jenseits der Stadtgrenze gelegen, wirkt viel weiter als die Ostsee, die sich vor St. Petersburg zur seichten Newa-Bucht verengt.

Oranienbaum & Kronstadt

Oranienbaum ist – nach Strelna und Peterhof – das dritte Zarenschloss am Südufer des Finnischen Meerbusens. In seinem Landschaftspark ist die Luxus-Datscha von Katharina der Großen die Hauptattraktion: der Chinesische Palast. Über den 2011 fertiggestellten Flutschutzdamm geht es dann mit dem Bus nach Kronstadt auf der Insel Kotlin. Dort erhebt sich eine riesige Kathedrale über den östlichsten Zipfel der Ostsee.

Oranienbaum war ursprünglich keine Zarenresidenz, sondern das Landschloss von Fürst **Alexander Menschikow**, dem ersten Generalgouverneur von St. Petersburg, wobei dessen 1720 vollendeter Palast zunächst prächtiger geraten war als das zehn Kilometer entfernte Peterhof (➤ 156)

Gehörte einst Fürst Menschikow: der Große Palast von Oranienbaum

von Peter I. – einzig auf Wasserspiele musste Menschikow verzichten. Von 1745 bis 1762 lebte dann im **Großen Menschikow-Palast** das unglücklich miteinander verheiratete deutschstämmige Thronfolgerpaar, der nachmalige Kurzzeit-Zar Peter III. und seine dann gegen ihn putschende Gattin, die spätere Katharina II.

Kaum auf dem Thron, erkor sie den hinteren Bereich des 1,5 km² großen Parks zur »Eigenen Datscha« und ließ sich darin von Antonio Rinaldi ein Lustschlösschen nach ihrem Geschmack bauen: Der **Chinesische Palast** sieht von außen zwar unscheinbar aus, betört im Innern aber mit unvergleichlich prächtigen Räumen im Rokoko-Stil. Ein weltweit einmaliges Interieur ist das Glasperlenkabinett: Die silbrig glänzenden Wandbespannungen bestehen aus auf Wollfäden aufgezogenen Glasperlen und Seidenstickereien – und zeigen filigrane Pflanzen und Vogelmotive. Einige Räume sind im damals populären chinesischen Stil gehalten – daher der Name dieses nicht winterfesten Refugiums, dessen Besichtigung weitaus interessanter ist als die des Hauptpalastes.

Beim Bummel durch den abwechslungsreich gestalteten Park stößt man in der Nordwestecke auf den ebenfalls von Rinaldi gebauten hohen **Rutschbahn-Pavillon**: Er war einst die »Startrampe« für eine hölzerne Berg- und Talbahn, auf der die höfische Gesellschaft durch den Park gondelte. Und im Südosten befinden sich die Überreste von **Peterstadt**, einer Miniatur-Festung, in der Peter III. mit seinem holsteinischen Leibregiment Krieg gespielt hatte.

Über den Damm nach Kronstadt

Verkehrstechnisch liegt Kronstadt nicht mehr auf einer Insel: Über den 1979 bis 2011 errichteten, 22 km langen **Flutschutzdamm** führt die Petersburger Ringautobahn, weshalb die Stadt per Bus gut erreichbar ist. Wer von Süden (aus Oranienbaum) kommt, passiert dabei einen 2 km langen Tunnel unter dem Hauptfahrwasser für den Schiffsverkehr. Die Fahrbahn liegt hier 28 m unter dem Meeresspiegel.

Die Festungsstadt ist genauso alt wie St. Petersburg: Schon 1704 legten die Russen auf der Insel Kotlin sowie im seichten Wasser der Newa-Bucht Bollwerke an, um so

Ausflüge

die Newa-Mündung zu kontrollieren. In der Mitte des 19. Jhs. war Kronstadt der zivile und militärische Haupthafen von St. Petersburg – und zählte damals doppelt so viele Einwohner wie heute (43 000). Deshalb ist es, obwohl offiziell ein Stadtteil St. Petersburgs, ein ruhiges Pflaster voller alter Festungsmauern, Kasernen, Docks und Hafenanlagen. Die russische Marine ist nur noch mit einem kleinen Stützpunkt präsent.

Mittelpunkt von Kronstadt ist die Nikolaus-Marine-Kathedrale

Der schon von Weitem unübersehbare Mittelpunkt der Stadt ist die 70 m hohe **Nikolaus-Marine-Kathedrale**. Sie wurde nach einer umfangreichen Generalsanierung erst 2013 wieder für Besucher und Gläubige zugänglich. Der stilistisch an die Hagia Sophia angelehnte neobyzantinische Kuppelbau ist weitaus jünger als er aussieht, geweiht wurde er erst 1913. Nur die großäugigen Engel am Haupttor verweisen auf die Jugendstilzeit. Der aufwendige Marmormosaikboden, die Buntglasfenster und die mit viel Gold ausgemalten hohen Kuppeln verschaffen dieser Kirche eine ungemein feierliche Atmosphäre.

Etwa 800 m südlich der Kathedrale besteht im Hafen die Möglichkeit zu 🚢 **Bootsrundfahrten**. Dabei sieht man einige der Insel-Forts aus der Nähe. Auf den längeren Touren gibt es einen Landgang zur Erkundung des etwas gruseligen, nierenförmigen »Pest-Forts« Alexander I.

Eine Attraktion ist aber auch eines der Ausflugsboote: Die 1954 gebaute »Reeperbahn« war einst ein legendärer Musikdampfer im Hamburger Hafen. Mit ihr schipperten bereits die Beatles, die Rolling Stones und Queen über die Elbe – Fotos an Bord beweisen es!

➕ 208 A1/2 ✉ Lomonossow, Dworzowy Pr. 44 ☎ 812 450 52 87, www.peterhofmuseum.ru 🚉 Lomonossow, Woksal (Bus 200, K-300, K-424a ab Metro Awtowo) 🚆 Oranienbaum-1 (Vorortzug ab Baltischem Bhf.)
Schlosspark 🕐 tägl. 9–20 Uhr 💳 140 R. (ab 17 Uhr frei)
Großer Menschikow-Palast 🕐 Mi–Mo 12–14 und 16–16.45 Uhr (letzter Mi im Monat geschl.) 💳 400 R.
Chinesischer Palast 🕐 Juni–Sept. Di–So 12–14 und 16–16.45 Uhr (letzter Di im Monat geschl.) 💳 500 R.

Anfahrt Kronstadt: 🚌 Kronstadt (Bus K-405 ab Metro Tschjornaja Retschka, 101 ab Metro Staraja Derewnja, 175 ab Bhf. Oranienbaum)
Nikolaus-Marine-Kathedrale ✉ Jakornaja pl. 1 🌐 www.kronshtadtsobor.ru
🕐 tägl. ab 9 Uhr bis Ende des Abendgottesdienstes (Beginn 18 Uhr) 💳 frei
Fort-Kreuzfahrt mit der »Reeperbahn« ✉ Arsenalnyj per.
☎ 921 309 48 50, www.forthotel.ru 🕐 im Sommer tägl. 13, 15.30, 17.30 Uhr
💳 550–1100 R.

Festung Schlüsselburg

Wie ein Stöpsel sitzt die Insel Orechowyj im Ausfluss des Ladogasees – der 33-mal größer ist als der Bodensee! Kein Wunder, dass dieser strategische Punkt schon lange vor der Gründung von St. Petersburg besiedelt und befestigt war: Schon Anfang des 14. Jahrhunderts stand hier eine aus Holz errichtete Festung. Unter den Zaren diente das immer wieder heftig umkämpfte Bollwerk als Hochsicherheitsgefängnis.

Nach einer kurzen Fährfahrt erreicht man die Festungsinsel. Auch wenn es Verbindungen von beiden Newa-Ufern gibt: Man steuert als Ausgangspunkt besser das Städtchen Schlüsselburg am Südufer an, da man hier auch das eine oder andere Café findet. Außerdem kann man dort, neben dem Bootsanleger, Mitte des 19. Jhs. gebaute Kanalschleusen besichtigen. Denn der sich von hier bis zum Horizont öffnende Ladogasee war wegen seiner Stürme ein so gefürchtetes Gewässer, dass schon Peter der Große verfügte, einen zum Treideln geeigneten Kanal entlang des Südufers anzulegen.

Die Festungsmauern von Schlüsselburg haben eine Dicke von 4,5 bis 6 Metern

Die Gründung der Festung schreiben sich sowohl die Schweden als auch die Russen zu: Nach der schwedischen Version geschah dies 1299, nach der russischen 1323, als hier auch gleich ein Vertrag unterzeichnet wurde,

Ausflüge

der erstmals eine Grenze zwischen Schweden und der damaligen russischen Republik Nowgorod festlegte. Sowohl Schweden als auch Russen nannten die Festung **Nussburg** – *Nöteborg* bzw. *Oreschek* – und sie bewies mehrfach in der Geschichte, dass sie nur hart zu knacken war.

Im Jahr 1352 begannen die Nowgoroder mit dem Bau einer kleinen steinernen Burg. Bei Ausgrabungen – unter einem Schutzdach zu besichtigen – konnten die Reste eines Tors von damals freigelegt werden Auch führt ein **Aussichtssteg** auf die im 16. Jh. entstandenen und partiell rekonstruierten Mauern

Ihr heutiges Aussehen erhielt die Festung im 16. Jh.

und Türme mit Wandstärken von 4,5 bis 6 m.

Nach mehreren vergeblichen Anläufen nahm Schweden schließlich 1612 die Festung ein. 1702 eroberte Peter der Große sie zurück – und weil dies für ihn der Schlüssel zum ersehnten Ostseezugang war, taufte er sie in »Schlüsselburg« um.

Mit der Gründung von St. Petersburg verlor die Burg jedoch gleich wieder ihre strategische Bedeutung. Dafür bot sich das Eiland als Kerker für Opfer von Hofintrigen und politische Gefangene an. In Schlüsselburg saßen Dekabristen, Freiheitskämpfer und Revolutionäre ein – wie Michail Bakunin oder der Bruder Lenins, Alexander Uljanow, der hier 1887 hingerichtet wurde. Zwei alte Gefängnistrakte, die als Museen wieder hergerichtet wurden, erinnern daran.

Die imposanten Ruinen im Schlosshof sind ein 1911 errichteter Gefängnisbau sowie die zur Gedenkstätte umgestaltete alte Festungskirche. Beide Gebäude wurden im Zweiten Weltkrieg zerstört, als sich die Festung erneut als harte Nuss erwies: Eine kleine sowjetische Garnison behauptete sich 500 Tage lang gegen die deutsche Wehrmacht, die die Stadt Schlüsselburg besetzt hielt.

✠ 208 E2 ✉ Schlüsselburg, Insel Orechowy ☎ 812 230 64 31, www.spbmuseum.ru 🕐 Juni–Sept. Mo–Fr 10–18, Sa/So bis 19, Mai u. Okt. Mo–Fr 10–17, Sa/So bis 18 Uhr 💰 200 R. 🚌 Schlisselburg (Bus 575 ab Metro Uliza Dybenko) 🚆 Petrokrepost (Vorortzug ab Finnländischem Bhf.) 🚢 ab Schlüsselburg bzw. Pos. im Morosow (Nordufer) 🎫 250 R. (hin und zurück)

Spaziergänge

Spaziergänge

1 JUGENDSTIL IN ST. PETERSBURG
Spaziergang

LÄNGE: 4 km
DAUER: 2 Std. (ohne Museumsbesichtigungen)
START/ZIEL: Metrostation Gorkowskaja ✚ 203 D3

Neben Barock und Klassizismus ist auch der Jugendstil für das historische Stadtbild Petersburgs prägend. Und nirgendwo finden sich so viele Jugendstilhäuser wie auf der Petrograder Seite – Zeugnisse eines Baubooms zu Beginn des 20. Jhs. Dieser Spaziergang führt Sie nicht nur über noble Prospekte, sondern auch durch Hinterhöfe mit bröckelnden Fassaden und enge Gassen.

❶–❷
Nur einen Steinwurf von der Metrostation Gorkowskaja entfernt steht ein erstes Gebäude im für Petersburg typischen »Nördlichen Jugendstil«; er ist weniger floral-

Die einstige Villa der Ballerina Matilda Kschessinskaja beherbergt das Museum für politische Geschichte

schnörkelig als der »Art Nouveau« und zeigt gerne Kante: An der Fassade des Hauses **Barsowa** (1911; Kronwerkskij Pr. 23) kontrastiert die weit nach oben gezogene grobe Natursteinverkleidung mit einer überaus verspielten Fenstergestaltung. Die höhlenartigen Hauseingänge werden von Eulen und drolligen Sphinxen bewacht. Hier wohnte 1914 bis 1921 der Schriftsteller **Maxim Gorki**.

Ca. 100 Meter hinter der Metrostation stoßen Sie am Kamenoostrowskij Pr. auf ein ungewöhnliches **Denkmal** für das 1904 im russisch-japanischen Krieg gesunkene **Torpedoboot Stregutschij**: Das 1911 aufgestellte Jugendstil-Monument illustriert lebhaft die Legende, wonach zwei Matrosen ihr manövrierunfähiges Schiff versenkten,

damit es dem Feind nicht in die Hände fiele.

2–3

Der Architekt des Denkmals, Alexander von Hohen, schuf auch zwei erstklassige Bauten ganz in der Nachbarschaft: Haus 1 am Kronwerkskij Pr. ist die luxuriöse **Villa von**

3–4

Zwei Hausnummern weiter erhebt sich die massive **Moschee** (1910 bis 1914, Besichtigung außerhalb der Gebetszeiten möglich) – so nahe an der Grablege der orthodoxen russischen Herrscher ein deutliches Zeichen für die religiöse Toleranz des Vielvölkerreichs. Stilistisches Vorbild für die hohe blaue Kuppel und das mit komplexen Majolika-Ornamenten geschmückte Haupttor war das Gur-Emir-Mausoleum in Samarkand.

4–5

Nun biegen Sie wieder auf den Kamenoostrowskij Pr. ein, wo die Häuser 1 und 3 (1902–04) typisch »Modern« sind – als »Stil modern« bezeichnet man den Jugendstil in Russland. Architekt und Eigentümer der **Wohnanlage** war **Fjodor Lidval**, der hier vielfältige Fensterformen, abwechslungsreiche Oberflächen und Tier- und Pflanzenmotive munter kombinierte. Entdecken Sie das Spinnennetz als Balkongeländer?

5–6

Das nächste Highlight ist der **Österreichische Platz** – das einzige Jugendstil-Ensemble in der Stadt. Der Petersburger Architekt Wassili Schaub hatte das Glück, hier in den Jahren 1901 bis 1906 gleich drei private Mietshäuser bauen zu dürfen. Man erkennt sie an ihren Asymmetrien, Türmchen und lebhaften Fassaden.

Matilda Kschessinskaja, einer Primaballerina am Mariinskij-Theater, die vor der standesgemäßen Verlobung von Zar Nikolaus II. dessen Geliebte war. Die Klinker-Villa (1904–10) beherbergt heute das **Museum für politische Geschichte**. Im Revolutionsjahr 1917 hatten hier die Bolschewiken ihr Hauptquartier.

BESICHTIGUNGEN

Museum für politische Geschichte
Fr-Di 10–18, Mi bis 20 Uhr
www.polithistory.ru 200 R.

Kirow-Museum
Do-Di 11–18 Uhr
www.kirovmuseum.ru 150 R.

Spaziergänge

»Stil modern« – wie die Russen den Jugendstil nennen – am Österreichischen Platz

6–**8**

An der nächsten Querstraße fällt das 1896–1912 errichtete **Haus Kawoss** (Bolschaja Monetnaja 10) mit einer Dekoration aus rotem Klinker, grünen Kacheln und Löwenköpfen auf.

Bei den edlen neoklassizistischen **Benois-Häusern** (Nr. 26–28, 1911–14) biegen Sie in deren Labyrinth aus neun – eher heruntergekommenen – Innenhöfen ein: Die Wohnanlage, einst errichtet von einer Versicherung zeigt sich zwar nicht im Jugendstil-Design, verfügte aber über fortschrittlichste Luxusattribute wie Dutzende Autogaragen, eine Müllverbrennungsanlage und ein Staubsaugersystem. Eine der 250 Wohnungen, das **Kirow-Museum**, kann besichtigt werden, denn hier lebte in den 1930er-Jahren der populäre Leningrader Parteichef Sergej Kirow.

8–**9**

Verlassen Sie den Komplex über seine Rückseite zur Kronwerkskaja Uliza. Nach der Durchquerung des Parks gegenüber stoßen Sie auf das **Haus Kolobowych** (Uliza Lenina 8, 1908–1910). Diese Edelimmobilie zeigt sich zwar äußerlich in pompösen Neobarock, hat aber einen modernen planerischen Clou: Nach Süden, zum Puschkarskij per., öffnet sie sich in W-Form und bietet so möglichst vielen Wohnungen Sonne.

9–**10**

Gehen Sie dann den Puschkarskij per. entlang und biegen links in die Sablinskaja ul. ein: die Nr. 8, das **Haus Frenkel** (1911/12), ist ebenfalls von Wassili Schaub. Hier verzichtete er auf Dekor und zeichnete dafür einen siebenstöckigen Wohnturm aus ineinander geschobenen geometrischen Formen. Das Haus kann deshalb auch als Vorläufer der nächsten in Russland aufblühenden Architekturrichtung, des Konstruktivismus, gelten.

10–**11**

Über den nahen **Sytnyj rynok**, den ältesten Markt der Stadt mit einer schönen Markthalle von 1913, gelangen Sie zurück zur Metrostation Gorkowskaja.

> **KLEINE PAUSE**
>
> Das Eckcafé **Coffee Room** (Kamenoostrowskij Pr. 22, Mo–Fr 9–23, Sa/So ab 10 Uhr) auf halber Strecke bietet Stärkungen aller Art – und das in hipp designter Atmosphäre.

damit es dem Feind nicht in die
Hände fiele.

2–**3**

Der Architekt des Denkmals, Alexander von Hohen, schuf auch zwei
erstklassige Bauten ganz in der
Nachbarschaft: Haus 1 am Kronwerkskij Pr. ist
die luxuriö-
se **Villa
von**

Matilda Kschessinskaja,
einer Primaballerina am Mariinskij-Theater, die vor der standesgemäßen Verlobung von Zar Nikolaus
II. dessen Geliebte war. Die Klinker-
Villa (1904–10) beherbergt heute
das **Museum für politische Geschichte**. Im Revolutionsjahr 1917
hatten hier die Bolschewiken ihr
Hauptquartier.

BESICHTIGUNGEN
Museum für politische Geschichte
🕐 Fr–Di 10–18, Mi bis 20 Uhr
ℹ️ www.polithistory.ru 🎫 200 R.

Kirow-Museum
🕐 Do–Di 11–18 Uhr
ℹ️ www.kirowmuseum.ru 🎫 150 R.

3–**4**

Zwei Hausnummern weiter erhebt
sich die massive **Moschee** (1910
bis 1914, Besichtigung außerhalb
der Gebetszeiten möglich) – so
nahe an der Grablege der orthodoxen russischen Herrscher ein deutliches Zeichen für die religiöse
Toleranz des Vielvölkerreichs. Stilistisches Vorbild für die hohe blaue
Kuppel und das mit komplexen
Majolika-Ornamenten geschmückte Haupttor war das Gur-Emir-Mausoleum in Samarkand.

4–**5**

Nun biegen Sie wieder auf
den Kamenoostrowskij Pr.
ein, wo die Häuser 1
und 3 (1902–04) ty-
pisch »Modern« sind
– als »Stil modern«
bezeichnet man
den Jugendstil in
Russland.
Architekt und
Eigentümer
der **Wohn-
anlage** war
**Fjodor
Lidval**,
der hier
vielfälti-
ge Fens-
terfor-
men,
abwechs-
lungsreiche Oberflä-
chen und Tier- und Pflanzenmotive
munter kombinierte. Entdecken Sie
das Spinnennetz als Balkongeländer?

5–**6**

Das nächste Highlight ist der **Österreichische Platz** – das einzige Jugendstil-Ensemble in der Stadt. Der
Petersburger Architekt Wassili
Schaub hatte das Glück, hier in
den Jahren 1901 bis 1906 gleich
drei private Mietshäuser bauen zu
dürfen. Man erkennt sie an ihren
Asymmetrien, Türmchen und lebhaften Fassaden.

Spaziergänge

»Stil modern« – wie die Russen den Jugendstil nennen – am Österreichischen Platz

6–8

An der nächsten Querstraße fällt das 1896–1912 errichtete **Haus Kawoss** (Bolschaja Monetnaja 10) mit einer Dekoration aus rotem Klinker, grünen Kacheln und Löwenköpfen auf.

Bei den edlen neoklassizistischen **Benois-Häusern** (Nr. 26–28, 1911–14) biegen Sie in deren Labyrinth aus neun – eher heruntergekommenen – Innenhöfen ein: Die Wohnanlage, einst errichtet von einer Versicherung zeigt sich zwar nicht im Jugendstil-Design, verfügte aber über fortschrittlichste Luxusattribute wie Dutzende Autogaragen, eine Müllverbrennungsanlage und ein Staubsaugersystem. Eine der 250 Wohnungen, das **Kirow-Museum**, kann besichtigt werden, denn hier lebte in den 1930er-Jahren der populäre Leningrader Parteichef Sergej Kirow.

8–9

Verlassen Sie den Komplex über seine Rückseite zur Kronwerkskaja Uliza. Nach der Durchquerung des Parks gegenüber stoßen Sie auf das **Haus Kolobowych** (Uliza Lenina 8, 1908–1910). Diese Edelimmobilie zeigt sich zwar äußerlich in pompösen Neobarock, hat aber einen modernen planerischen Clou: Nach Süden, zum Puschkarskij per., öffnet sie sich in W-Form und bietet so möglichst vielen Wohnungen Sonne.

9–10

Gehen Sie dann den Puschkarskij per. entlang und biegen links in die Sablinskaja ul. ein: die Nr. 8, das **Haus Frenkel** (1911/12), ist ebenfalls von Wassili Schaub. Hier verzichtete er auf Dekor und zeichnete dafür einen siebenstöckigen Wohnturm aus ineinander geschobenen geometrischen Formen. Das Haus kann deshalb auch als Vorläufer der nächsten in Russland aufblühenden Architekturrichtung, des Konstruktivismus, gelten.

10–11

Über den nahen **Sytnyj rynok**, den ältesten Markt der Stadt mit einer schönen Markthalle von 1913, gelangen Sie zurück zur Metrostation Gorkowskaja.

KLEINE PAUSE

Das Eckcafé **Coffee Room** (Kamenoostrowskij Pr. 22, Mo–Fr 9–23, Sa/So ab 10 Uhr) auf halber Strecke bietet Stärkungen aller Art – und das in hipp designter Atmosphäre.

2 DIE JELAGIN-INSEL

Spaziergang

LÄNGE: 5,5 km **DAUER:** 2,5 Std. **START:** Metrostation Krestowskij ostrow ✚ 202 westl. A1 **ZIEL:** Sausadebnaja ul. 37, Metrostation Staraja Derewnja ✚ 202 nordwestl. A1

Drei kleinere Inseln im Nordwesten des Newa-Deltas haben einiges an Erholungspotential für Städter wie Stadtreisende. Besonders die von einem Geflecht aus neun Teichen durchzogene Jelagin-Insel gilt als das grüne Refugium von St. Petersburg: Aus der einstigen Zarendatscha wurde ein idyllischer Volkspark.

🏷 1–2

Die Metrostation Krestowskij ostrow liegt direkt am Eingang des großen **Küsten-Siegesparks** und gegenüber des 🎡 Vergnügungsparks **Diwo ostrow** (www.divo-ostrov.ru) mit teils extremen Fahrgeschäften – für Kinder und Jugendliche ist dieser zweifellos eine echte Attraktion. Diese beiden Parks lassen Sie aber links liegen; es sei denn, es ist ein Werktag und Sie wollen sich am Parkeingang für den weiteren Weg Fahrräder ausleihen. Günstiger sind allerdings die blauen Leihräder des Online-Systems *Velogorod* – eine Dock-Station findet sich an der Metrostation.

Nervenkitzel ist im Vergnügungspark Diwo ostrow garantiert

🏷 2–3

Etwa 300 m weiter in nördlicher Richtung erreichen Sie die Brücke zur Jelagin-Insel. Offiziell heißt die Insel **Zentraler Kirow-Erholungs- und Freizeitpark** (ZPKiO im. Kirowa; www.elaginpark.org), doch dessen Urheber war nicht etwa der 1934 ermordete Leningrader Parteisekretär Sergej Kirow, sondern **Iwan Jelagin**. Unter Katharina II. war er Leiter der kaiserlichen Theater; ihm gehörte ab 1777 diese Insel, auf der er einen Landsitz mit englischem Park anlegte.

WANN?

Werktags, vor allem vormittags, ist die Jelagin-Insel eine echte Ruhe-Oase (Zugang geöffnet: April–Okt. tägl. 6–24, Nov.–März bis 23 Uhr). Am Wochenende ist sie hingegen sehr gut besucht, obwohl es Sa/So von 10 bis 22 Uhr 100 R. Eintritt kostet. Achtung: Radfahrer werden in dieser Zeit nicht eingelassen!

Spaziergänge

3–5

Nach der Brücke geht es rechts am Ufer entlang zum **Jelagin-Palast** (wg. Renovierung geschlossen). Dieser trägt zwar noch den Namen des ersten Besitzers, wurde aber nach dem Erwerb der Insel durch das Zarenhaus 1817 von Carlo Rossi stark umgebaut. Der große Ensemble-Spezialist schuf hier einen geradezu idealen Sommersitz, denn die eleganten Bauten für **Küche, Ställe** und **Orangerie** wurden leger an den Rand der Festwiese gesetzt.

5–6

Bummeln Sie nun westwärts auf dem sich unter Bäumen dahin schlängelnden Hauptweg. Schön, wenn Sie ein paar Nüsse eingesteckt haben: Die hiesigen Eichhörnchen fressen aus der Hand! Falls Ihnen auf dem asphaltierten Insel-Rundkurs zu viele Skater unterwegs sein sollten, weichen sie einfach auf die Schotterpfade aus. Oder werden Sie selbst aktiv: Hinter dem **Café Nota** an der nördlichen Zugangsbrücke gibt es einen Boots- und

KLEINE PAUSE

Auf der Insel gibt es vier Cafés sowie im Sommer mehrere Zelte mit Bierausschank und Grill.

einen Rollschuh-/Schlittschuhverleih – und im Winter eine kleine Kunsteisbahn.

6–8

Vorbei an einem (jederzeit frei zugänglichen) **Minizoo** – unter anderem mit Rentieren aus der russischen Tundra – erreichen Sie die **westliche Inselspitze**. Einst öffnete sich hier, flankiert von romantischen

Löwenstatuen, der Blick auf ein Stück Ostsee. Inzwischen dominieren jedoch neue Monumentalbauten das Panorama: Halblinks die gewaltige Schüssel des (nach vielen Skandalen und Verzögerungen ca. 600 Mio. Euro teuren) Fußballstadions für 68000 Zuschauer. 2017 soll es eingeweiht werden, rechtzeitig vor der in Russland ausgetragenen WM 2018.

Halbrechts ragt das Lachta-Center (www.lakhta.center) heraus: Mit

Staraja Derewnja
Tramvajnaja doroga
Shopping Center Gulliver
Zausadebnaja uliza
12
Restaurierungs- und Depotkomplex der Eremitage
Shkolnaya uliza
Lipovaja alleja
Dibunovskaja uliza
uliza Savuškina
Buddhistischer Tempel
11
uliza Savuškina
Primorskij prospekt
Bol'šaja Newka
4-j Severnyj prud
3-j Severnyj prud
2-j Severnyj prud
1-j Severn
5-j Severnyj prud
8
7
Minizoo
Café Nota **6**
Konjušennyj korpus
Orangerie **5**
4
Jelagin-Palast
Liegewiese **9**
4-j Južnyj prud
Jelagin-Insel
Srednjaja Newka
2-j Južnyj prud
Sred
Bootsanleger
10
0   200 m
0   200 yd
3
nab. Martynova
Kemskaja uliza
uliza Rjubina
Diwo ostrow **2**
Krestowskij ostrow
Küsten-Siegespark **1**
Morskoj prospekt

Auf Inlineskatern vorbei am leuchtend weißen Jelagin-Palast

geplanten 462 m Höhe wird der nadelförmige Wolkenkratzer des Gazprom-Konzerns bei seiner 2018 geplanten Fertigstellung das höchste Gebäude Europas sein. Im 86. Stock, auf 378 m Höhe, ist eine Aussichtsplattform vorgesehen – und auf 330 m Höhe wird ein Restaurant eingerichtet.

Und direkt vor Ihnen überspannt eine Brücke der 2016 eingeweihten Nord-Süd-Autobahn die Newa-Mündung.

8–9
Für den Rückweg folgen Sie dem Südufer der Insel: Hier gibt es eine große **Liegewiese** mit Beachvolleyball-Feldern – und am Ufer gegenüber eindrucksvolle Yachten der Petersburger Superreichen.

9–10
Falls das Lust auf eine Schifffahrt gemacht haben sollte: Wo Sie am Uferweg wieder Asphalt unter die Füße bekommen, befindet sich ein **Anleger für Bootsrundfahrten**.

10–11
Gehen Sie nun nach Norden; am Café Nota vorbei verlassen Sie die Insel. Durch eine Unterführung unter dem stark befahrenen Primorskij Pr. kommt man direkt zum nördlichsten **buddhistischen Tempel** der Welt – ein weiterer Beweis für die traditionelle multireligiöse Struktur Russlands: Der **Gunsetschoinei-Dazan** wurde schon 1913 eingeweiht.

11–12
Rund 500 m weiter nordwärts entlang der Lipowaja alleja erreichen Sie die Metrostation Staraja Derewnja.

Auf Kulturinteressierte wartet ganz in der Nähe noch ein Highlight: Nach dem Bahnübergang rechts – und vorbei am Shopping-Center Gulliver – gelangen Sie zum hochmodernen **Restaurierungs- und Depotkomplex der Eremitage** (Sausadebnaja ul. 37, Mi–So 11–15.30, nur russ. Führungen, 550 R.). Hier verwahrt das Museum neben vielen Gemälden Schätze wie die goldenen Luxus-Kutschen der Zaren, ein Prunkzelt des türkischen Sultans und eine riesige Möbelsammlung.

Spaß für Kinder beim Inselspaziergang: Eichhörnchen füttern

3 AUF DEN SPUREN DOSTOJEWSKIJS

Spaziergang

LÄNGE: 3 km   **DAUER:** 1,5 Std.
START/ZIEL: Heuplatz (Metrostationen Sennaja, Spasskaja,
Sadowaja) ✚ 205 F3

**Dort, wo der Gribojedow-Kanal
Mäander schlägt, liegt Petersburgs
romantischstes Viertel. Hier lebte
einige Zeit das Roman-Genie Fjodor
Dostojewskij, und hier siedelte er
auch die Handlung von *Schuld und
Sühne* an. Start- und Endpunkt der
Tour durch stille Winkel ist der
umso turbulentere Heuplatz; dafür
ist er auch mit gleich drei Metrolinien zu erreichen.**

Kioske und Verkaufspavillons auf
dem Platz demontieren ließ, sucht
man nun nach einer neuen Identi-
tät für den einstigen zentralen
Marktplatz der Stadt.

Die Westecke des Platzes öffnet
sich zu einer Biegung des Gribojedow-Kanals. Überqueren Sie den
Fußgängersteg und gehen nach
rechts bis zur ersten Seitenstraße
weiter:

❶–❷

Gegenüber den Metro-Eingangs-
hallen steht in der Nordecke des
Heuplatzes die alte **Hauptwache**
(1820). Hier saß Dostojewski 1874
wegen eines Verstoßes gegen die
Zensurregeln zwei Tage lang in einer Zelle. Praktisch für Sie: Heute
ist hier ein Büro der städtischen
Touristeninformation untergebracht.
Der Platz hat sich seit Dostojewskijs Zeiten aber sehr gewandelt:
Fast alle Häuser sind jüngeren Da-
tums – und gehandelt wird hier
auch nicht mehr: Nachdem die
Stadtverwaltung 2016 sämtliche

Das rote Gebäude mit der Nr. 1/61
war 1861 bis 1863 **Dostojewskijs
erster Wohnsitz** in diesem Viertel.
Hier schrieb er die *Aufzeichnungen
aus einem Totenhaus*. Wie alle seine Domizile war es ein Eckhaus.
Allerdings konnte der Romancier
von hier aus keine Kirche sehen,
worauf er bei seinen häufigen Um-
zügen (meist) Wert legte.

❷–❸

Wenn Sie nun die Kasnatschejskaja ul. entlang gehen, stehen sie an
der nächsten Kreuzung vor dem

Anwesen **Kasnatschejskaja ul. 7/ Stoljarny per. 14**, wo 1864 bis 1867 Dostojewskijs Schlüsselwerke *Schuld und Sühne* und *Der Spieler* entstanden – Letzteres in nur 26 Tagen, weil den Autor heftige Schulden drückten. Ihm half die junge Stenografin Anna Snitkina. Als das Werk vollendet war, machte Dostojewskij ihr mit Erfolg einen Heiratsantrag.

🔳–🔳

Eine Straßenkreuzung weiter, an der **Ecke Stoljarny per./Graschdanskaja ul.**, siedelte Dostojewskij in einer Dachkammer den tragischen Helden von *Schuld und Sühne* an: An die Figur **Rodion Raskolnikow** erinnert hier ein Denkmal. Gleich daneben markieren Gedenksteine auf Russisch und Deutsch den Pegel der Flutkatastrophe vom 7. No-

In der einstigen Hauptwache war Dostojewskij zwei Tage inhaftiert

vember 1824: »Gedenke des hohen Wassers«. Beim schlimmsten Hochwasser der Stadtgeschichte schwoll der Pegel der Newa innerhalb weniger Stunden um mehr als vier Meter an: Die durch die Straßen tobenden Wassermassen zerstörten und beschädigten Tausende Häuser, einige Hundert Menschen ertranken.

Hier beginnt laut Roman der 730 Schritte lange Weg, den Raskolnikow mit der Axt im Mantel zurücklegte, um die alte Wucherin zu erschlagen. Sie folgen ihm über die Graschdanskaja ul. bis zum Kanal. Doch bleiben Sie besser auf dem rechten Ufer: Ohnehin sind es bis zum mutmaßlichen Tatort 750 m – die im Roman so exakt erscheinen-

DOSTOJEWSKIJ-MUSEUM

Wenn Sie ganz in Dostojewkis Welt eintauchen wollen, besuchen Sie vor dem Rundgang das Dostojewskij-Museum (▶ 142). Es liegt neben der Metrostation Dostojewskaja, von dort ist es nur eine Station Fahrt bis zum Ausgangspunkt des Spaziergangs.

Spaziergänge

DER DOSTOJEWSKIJ-TAG

Jeweils am ersten Samstag im Juli wird Petersburgs berühmtester Schriftsteller gefeiert. Federführend ist das Dostojewskij-Museum, das für sein originelles Straßenfest (12–15 Uhr) auf den umliegenden Gassen allerlei Künstlertruppen, Schauspiel-Ensembles und Bands mobilisiert. Auch weitere Museen und Bibliotheken veranstalten an diesem Tag ein Dostojewskij-inspiriertes Programm.

den Angaben passen nicht immer ganz zur Geografie.

4–5

Das **Haus Nr. 91** am Kanal war hingegen Schauplatz eines realen Mordes, der das moderne Russland erschütterte: Hier lebte die populäre Reform-Politikerin **Galina Starowojtowa**, und hier wurde sie 1998 im Treppenhaus erschossen. Eine Gedenktafel erinnert an sie.

5–6

Der Fußgängersteg in der nächsten Kanalbiegung, die pittoreske **Löwenbrücke**, wurde 1826 von Wilhelm von Traitteur mit der gleichen Tragekonstruktion wie die Bankbrücke (► 142) errichtet. Hier halten jedoch weiße Löwen und nicht Greife die Trossen – und auch wenn diese Figuren aus der Ferne wie Marmorskulpturen wirken: Sie sind aus Gusseisen.

6–7

Folgen Sie dem Kanal nun auf der linken Seite. Auf das Haus 104 passt die Beschreibung vom **Wohnort der alten Wucherin**. Die Innenhöfe und Treppenhäuser dieser einst verrufenen Mietskaserne sind jedoch nicht frei zugänglich.

7–8

Am Pr. Rimskogo-Korsakowa gehen Sie nach links. Petersburger Künstler lieben die Perspektive der

übernächsten Querstraße, der **Bolschaja Podjascheskaja ul.**: Genau in der Straßenflucht erhebt sich die Kuppel der Isaak-Kathedrale (► 106).

8–9

Achten Sie beim Abbiegen in den Wosnesenskij Prospekt auf die kleine **Gedenktafel für die Nase** am Haus mit der Nr. 11: Sie würdigt **Nikolai Gogols** absurde Erzählung *Die Nase*, 1836 erstmals veröffentlicht, in der sich das Riechorgan des Kollegienassessors Kowaljow selbstständig macht.

9–10

Bis zur Brücke über den Kanal haben Sie nun die goldene Nadel der Admiralität (► 118) im Visier, bevor es rechts weiter geht zurück zum Heuplatz.

Am gegenüberliegenden Ufer sehen Sie noch das Roman-Domizil (Haus Nr. 73) von Raskolnikows moralischer Retterin Sonja Marmeladowa.

KLEINE PAUSE

Am Ende der Tour, kurz bevor es am Heuplatz wieder hektisch wird, stoßen Sie auf das nostalgische **Kafe 1848** (Nab. kan. Gribojedowa 68, tägl. 11–23 Uhr). In der Aura eines Antiquitätenladens serviert man Ihnen russische Küche.

Praktisches

Praktisches

WICHTIGE PAPIERE

- ● Erforderlich
- ○ Empfohlen
- ▲ Nicht erforderlich

	Deutschland	Österreich	Schweiz
Pass	●	●	●
Visum (über Visazentren ▶ 195)	●	●	●
Weiter- und Rückflugticket	▲	▲	▲
Impfungen (Tetanus und Polio)	▲	▲	▲
Krankenversicherung (▶ 198)	●	●	○
Reiseversicherung	○	○	○
Führerschein (national) & Fahrzeugschein	●	●	●
Führerschein (international)	○	○	○
Grüne Versicherungskarte	●	●	●

REISEZEIT

Hauptsaison   Nebensaison

JAN	FEB	MÄRZ	APRIL	MAI	JUNI	JULI	AUG	SEPT	OKT	NOV	DEZ
-5°C	-4°C	1°C	8°C	16°C	20°C	21°C	20°C	15°C	8°C	2°C	-2°C

☀ Sonnig   ⛅ Wechselhaft   🌧 Regnerisch   ☁ Bewölkt

Die angegebenen Werte sind die **durchschnittlichen Tageshöchsttemperaturen**. Die beliebteste Reisezeit ist während der Weißen Nächte von Anfang Juni bis Mitte Juli. Von Mai bis Juli gibt es zahlreiche Veranstaltungen und Festivals in der Stadt. Im August tut sich dann fast nichts, auch die Bühnen haben (bis in den September hinein) weitgehend spielfrei. Über Weihnachten und Neujahr kommen ebenfalls viele Touristen nach St. Petersburg. Stabile »russische Winter« darf man hier aber nicht erwarten – auch wenn der erste Schnee schon im Oktober fallen kann. Egal zu welcher Jahreszeit man anreist, man sollte auf instabiles und feuchtes Wetter vorbereitet sein. Solides Schuhwerk ist deshalb ratsam, auch wegen der großen Distanzen in der Innenstadt.

INFORMATION VORAB

Websites
- www.visit-petersburg.ru
- www.ispb.info
- https://russia.travel/peterburg

Reisebüros
(mit Visa-Unterstützung)
- www.romanova-reisen.de
- www.ostwest.com

- www.st-petersburg-reisen.com
- www.koenig-tours.de

ANREISE

Mit dem Flugzeug: Die meisten Direktflüge aus dem deutschen Sprachraum zum St. Petersburger Flughafen Pulkowo (www.pulkovoairport.ru) bietet die Petersburger Aeroflot-Tochter Rossiya an (aus Hamburg, Berlin, Düsseldorf, München, Wien). Lufthansa fliegt direkt aus Frankfurt/M. und München, SWISS aus Zürich und Austrian aus Wien. Mit Aeroflot gibt es zahlreiche Verbindungen via Moskau. Auch mit der skandinavischen SAS oder der lettischen Air Baltic kann man (mit Umsteigen) zügig nach St. Petersburg gelangen.

Mit der Bahn: Direkte Züge oder Kurswagen nach Deutschland gibt es nicht mehr. Wer via Minsk oder Brest fährt, benötigt ein weißrussisches Transitvisum! Zwischen Helsinki und St. Petersburg verkehren vier Mal tägl. in nur 3,5 Std. moderne Allegro-Expresszüge, weshalb sich diese Anreiseart gut mit einer Fährpassage nach Finnland kombinieren lässt.

Mit dem Bus: Eurolines (www.eurolines.de) und Lux Express (https://luxexpress.eu) bieten günstige Verbindungen an (Umsteigen in Vilnius und/oder Riga). Die Fahrt nimmt von Berlin aus aber zwei Nächte und einen Tag in Anspruch! Zahlreiche Busverbindungen gibt es auch aus Finnland.

Mit dem Auto: Möglich, aber anstrengend. Die Route von Berlin über Polen, Litauen und Lettland ist ca. 1800 km lang und hat nur wenige Autobahnabschnitte. Von Helsinki sind es 400 km über gut ausgebaute Straßen.

ZEIT

In St. Petersburg gilt die Moskauer Zeit (MSK); eine Umstellung auf Sommerzeit gibt es nicht. Der Zeitunterschied gegenüber Mitteleuropa beträgt im Sommer + 1 Std., im Winter + 2 Std.

GELD

Die **Landeswährung** ist der Russische Rubel (R. oder RUB; kyrillisch: р.). Es gibt Banknoten zu 5000, 1000, 500, 100 u. 50 R., Münzen zu 10, 5, 2 und 1 R., 50 und 10 Kopeken. 1 € = ca. 64 R.; 100 R. = ca. 1,55 €; 1 CHF = ca. 63 R.; 100 R. = ca. 1,60 CHF **Geldwechsel:** Wechselstuben (erkennbar an Kurs-Leuchttafeln für Euro und Dollar) gibt es an zentralen Plätzen; andere Währungen werden meist nicht akzeptiert. Eine Bankfiliale ohne Kurstafel tauscht nicht um oder nur zu schlechten Kursen (so die omnipräsente Sberbank). Ab einem Gegenwert von 40 000 R. muss beim Umtausch der Pass vorgelegt werden. **Geldautomaten** *(bankomat)* sind allgegenwärtig und mindestens zweisprachig (russ./engl.); die abhebbare Höchstsumme liegt, je nach Bank, bei 5000 bis 20 000 R.; Automaten der Bank VTB geben bis zu 100 000 R. aus. Mit gängigen **Kreditkarten** kann in den meisten Geschäften, Hotels und Restaurants bezahlt werden. **Sperrnummern:** für **Deutschland:** Tel. 8 1049 116 116; **Österreich:** Tel. 8 1043 1 204 88 00; **Schweiz:** Tel. 8 1041 44 659 69 00 (Swisscard); 8 1041 8 48 88 86 01 (UBS Card Center); 8 1041 58 9 58 83 83 (VISECA); 8 1041 44 8 28 32 81 (PostFinance).

RUSSISCHES VISAZENTRUM

Friedrichstr. 58	Rennweg 33 B	Eigerstr. 80
10117 Berlin	1030 Wien	3007 Bern
Tel. 030 30 80 92 96	Tel. 720 11 64 80	Tel. 031 528 08 25
www.vhs-germany.com	www.vhs-austria.com	www.vhs-swiss.com

Praktisches

FEIERTAGE

1.–8. Januar	Neujahrsferien	1. Mai	Tag des Frühlings
7. Jan.	Weihnachten		und der Arbeit
23. Febr.	Tag des Vaterlands-	9. Mai	Tag des Sieges
	verteidigers	12. Juni	Tag Russlands
	(Männertag)	4. Nov.	Tag der nationalen
8. März	Internationaler		Einheit
	Frauentag		

Wenn Feiertage auf einen Samstag oder Sonntag fallen, wird dieser Ruhetag kompensiert, in der Regel am folgenden Montag.

ÖFFNUNGSZEITEN

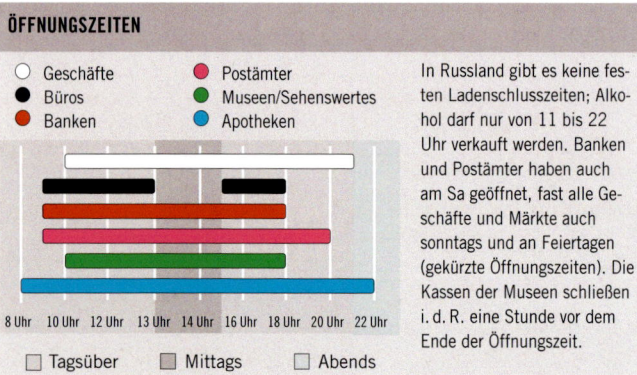

○ Geschäfte
● Büros
● Banken
● Postämter
● Museen/Sehenswertes
● Apotheken

☐ Tagsüber   ☐ Mittags   ☐ Abends

8 Uhr 10 Uhr 12 Uhr 13 Uhr 14 Uhr 16 Uhr 18 Uhr 20 Uhr 22 Uhr

In Russland gibt es keine festen Ladenschlusszeiten; Alkohol darf nur von 11 bis 22 Uhr verkauft werden. Banken und Postämter haben auch am Sa geöffnet, fast alle Geschäfte und Märkte auch sonntags und an Feiertagen (gekürzte Öffnungszeiten). Die Kassen der Museen schließen i. d. R. eine Stunde vor dem Ende der Öffnungszeit.

ETIKETTE

In Russland schätzt man die Galanterie alten Stils: Herren halten Damen die Tür auf, bieten Hilfe beim Gepäcktragen an etc. Ein Handschlag zur Begrüßung ist nur unter Männern üblich (aufgrund von Aberglauben keinesfalls über einer Türschwelle). Sich in Gegenwart anderer zu schnäuzen gilt als unfein. In orthodoxen Kirchen nehmen Männer die Kopfbedeckung ab, während Frauen sich ein Tuch oder einen Schal überlegen. Oft hängen deshalb am Eingang Kopftücher zum Ausleihen.

ELEKTRIZITÄT

Die Spannung beträgt 220 Volt. Die meisten Steckdosen entsprechen deutschen Standards. Schlanke Eurostecker passen überall, dicke Schuko-Stecker hingegen nicht in alte Steckdosen aus sowjetischen Zeiten. Hierfür empfehlen sich Adapter.

ZEITUNTERSCHIED (IM SOMMER)

St. Petersburg	Berlin (MEZ)	London	New York	Los Angeles	Sydney
12 Uhr	11 Uhr	10 Uhr	5 Uhr	2 Uhr	20 Uhr

Praktisches

IN KONTAKT BLEIBEN

Post: Die als unzuverlässig und langsam verpönte *Potschta Rossii* spielt im russischen Alltag kaum eine Rolle. Briefkästen sind deshalb selten und Briefmarken gibt es nur in Postämtern – wo man meist lange anstehen muss. Das Hauptpostamt (Potschtamtskaja ul. 9) ist tägl. rund um die Uhr geöffnet. Zum Briefmarkenkauf dort am besten zum Kiosk in der Saalmitte gehen.

Telefonieren: Die Festnetzvorwahl von St. Petersburg ist 812, aus dem Ausland 007-812. Dreistellige Vorwahlen, die mit 9 beginnen, sind Mobilnetze. Von Festnetzanschlüssen muss man bei nationalen und internationalen Ferngesprächen eine 8 vorwählen und das Freizeichen abwarten. Bei Auslandsgesprächen folgt dann die Vorwahl 10, dann z.B. 49 für Deutschland. Vom Mobiltelefon wählt man z.B. nach Deutschland +49 vor, für russische Nummern +7, dann die Netzvorwahl und Rufnummer. Telefonzellen sind aus dem Straßenbild verschwunden.

Ländervorwahlen (Festnetz/Mobiltelefon):
Deutschland 810 49/+49 Österreich 810 43/+43
Schweiz 810 41/+41 Russland 8/+7

Mobilfunkanbieter und -dienste: Ihr Handy sollte sich (über Roaming) problemlos in ein russisches Netz einwählen; die Mobilfunkabdeckung ist sehr gut. Bei längeren Aufenthalten mag es sich lohnen, eine örtliche Prepaid-SIM-Karte (ab ca. 200 R.) der großen Mobilfunkanbieter Megafon, MTS oder Beeline zu kaufen; alle haben Büros gegenüber dem Moskauer Bahnhof: Ligowskij Pr. 43). Dabei muss der Pass vorgelegt werden. Die Karte kann dann an Bezahlterminals in vielen Geschäften aufgeladen werden.

WiFi und Internet: In Hotels ist kostenloser Netzzugang Standard, auch die meisten Lokale und Shopping-Malls haben Gratis-Hotspots (Passwort beim Personal erfragen oder es erfolgt eine Autorisierung über eine Webseite und SMS). Unter dem Namen »SPB Free WiFi« gibt es am Newskij Prospekt, an Metrostationen, in der Peter-Paul-Festung und in belebten Parks ein kostenloses öffentliches Netz.

SICHERHEIT

St. Petersburg ist eine sehr sichere Stadt. Überfälle, Belästigungen und Randale auf offener Straße sind selbst nachts nicht zu erwarten – solange man auf belebtem und beleuchtetem Areal bleibt und nicht volltrunken ist. Neubauviertel gelten als weniger sicher.

- Ein großes Problem ist Taschendiebstahl. V.a. in der Metro und in Bussen gibt es trickreiche Gangs, die besonders gern Touristen ins Visier nehmen. Auch in belebten Museen und Cafés »arbeiten« Langfinger!

- Ein gestohlener oder verlorener Reisepass kann Ihren Urlaub zunichtemachen – lassen Sie ihn besser in Ihrer Unterkunft (Kopie von Datenseite/Visum mitnehmen).

- Die Toleranz gegenüber Schwulen und Lesben ist – auch aufgrund von Gesetzen – weitaus niedriger als in Westeuropa. Gleichgeschlechtliche Paare sollten deshalb ihre sexuelle Orientierung nicht offen zeigen, um keine homophobe Gewalt zu provozieren.

NOTRUF 112	POLIZEI 02
FEUERWEHR 01	NOTARZT 03
TOURISTEN-HOTLINE 800 30 30 555	

Praktisches

GESUNDHEIT

 Krankenversicherung: Eine in Russland anerkannte Auslandskrankenversicherung ist Voraussetzung für die Visum-Erteilung. Informieren Sie sich zuvor über deren Leistungsprofil, denn die staatliche medizinische Versorgung ist oft nicht vertrauenerweckend und auch in Notfällen langsam.

Die Privatklinik Skandinavia (Tel. 812 600 77 77, Litejnyj Pr. 55a) bietet diverse Fachärzte, 24h-Notarztdienst und eine Ambulanz. Englisch sprechende (Fach-)Ärzte hat die American Medical Clinic AMC (Tel. 812 740 20 90, Notarzt: 812 33 600 33, Nab. reki Mojki 78). Einen 24h-Dienst für augenärztliche Notfälle gibt es am Litejnyj Pr. 25.

 Zahnarzt: Neben den Privatkliniken AMC und Skandinavia gibt es viele private Zahnarztpraxen – lassen Sie sich am besten von Einheimischen einen *stomatolog* empfehlen

 Apotheken: *Apteky* sind häufig und gut sortiert. Medikamente sind oft deutlich billiger, tragen aber andere Namen als zu Hause; das Personal kann dies aber recherchieren.

 Trinkwasser: Das Leitungswasser ist im Prinzip sauber, ein Restrisiko besteht aufgrund teils uralter Leitungen. Trinken sollte man deshalb besser nur im Laden gekauftes (Mineral-)Wasser. Zum Duschen und Zähneputzen ist das Leitungswasser unbedenklich.

ERMÄSSIGUNGEN

Schlösser, Parks und Museen haben oft ein komplexes System von Ermäßigungen für diverse soziale Gruppen – doch diese gelten nur für russische Staatsbürger (die oft pauschal bereits günstigere Tickets bekommen). In Peterhof (▶ 156), Zarskoje Selo (▶ 162) und der Eremitage (▶ 54) samt ihren Filialen haben auch ausländische Kinder bis 16 Jahren freien Eintritt; Studenten erhalten in der Eremitage kostenlose Tickets.

EINRICHTUNGEN FÜR BEHINDERTE

Hier hat St. Petersburg noch viel aufzuholen. Bordsteinkanten sind oft sehr hoch, Rampen oder Aufzüge fehlen oder sind schlecht nutzbar. In der Metro sind an den Eingängen und beim Umsteigen grundsätzlich Treppen (i. d. R. mit Schienen oder Rampen an der Seite) zu bewältigen. Bei Bussen und Straßenbahnen werden zunehmend behindertengerechte Fahrzeuge eingesetzt.

KINDER

Besondere Attraktionen für Kinder sind in diesem Band durch oben stehendes Symbol gekennzeichnet.

TOILETTEN

Öffentliche Toiletten haben oft die Form kleiner Kioske mit zwei Kabinen und einer Kasse in der Mitte. An touristischen Brennpunkten stehen auch spezielle Klo Busse. Wenn an der Kasse eine Papierrolle hängt, bedeutet dies, dass es in den Kabinen keine gibt. In Lokalen und Museen sind die Toiletten meist sehr ordentlich. Herrentoiletten sind mit »M« gekennzeichnet, Damentoiletten mit »Ж«.

KONSULATE

Deutschland
☎ 812 320 24 00
www.germania.diplo.de

Österreich
☎ 812 33 59 111, App. 101
www.bmeia.gv.at

Schweiz
☎ 812 327 08 17
www.eda.admin.ch

Sprachführer

In Hotels und Restaurants kann man sich in der Regel auf Englisch, manchmal auch auf Deutsch, einigermaßen verständigen. Straßennamen, Beschriftungen in der Metro sowie fast alle Speisekarten sind auf Englisch. Dennoch sollte man sich mit mit dem kyrillischen Alphabet vertraut machen, um Wegweiser und Aufschriften entziffern zu können – vieles erklärt sich dann bereits von allein. Die meisten Russen haben zwar rudimentäre Englischkenntnisse, doch der Mehrheit fehlt jede Praxis im Sprachgebrauch.

Kyrillischer Buchstabe	Transkription	Transliteration	Kyrillischer Buchstabe	Transkription	Transliteration
Аа	a		Чч	tsch	č
Бб	b		Шш	sch	š
Вв	w	v	Щщ	schtsch	šč
Гг	g		Ъъ	»harte Aussprache«	
Дд	d		Ыы	y	
Ее	e/je		Кк	k	
Ёё	jo		Лл	l	
Жж	sch	ž	Мм	m	
Зз	s	z	Нн	n	
Ии	i		Оо	o	
Йй	j		Пп	p	
Сс	s		Рр	r	
Тт	t		Ьь	»weiche Aussprache«	
Уу	u		Ээ	e	
Фф	f		Юю	ju	
Хх	ch	h	Яя	ja	
Цц	z	c			

AUF EINEN BLICK

Ja	da	Да
Nein	njet	Нет
Bitte	paschálsta	Пожáлуйста
Danke	spassíba	Спасибо
Nichts zu danken.	njé-sa-schta.	Не за что.
Verzeihung!	prastítje!	Простите!
Ich verstehe Sie nicht.	ja was ni-panimáju.	Я Вас не понимáю.
Ich möchte...	ja chatschú...	Я хочý...
gut/schlecht	charaschó/plócha	хорошó/плóхо
Haben Sie...?	u-was jest...?	У Вас есть...?
Wie viel kostet es?	skólka éta stóit?	Скóлько это стóит?
Wo ist hier die Toilette?	gdje sdjes tualét?	Где здесь туалéт?

KENNENLERNEN

Guten Morgen!	dóbraje útra!	Дóброе ýтро!
Guten Tag!	dóbry djen!	Дóбрый день!
Guten Abend!	dóbry wjétschir!	Дóбрый вéчер!
Seien Sie gegrüßt!	sdrástwujtje!	Здрáвствуйте!
Wie geht es Ihnen?	kak u-was dilá?	Как у Вас делá?
Auf Wiedersehen!	da-swidánija!	До свидáния!

UNTERWEGS

links/rechts	naljéwa/napráwa	налéво/напрáво
geradeaus	prjáma	прямо
nah/weit	blíska/dalikó	близко/далекó
Bitte, wo ist...?	skaschýtje, paschálsta, gdje...?	
	Скажите, пожáлуйста, где...?	
Hilfe!	pamagítje!	Помогите!
Achtung!	wnimánije!	Внимáние!
Rufen Sie bitte schnell...	wýsawitje býstra...	Вызовите быстро...
...einen Krankenwagen.	...skóruju pómaschtsch.	...скóрую пóмощь.
...die Polizei.	...políziju.	...полицию.
...die Feuerwehr.	...paschárnuju kamándu.	...пожáрную комáнду.

Sprachführer

ESSEN UND TRINKEN

Wo gibt es hier ein gutes Restaurant? **gdje sdjes charóschy ristarán?**
Где здесь хоро́ший рестора́н?
Gibt es hier eine gemütliche Kneipe? **jest sdjes ujútnaje kafjé?**
Есть здесь ую́тное кафе́?
Reservieren Sie für heute abend einen Tisch für vier Personen, bitte.
sarisirwírujtje nam nasiwódnischnij wjétschir stol na-tschityrjóch tschilawjék, paschálsta.
Зарезерви́руйте нам на сего́дняшний ве́чер стол на четырёх челове́к, пожа́луйста.
Auf Ihr Wohl! **sa-wásche sdarówje!** За Ва́ше здоро́вье!
Bezahlen, bitte. **schot, paschálsta.** Счет, пожа́луйста.
Hat es geschmeckt? **wam panráwilas?** Вам понра́вилось?
Es war ausgezeichnet. **býla priwaßchódna.** Бы́ло превосхо́дно.

GELDWECHSEL

Wo ist hier eine Bank/	**gdje sdjes bank/**	Где здезь банк/
eine Wechselstube?	**punkt abmjéna waljúty?**	пункт обме́на валю́ты?
Ich möchte... (Betrag)	**ja chatschú abminját...**	Я хочу́ обменя́ть...
...Euro	**...jéwra**	...е́вро
...Schweizer Franken	**...schwijzárskich fránkaf**	...швейца́рских фра́нков
...Dollar	**...dóllaraf**	...до́лларов
...in Rubel wechseln.	**...na-rublí.**	...на рубли.

ZAHLEN

0 **nol**	ноль
1 **adín (m), adná (f), adnó (n)**	оди́н/одна́/одно́
2 **dwa (m/n), dwjä (f)**	два/две
3 **tri**	три
4 **tschtýrje**	четы́ре
5 **pjat**	пять
6 **schest**	шесть
7 **sjem**	семь
8 **wóssim**	во́семь
9 **djéwit**	де́вять
10 **djéssit**	де́сять
11 **adínazat**	оди́ннадцать
12 **dwinázat**	двена́дцать
20 **dwázat**	два́цать
30 **trízat**	три́цать
40 **sórak**	со́рок
50 **pidissját**	пятьдеся́т
60 **schysdissját**	шестьдеся́т
70 **sjémdissit**	се́мьдесят
80 **wóssimdissit**	во́семдесят
90 **diwinósta**	девяно́сто
100 **sto**	сто
200 **dwjésti**	две́сти
300 **trísta**	три́ста
400 **tschitýresta**	четы́реста
500 **pitsót**	пятьсо́т
1000 **týssitscha**	ты́сяча
2000 **dwjä týssitschi**	две ты́сячи
10000 **djéssit**	
týssitsch	де́сять ты́сяч
1/2 **palawína**	полови́на
1/4 **tschétwirt (f)**	че́тверть

Cityatlas

Kapiteleinteilung: siehe vordere Umschlaginnenseite

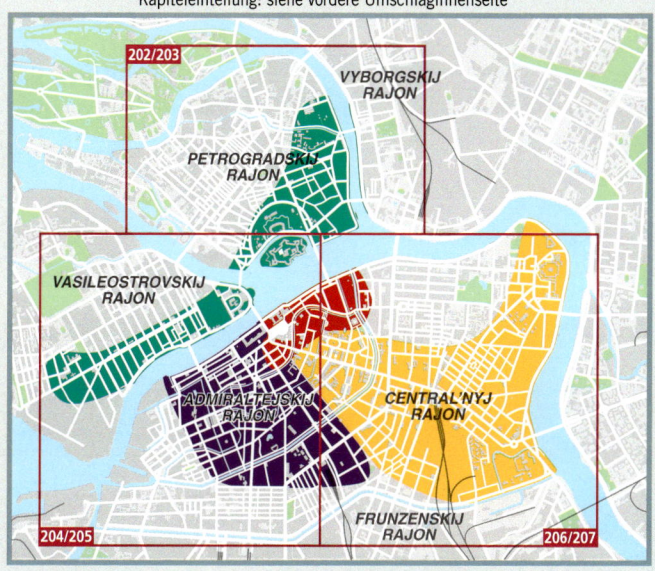

202/203

VYBORGSKIJ
RAJON

PETROGRADSKIJ
RAJON

VASILEOSTROVSKIJ
RAJON

ADMIRALTEJSKIJ
RAJON

CENTRAL'NYJ
RAJON

FRUNZENSKIJ
RAJON

204/205

206/207

Legende

Ⓜ	Museum	
	Theater, Oper	
⬔	Hallenbad	
📖 ✉	Bibliothek; Post	
⚱	Denkmal; Monument	
✚	Krankenhaus	
✡	Polizei	
✝ ⚲	Kirche	
☾	Moschee	
♜ ♜	Schloss; Burg	
🐘 ℹ	Zoo; Information	

⟺	Eisenbahn
Ⓜ	U-Bahn-Haltestelle
▆	Bemerkenswertes Gebäude/ Öffentliches Gebäude
▆	Bebaute Fläche
▆	Grünfläche
▆	Unbebaute Fläche
▆	Fußgängerzone
★	TOP 10
㉖	Nicht verpassen!
㉒	Nach Lust und Laune!

1 : 25 000

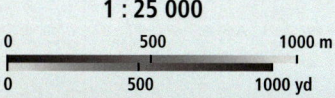

0	500	1000 m
0	500	1000 yd

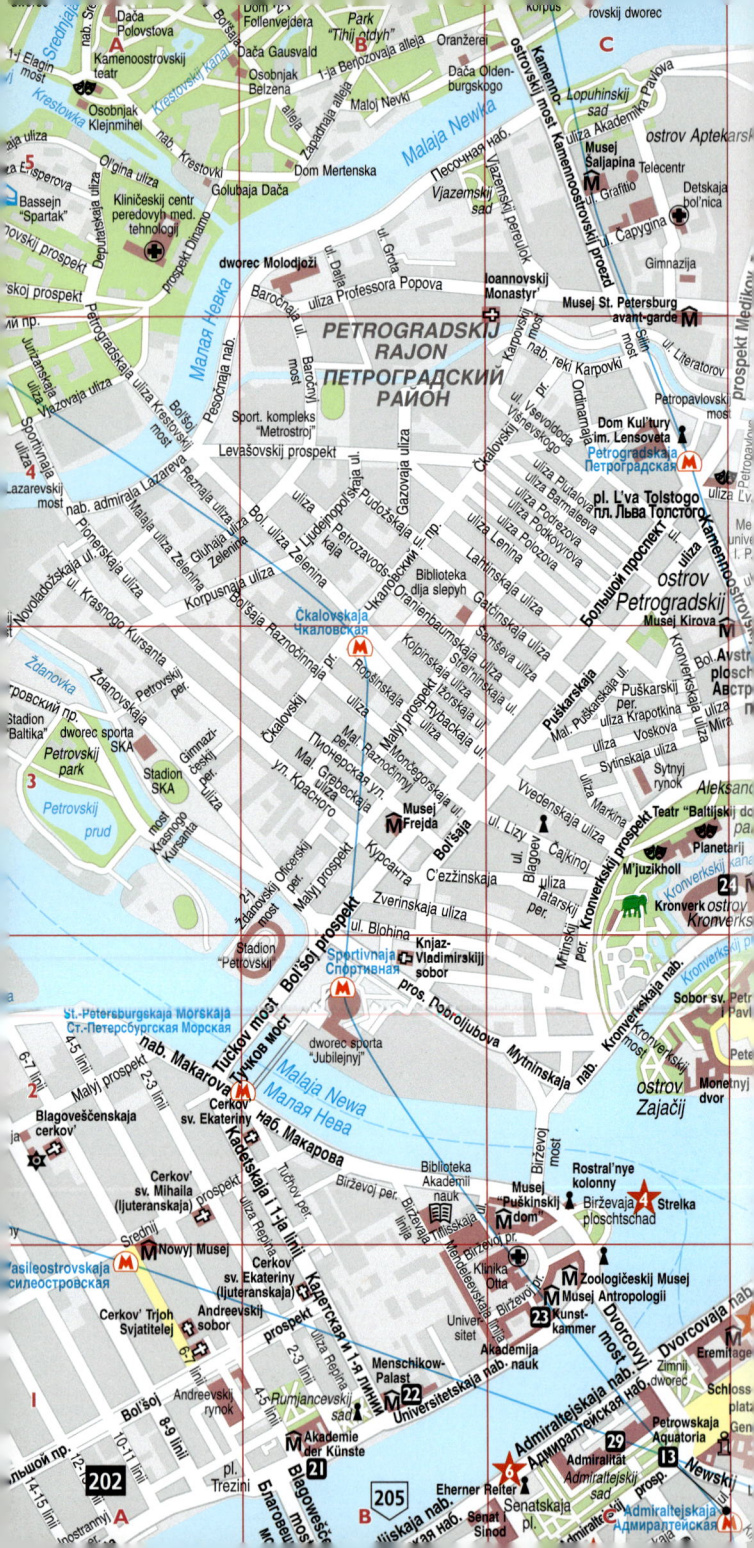

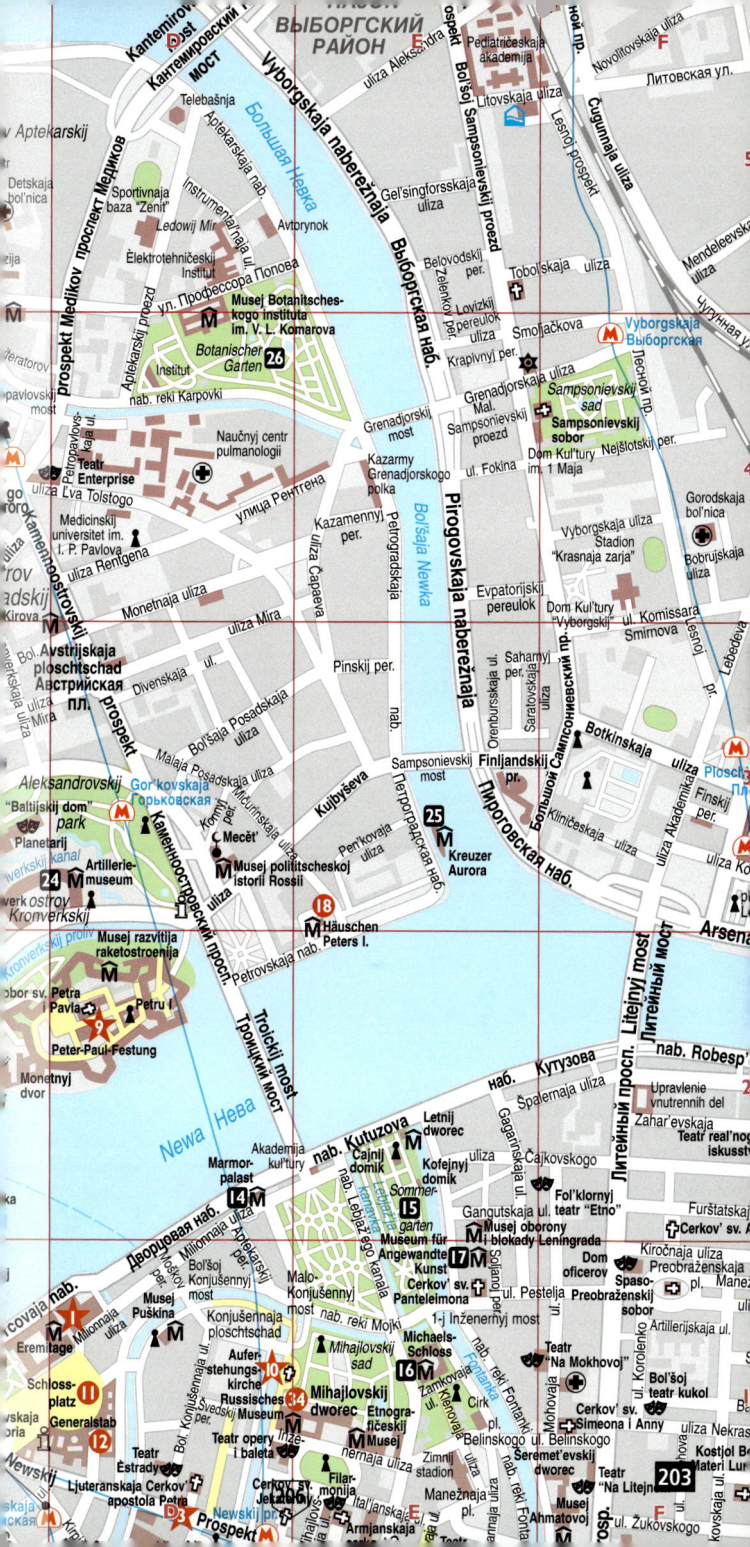

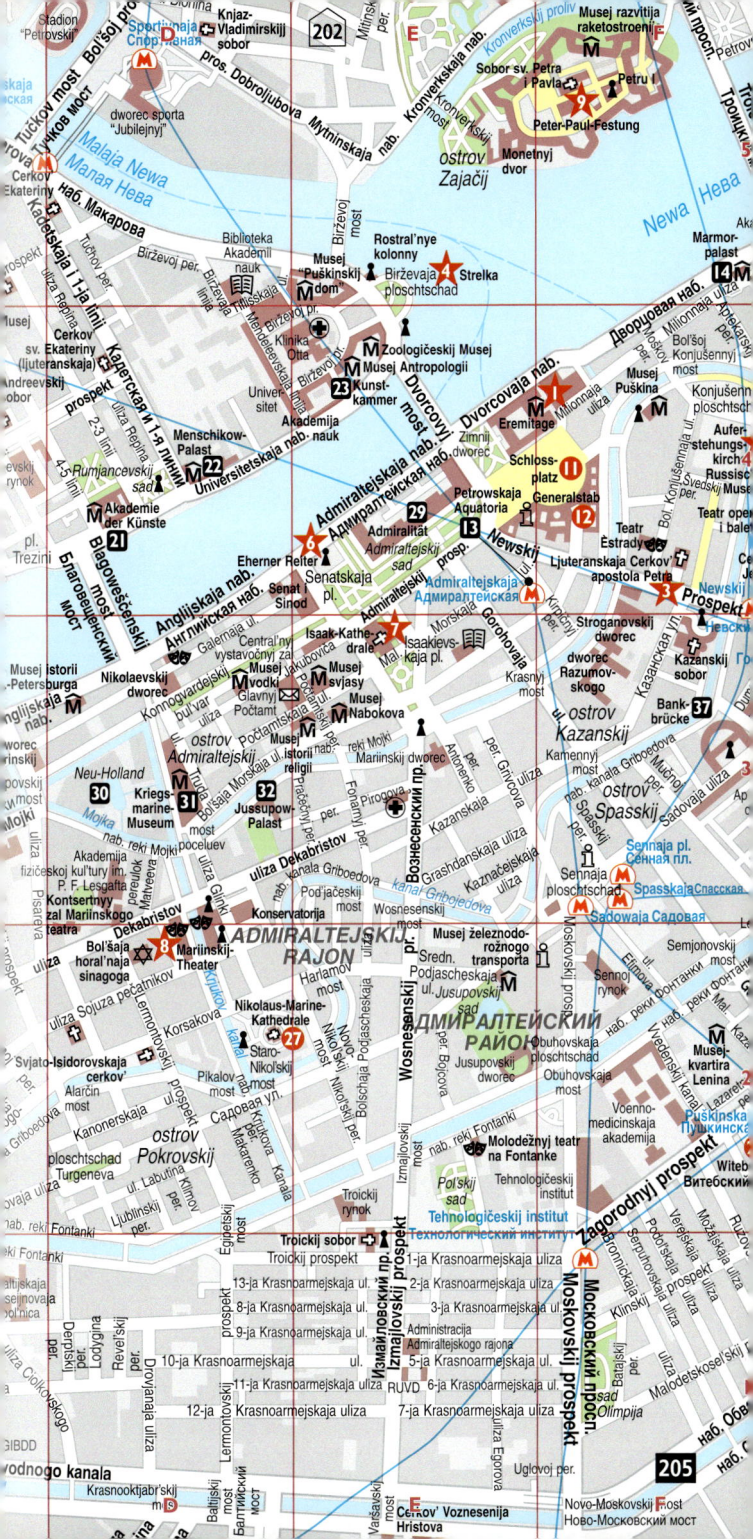

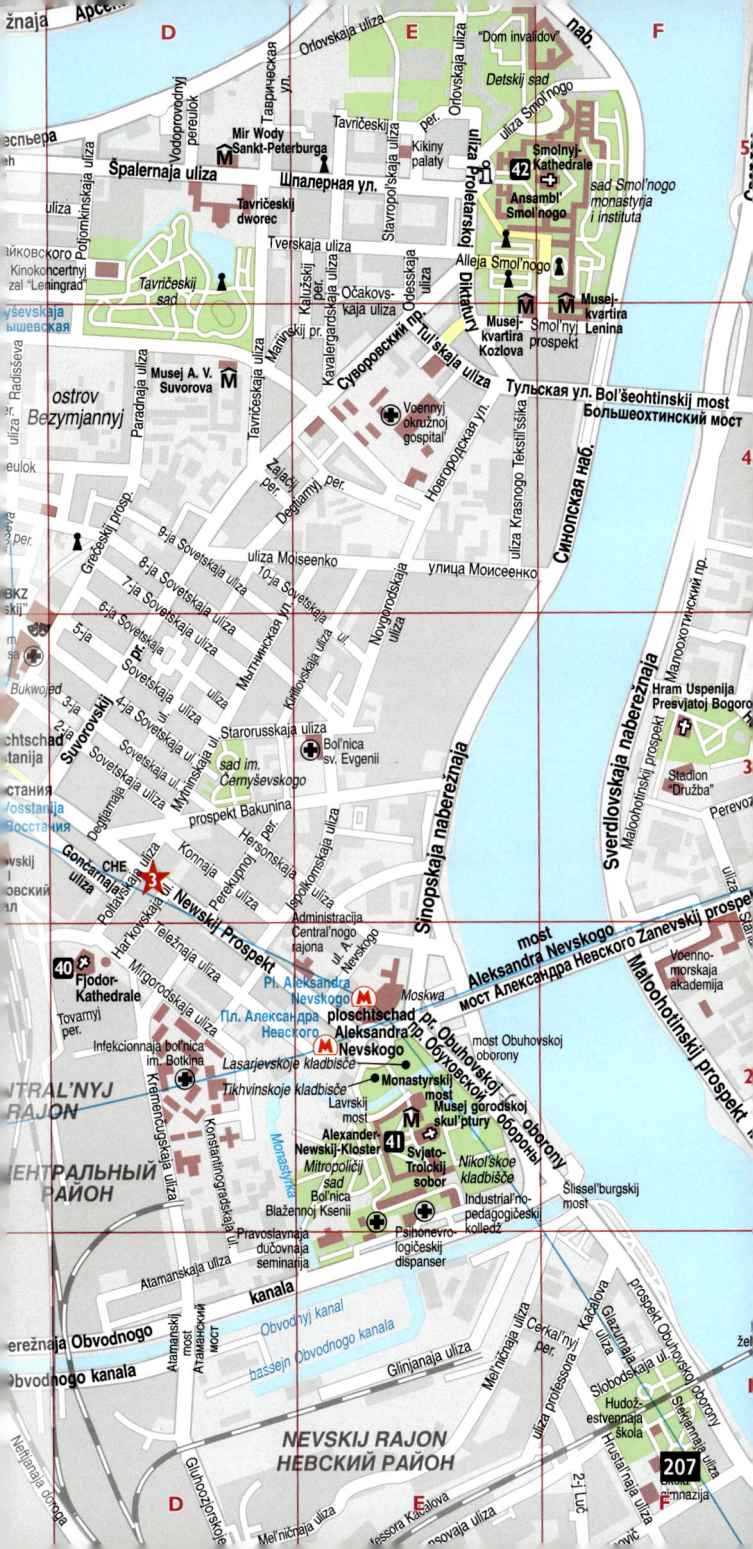

Straßenregister

10-11 linii	202 A1	
10ja Krasnoarmejskaja ul.	205 D/E1	
10ja Sovetskaja ul.	207 D4-E3	
11ja Krasnoarmejskaja ul.	205 D/E1	
12-13 linii	202 A1	
12ja Krasnoarmejskaja ul.	205 D/E1	
13ja Krasnoarmejskaja ul.	205 D/E1	
14-15 linii	202 A1	
16-17 linii	204 B4-C3	
18-19 linii	204 B3/4	
1j Elagin most	202 A5	
1j Inženernyj most	203 E1	
1ja Berjozovaja alleja	202 B5	
1ja Krasnoarmejskaja ul.	205 E/F1	
2-3 linii	202 A2-B1	
20-21 linii	204 B3/4	
22-23 linii	204 B3/4	
24-25 linii	204 A4-B3	
26-27 linii	204 A3-B2	
28-29 linii	204 A3/4	
2j Luč	207 F1	
2ja Krasnoarmejskaja ul.	205 E/F1	
2ja Sovetskaja uliza	207 D3	
3ja Krasnoarmejskaja ul.	205 E/F1	
3ja Sovetskaja ul.	207 D3	
4-5 linii	202 A2-B1	
4ja Sovetskaja ul.	207 D3	
5ja Krasnoarmejskaja ul.	205 E/F1	
5ja Sovetskaja uliza	207 D3	
6-7 linii	202 A2-B1	
6ja Krasnoarmejskaja ul.	205 E/F1	
6ja Sovetskaja uliza	207 D3/4	
7ja Krasnoarmejskaja ul.	205 E/F1	
7ja Sovetskaja uliza	207 D3/4	
8-9 linii	202 A1/2	
8ja Krasnoarmejskaja ul.	205 D/E1	
8ja Sovetskaja uliza	207 D3/4	
9ja Krasnoarmejskaja ul.	205 D/E1	
9ja Sovetskaja uliza	207 D3/4	
Admirala Lazareva, nab.	202 A4	
Admiraltejskaja nab.	202 C1	
Admiraltejskij prosp.	205 E4	
Akademika Lebedeva, uliza	203 F3	
Akademika Pavlova, uliza	202 C5	
Al. Bloka, uliza	204 C2	
Alarčin most	205 D2	
Aleksandra Matrosova, uliza	203 E5	
Aleksandra Nevskogo, most	207 E/F2	
Aleksandra Nevskogo, ploschtschad	207 E2	
Aleksandra Nevskogo, uliza	207 E2	
Alleja Smol'nogo	207 E/F5	
Anglijskaja nab.	204 C3	
Anglijskij prospekt	204 C2/3	
Aničkov most	206 A3	
Antonenko, per.	205 E3	
Aptekarskaja nab.	203 D5-E4	
Aptekarskij per.	203 D1/2	
Aptekarskij proezd	203 D4/5	
Artillerijskaja ul.	203 F1	
Atamanskaja uliza	207 D1	

Atamanskij most	207 D1	
Avstrijskaja ploschtschad	203 D3	
Bakunina, prospekt	207 D/E3	
Baltijskij most	205 D1	
Bankovskij most	205 E/F3	
Bannyj most	204 C2	
Barmaleeva, uliza	202 C4	
Baročnaja ul.	202 B4/5	
Baročnyj most	202 B4	
Baskov per.	206 B4	
Batajskij per.	205 F1	
Belinskogo, ploschtschad	203 E1	
Belinskogo, uliza	203 E/F1	
Belovodskij per.	203 E5	
Beringa, uliza	204 A4	
Birževaja linija	202 B2	
Birževaja ploschtschad	202 C2	
Birževoj most	202 C2	
Birževoj per.	202 B2	
Birževoj pr.	202 B/C1	
Blagoev, uliza	202 C3	
Blagoweščenskij most	202 B1	
Blohina, uliza	202 B3-C2	
Bobrujskaja uliza	203 F4	
Bojcova, per.	205 E2	
Bol. Konjušennaja ul.	203 D1	
Bol. Monetnaja uliza	203 D3/4	
Bol. Moskovskaja ul.	206 B2/3	
Bol. uliza Zelenina	202 A4-B3	
Bol'šaja alleja	202 A/B5	
Bol'šaja Morskaja uliza	205 D/E3	
Bol'šaja Posadskaja uliza	203 D/E3	
Bol'šaja Puškarskaja ul.	202 B3-C4	
Bol'šaja Raznočinnaja uliza	202 A4-B3	
Bol'šoj Konjušennyj most	203 D1	
Bol'šoj Krestovskij most	202 A4	
Bol'šoj prospekt	202 B2-C4	
Bol'šoj prospekt	202 A/B1	
Bol'šoj Sampsonievskij proezd	203 E5-F3	
Bol'šeohtinskij most	207 F4	
Bolschaja Podjascheskaja uliza	205 E2	
Borovaja uliza	206 A/B1	
Borovoj most	206 B1	
Botkinskaja uliza	203 F3	
Bronnickaja uliza	205 F1	
C'ezžinskaja uliza	202 B/C3	
Cerkal'nyj per.	207 E/F1	
Čajkovskogo, uliza	203 E/F2	
Čapaeva, uliza	203 E3/4	
Čapygina, uliza	202 C5	
Čehova, uliza	206 B4	
Černjavskogo, uliza	206 B1/2	
Černyševskogo, prospekt	206 C4/5	
Čkalovskij pr.	202 B3-C4	
Čugunnaja uliza	203 F4/5	
Dalja, uliza	202 B4/5	
Degtiarnyj per.	207 D/E4	
Degtjarnaja ul.	207 D3/4	
Dekabristov, uliza	205 D2-E3	

Dekrabristov, per.	204 A5	
Deputatskaja uliza	202 A5	
Deputatskaja uliza	202 A5	
Derptskij per.	205 D1	
Detskaja uliza	204 A3	
Dinamo, prospekt	202 A5	
Divenskaja ul.	203 D3	
Dnepropetrovskaja uliza	206 C1/2	
Dobroljubova, prospekt	202 B3-C2	
Donskaja uliza	204 B4/5	
Dostoevskogo, uliza	206 B2/3	
Drovjanaja uliza	205 D1	
Drovjanoj per.	204 C2	
Dumskaja ul.	206 C3	
Dvinskaja uliza	204 A1	
Dvorcovyj most	202 C1	
Efimova, uliza	205 F2	
Egipetskij most	205 D1/2	
Egorova, uliza	205 E1	
Ehsperova, uliza	202 A5	
Ekateringofskij most	204 B1	
Evpatorijskij pereulok	203 E/F4	
Fajansovaja uliza	207 E/F1	
Finljandskij pr.	203 E/F3	
Finskij per.	203 F3	
Fokina Nejšlotskij per., ul.	203 E/F4	
Fonarnyj per.	205 E3	
Furštatskaja uliza	203 F2	
Gagarinskaja ul.	203 E1/2	
Galernaja ul.	205 D3/4	
Gangutskaja ul.	203 E2	
Gapsal'skaja uliza	204 A/B1	
Gatčinskaja uliza	202 B4-C3	
Gazovaja uliza	202 B4	
Gel'singforsskaja uliza	203 E5	
Gimnazičeskij per.	202 A3	
Glazurnaja uliza	207 F1	
Glinjanaja uliza	207 E1	
Glinki, uliza	205 D2/3	
Gluhaja uliza Zelenina	202 A/B4	
Gluhoozjorskoje šosse	207 D1	
Gončarnaja uliza	207 D3	
Gorohovaja ul.	205 E4-F2	
Grafitio, uliza	202 C5	
Grafskij per.	206 B3	
Grashdanskaja uliza	205 E3	
Grečeskij prosp.	207 D4	
Grenadjorskaja uliza	203 E/F4	
Grenadjorskij most	203 E4	
Grivcova, per.	205 E3	
Grodnenskij per.	206 C4	
Grota, uliza	202 B5	
Gutcevskij most	204 B1	
Har'kovskaja ul.	207 D2/3	
Harlamov most	205 E2	
Hersonskaja uliza	207 D3-E2	
Hrapovskij most	204 C3	
Hrustal'naja uliza	207 F1	
Ižorskaja ul.	202 B3	
Inženernaja uliza	203 D/E1	
Inostrannyj per.	202 A1	
Instrumental'naja ul.	203 D5	

Straßenregister

Straßenregister

Register

Register

Register

Notizen

Abbildungsnachweis

akg-images: 11 unten, 14 (oben u. unten), 15 (oben, 2. v. oben, unten), 16 (unten), 17 (oben u. unten); Archive Photos 18; Sputnik 16 (oben); Universal Images Group/Tass 17 (2. v. unten)

Dumont Bildarchiv/Martin Sasse: 21 (unten), 24 (unten), 93, 118, 130, 154, 155 (oben), 156/157, 161

iStock: 30/31 (Hintergrund), 26 (Mitte)

laif: API (2. v. unten); Galli 22; Godong/robertharding 27; Gavin Hellier/robertharding 12/13, 15 (3. v. oben); James Hill 113; Giribas Jose/SZ Photo 21 (oben); Sergey Kompaniychenko 25; Scherl/SZ Photo 15 (3. v. unten); Sasse 137

mauritius images: age/Walter Bibikow 172; age/Leonid Serebrennikov 31; i food and drink/Alamy 26 (links u. rechts); PE Forsberg/Alamy 191 (oben); Saint Petersburg Theological/Alamy 24 (oben); Maurice Savage/Alamy 21 (Mitte); SuperStock 11 (oben), United Archives 29; Universal Images Group North America LLC/DeAgostini/Alamy 181, 182

Meinhardt, Olaf (teilweise Dumont Bildarchiv): 4, 6/7, 8, 19, 20 (oben u. unten), 23, 28, 32 (oben u. unten), 33 (oben u. unten), 34 (oben u. unten), 50, 51, 52, 53 (oben u. unten), 55, 56/57, 59, 60, 61, 62, 64, 65, 67, 68, 69, 70, 77, 78 (oben u. unten), 79, 80, 82, 85, 86, 87, 88, 89, 90, 91, 92, 94/95, 100, 102 (oben u. unten), 103, 105, 106, 108, 111, 112, 115, 116, 117, 121, 127, 128 (oben u. unten), 129, 132, 133, 134, 136, 138, 139, 140, 141, 143, 145, 152, 153, 155 (unten) 159, 160, 163, 164, 166, 167, 168, 169, 170, 173, 174, 179, 180, 184, 186, 187, 189 (oben u. unten), 191 (unten), 192

picture alliance/Michael Schwan: 30

Titelbild: laif/Andreas Hub (Winterpalast)

Impressum

© MAIRDUMONT GmbH & Co. KG
VERLAG KARL BAEDEKER

1. Aufl. 2017

Text: Lothar Deeg
Redaktion: Dieter Luippold
Projektleitung: Dieter Luippold
Programmleitung: Birgit Borowski
Chefredaktion: Rainer Eisenschmid

Kartografie: © MAIRDUMONT GmbH & Co. KG, Ostfildern
3D-Illustrationen: jangled nerves, Stuttgart

Anzeigenvermarktung:
MAIRDUMONT MEDIA
Tel. 0711/4502 0
media@mairdumont.com
media.mairdumont.com

Der Name Baedeker ist als Warenzeichen geschützt.
Alle Rechte im In- und Ausland sind vorbehalten.
Jegliche – auch auszugsweise – Verwertung, Wiedergabe,
Vervielfältigung, Übersetzung, Adaption, Mikroverfilmung,
Einspeicherung oder Verarbeitung in EDV-Systemen
ausnahmslos aller Teile des Werkes bedarf der ausdrücklichen
Genehmigung durch den Verlag.

Printed in China

Trotz aller Sorgfalt von Autoren und Redaktion sind Fehler und
Änderungen nach Drucklegung leider nicht auszuschließen.
Dafür kann der Verlag keine Haftung übernehmen.
Berichtigungen, Kritik und Verbesserungsvorschläge sind uns
jederzeit willkommen, bitte informieren Sie uns unter:

Verlag Karl Baedeker / Redaktion
Postfach 3162
D-73751 Ostfildern
Tel. 0711 4502 262
smart@baedeker.com
www.baedeker.com

FSC
www.fsc.org
MIX
Papier aus ver-
antwortungsvollen
Quellen
FSC® C124385

10 GRÜNDE
WIEDERZUKOMMEN

1 Die **Eremitage und ihre Dependancen** sind zu groß, um sie in einem Rutsch zu schaffen.

2 Solange der Ölpreis für einen schwachen Rubel sorgt, ist Russlandurlaub **nicht teuer**.

3 Die **Bar-Szene** entwickelt sich munter weiter – und erobert neue Stadtviertel.

4 An der Fülle an **Avantgarde-Kunst der 1920er-Jahre** kann man sich nicht sattsehen.

5 Es gibt **Dutzende interessanter Museen**, die Sie noch nicht besucht haben.

6 Wer Zeit mitbringt, kann in den Parks der Zarenschlösser auch richtig **entspannen**.

7 Die **historische Innenstadt** ist einfach riesig – es gibt noch viele Viertel zu entdecken.

8 Nicht jede Millionenmetropole ist so **sauber und sicher** wie St. Petersburg.

9 Die Petersburger **Restaurant-Szene** ist überaus vielfältig – es gibt so viel zu probieren.

10 Die **Partystimmung in den Weißen Nächten** im Juni und Juli ist einfach grandios.